philosophia 5

Collana diretta da
"Giovanni Cucci, S.J. - Louis Caruana, S.J."

PAUL GILBERT

Violenza e compassione

Saggio sull'autenticità d'essere

Progetto grafico di copertina: Serena Aureli

Impaginazione: Lisanti srl - Roma

Edizione originale © 2009 Les Editions du Cerf, Violence et Compassion,
"La nuit surveillée"

© 2015 Pontificio Istituto Biblico
Gregorian & Biblical Press
Piazza della Pilotta 35, 00187 - Roma
www.gbpress.net - books@biblicum.com

ISBN 978-88-7839-**311**-0

INTRODUZIONE GENERALE

I fatti che l'umanità sapeva da sempre, ma che ora conosce con più acutezza grazie ai moderni mezzi di comunicazione, mostrano chiaramente in che modo la violenza è diffusa nelle nostre società; probabilmente essa appartiene alla nostra realtà umana. Nel 1999, a Seattle, si è tenuta una riunione mondiale per rinnovare le vecchie strutture del GATT in quelle dell'Organizzazione mondiale del commercio (OMC). Questa riunione ha costituito l'incontro più importante del commercio mondiale mai realizzato fino ad allora nella storia dell'umanità. Essa tuttavia diede la parola soltanto alle economie più potenti del nostro pianeta, al punto tale che proteste si elevarono nel corso della stessa riunione. I responsabili politici di numerosi paesi, soprattutto del terzo mondo, si vedevano, in effetti, esclusi dai gruppi di discussione dove si prendevano le decisioni riguardanti il commercio del mondo intero, e pertanto il loro proprio divenire; eppure il terzo mondo era la fonte della maggior parte delle materie prime necessarie alle industrie del primo e del secondo mondo.

Vi furono anche, a fianco delle proteste morbide e diplomatiche, altre violenze al di fuori della sala delle discussioni e quindi più esposte alle riprese televisive. Queste contestazioni erano state condotte all'inizio da alcune autorità che, senza essere di Stato, avevano qualità etiche riconosciute universalmente, come ad esempio le ONG; queste espressioni della società civile godevano di un vero e proprio peso politico, pur in mancanza di un potere economico. Alcuni movimenti di massa andarono tuttavia oltre le intenzioni di questi ispiratori e in qualche modo sfociarono in guerriglie urbane. Vi furono violenze fisiche, che si ripeterono successivamente, al momento di nuovi incontri di questo genere, fino a provocare dei morti, come avvenne durante il G8 di Genova nell'estate 2001. Da allora dinanzi alla contraddizione flagrante di una violenza che pretendeva di essere capace di lottare contro un'altra violenza, come se la violenza potesse distruggere da sé sola la violenza, come se la distruzione urbana e turbolenta potesse risanare la violenza discreta delle economie ricche, le ONG hanno fatto ciò che potevano per incanalare le passioni insorte malgrado le loro legittime intenzioni, ed hanno cambiato tattica.

Tuttavia, come si è intravisto al momento del summit terzomondista di Porto Alegre nel gennaio 2005, nessuna proposizione concreta e realistica, vale a dire capace di entrare come elemento credibile e stimolante nelle decisioni degli Stati economicamente potenti, ha potuto essere elaborata dai movimenti alternativi; questo summit è stato molto commemorativo, pieno di simboli, ma tutto si è fermato lì. Certamente è da anni, che si sentono provenienti dai loro cenacoli, alcuni potenti che affermano di essere attenti ai problemi dei poveri, ma nulla sembra andare oltre le loro generose dichiarazioni che i media diffondono. Si constatò in realtà, fin dai primi incontri dell'OMC, un conflitto tra la violenza sorniona e spesso irriflessa dei congressisti la cui buona coscienza era rinchiusa nei limiti che la scienza economica imponeva loro, e l'aspirazione delle popolazioni frustrate nei loro diritti politici e nelle loro responsabilità democratiche. Numerosi gruppi umani erano per questo motivo ricettivi ai messaggi di coloro che, avendo analizzato con gli strumenti della sociologia diverse forme di ingiustizia e l'incapacità di lottare contro di esse, offrivano ai poveri delle parole, ma senza accordare mezzi ai poteri locali, se non accompagnati da passioni divenute violente.

Nell'anno 2000, a Davos, stesso scenario, stessi cenacoli e stesse violenze. Tutti quelli che contavano nell'economia mondiale, imprenditori e politici, tutti gli attori della globalizzazione si sono ritrovati nella bella città delle Alpi in una maniera informale. Gli organizzatori di questa fiera o di questa autocelebrazione dei ricchi di questo mondo (il terzo mondo non era invitato quale parte beneficiaria degli incontri) hanno dichiarato alla stampa che essi avevano scoperto, più che mai, l'importanza di preoccuparsi dei poveri. Ma non fu presa alcuna decisione che andasse al di là dei buoni sentimenti. I potenti della terra hanno dichiarato davanti ai microfoni delle radio e alle cineprese del mondo intero il fatto che essi sono capaci di elevarsi sul piano etico, ma al tempo stesso che non possono veramente tenerne conto. Gli economisti, e i politici che li seguono anche se teoricamente non ne dipen-

Introduzione generale

dono, scelgono di ignorare la morale; bloccati dalle contingenze che la loro scienza indica ad essi e che gli elettori nazionali impongono loro, non sanno che fare dei valori umani più elevati ed essenziali.

Il problema è evidentemente difficile e non si può negare che l'economia segue leggi oggettive. La coscienza comune inizia d'altronde a rendersi conto che, secondo giustizia, le forze che opprimono non possono essere attribuite chiaramente a questa o a quella persona. Vi è una logica dell'economia di mercato che si impone universalmente. Queste leggi però, che possono rivelarsi insopportabili, devono sottostare alle decisioni politiche. Si vede bene quel che accade ai nostri giorni e che i sociologi notano dappertutto, la concentrazione dei beni presso alcuni e l'impoverimento di molti altri; la distanza tra i ricchi e i poveri si approfondisce sempre più nelle nostre società, sviluppate o no, e tra le società. Non vi sarebbe che un destino anonimo per l'umanità, senza che essa possa reagire? Da alcuni anni, la Chiesa riconosce che il peccato può non essere soltanto personale, che vi sono strutture ingiuste di cui nessuno è nominalmente responsabile[1]. L'ingiustizia non dipende dai soli individui, il peccato non è soltanto individuale. Le persone, ricche o povere, si trovano prese, nonostante esse o a loro insaputa, in un vortice che oltrepassa ciascuno e travolge tutti nel male – ciò che la fede cristiana enuncia in termini di peccato originale, di quel peso che grava su ciascuno di noi, abitualmente a dispetto di noi stessi ma talvolta anche con il nostro contributo.

La filosofia non ha mancato di interrogarsi fin dalle sue origini su questo male che ci trascina. Le sue interpretazioni principali e più comuni sono di due generi. Le une sono dette metafisiche e le altre trascendentali. Le prime sono rappresentate da Agostino e Tommaso d'Aquino, le seconde da Kant. Le prime sono nate in contesti in cui il dualismo manicheo si faceva ogni volta molto allettante. Agostino ha conosciuto questa tentazione in Africa, all'epoca delle sue prime peregrinazioni interiori. Tommaso scrisse a proposito del male meno di

---

[1] Si vedrà, di Giovanni Paolo II, il discorso pronunciato nel corso dell'udienza generale tenuta in Vaticano il 25 agosto 1999, così come l'enciclica *Sollicitudo rei socialis* sottoscritta il 30 dicembre 1987, n. 36, e il *Catechismo della Chiesa cattolica*, pubblicato l'11 ottobre 1992, n. 1869.

mezzo secolo dopo la creazione dell'ordine dei Frati predicatori ad opera di Domenico quando il sud della Francia era scosso dalla crisi albigese. I nostri santi dottori difendevano la tesi che tutto ciò che Dio fa è buono, mentre gli eterodossi, imbevuti di purezza, ritenevano malvagio il corpo e in genere ogni materia. Il corpo è buono. Il cosmo è buono. Non vi è alcun principio del male che si possa presentare come un corpo ed erigere come antiprincipio del bene, sullo stesso piano che l'origine di ogni bene in Dio. Il male è piuttosto una privazione del bene, una mancanza di essere o di ciò che deve essere. Non si può d'altronde intenderlo logicamente che in riferimento al bene di cui esso indica un'assenza provvisoria. La riflessione metafisica riprendeva in questa tesi le gerarchie platoniche che risalivano da ciò che è meno verso ciò che è più, dal *minus esse* al *maius esse*. In tal modo però, si giunge a pensare il male tanto privato di essere che esso finisce col non essere più. Solo l'essere è bene e buono. Ecco perché si lotterà il più possibile contro il male per eliminare dalle nostre vite ciò che ci allontana dal bene, per colmare la mancanza che lo costituisce. La prospettiva dell'ottimismo aristotelico si accordava senza difficoltà a questi punti di vista. Tuttavia, perché dunque lottare contro il male, se esso non 'è' veramente?

La riflessione kantiana non muove dalla critica dei medioevali nei confronti di quelli che ipostatizzavano il male, ma dalla convinzione che il male è in cammino nel nostro tempo. Pur evitando la tentazione del dualismo manicheo, ma considerando esclusivamente il male morale mentre la tradizione metafisica non ignorava i mali fisici (in questo, le crisi manichee hanno determinato le posizioni ortodosse di cui una giusta interpretazione non può trascurare il contesto originario), Kant colloca l'origine del male nel cuore dell'uomo, o più precisamente nella possibilità che l'uomo ha di scegliere determinando più o meno chiaramente le ragioni delle sue scelte. L'uomo può, infatti, scegliere di soddisfare le sue passioni senza più rispettare le esigenze della sua sola ragione. Il male deriva dal fatto che la ragione si sottomette alle passioni e che essa va ugualmente a sceglierle come guide. La filosofia trascendentale non può tuttavia andare al di là di quel che per essa resta un mistero insondabile: come mai la ragione umana si è in qualche modo suicidata, ha voluto ciò che distrugge il suo rigore e la sua purezza? Il male morale è una realtà che noi non possiamo accontentarci di osservare con uno sguardo beatamente ottimista. L'uomo è malvagio, sebbene non sia interamente pervertito poiché può convertirsi e compiere il bene.

Il dibattito tra le interpretazioni del male, metafisiche da una parte e trascendentali dall'altra, può mettere anzitutto in evidenza la relativa limitatezza della seconda in rapporto alla prima. Le interpretazioni metafisiche e ottimistiche del male hanno portato alla tesi di Leibniz che il nostro mondo è attualmente il migliore possibile. Questo mondo è, infatti, molto complicato, ma Dio ne ha calcolato tutti gli elementi perché tutto proceda per il meglio, anche se, dal punto di vista particolare di ciascuna cosa, si sarebbe potuto immaginare un migliore destino. Al contrario, l'affermazione dell'origine etica del male, allontanando Kant da Leibniz e da tutta la tradizione che abbiamo definito ottimistica, annette la riflessione ad una antropologia trascendentale e non può più considerare che il male morale. Leibniz[2] aveva distinto il male metafisico (la finitezza di ogni cosa creata), il male fisico (il dolore) e il male morale (la colpa, il peccato). La tradizione metafisica poteva prendere in considerazione tutti questi mali. Kant soltanto l'ultimo.

La lettura ottimistica del male, però, non convince. Essa edulcora ciò in cui il male fa male. Si guarda bene dal considerare seriamente le lacrime di una madre accanto al corpo del suo unico figlio deceduto[3]. E si permette di volgersi dall'altra parte di fronte alla maggior parte dei mali che feriscono l'umanità, di interpretarli alla stregua di una nozione probabilmente univoca e razionale ma in ogni caso svuotata di ogni realtà viva. Lévinas sosteneva che la realtà della sofferenza è la stessa sofferenza[4]. L'essere della sofferenza non è il benessere sperato, ma la sofferenza con tutto il suo peso negativo. La filosofia non dovrebbe valutare seriamente questa realtà? Le parole di consolazione non sono il più delle volte dei diversivi, delle deviazioni dell'atten-

---

[2] G.W. Leibniz, *Saggi di teodicea*, parte prima, § 21, p. 207.
[3] Vedi Lc 7,12.
[4] E. Levinas, «La sofferenza inutile».

zione e dei sentimenti, un volgere altrove lo sguardo da ciò che è esasperante nelle nostre vite? La filosofia che sa di essere tentata dalle ideologie che distolgono dalle singole realtà, cerca di premunirsi e di non allentare la sua attenzione nei confronti di ciò che è.

Che cosa potrà fare però la metafisica in questo campo inquietante del pensiero? Non si difende essa per principio dai tormenti di questo mondo indugiando esclusivamente sull'ente in quanto ente e sui suoi attributi? Tuttavia, che cos'è l'ente? Sappiamo veramente che cosa noi intendiamo con questa parola? Platone ne dubitava. Aristotele non ne è più sicuro quando nella sua *Metafisica* parla di sostanza, di Dio, di cause prime, di ουσία, senza che si sappia come unificare il senso di tutti questi termini[5]. Heidegger ha posto nuovamente il medesimo interrogativo del *Sofista* di Platone come epigrafe del suo *Essere e tempo*. Rudolf Carnap aveva semplificato il problema stabilendo che il termine 'essere' poteva avere tre sensi: predicativo (A è B), tautologico (A è A) ed esistenziale. Il senso esistenziale, troppo singolare e imprevedibile, è al di fuori di ogni considerazione universalmente verificabile e scientifica, e dunque non ha un senso; una sana ragione non se ne occupa. Il senso tautologico è perfetto, logicamente inevitabile, ma ha il difetto di non insegnare nulla. Resta il senso predicativo, che è, invece, ricco di senso poiché la scienza può verificarlo. La tesi di Carnap si inserisce nella mentalità positivistica di quello che viene denominato circolo di Vienna[6]. Tuttavia essa fa sorgere, forse suo malgrado e per distrazione ideologica, un punto essenziale: la verifica scientifica è una ricerca, una pratica della ragione. Il termine 'essere' ha un senso attraverso una pratica della ragione.

Questa è un'affermazione del tutto classica. Essa permette anche di recuperare ciò che Carnap aveva eliminato. La proposizione tautologica è una prassi non meno della proposizione predicativa, come Heidegger (che Carnap aborriva) ha evidenziato nel primo dei testi che compongono «Identità e differenza», «Il principio di identità»[7]. Per

---

[5] Vedi G. REALE, *Il concetto di «filosofia prima»*.
[6] Vedi R. CARNAP, *Meaning and Necessity. A Study in Semantics and Modal Logic*.
[7] M. HEIDEGGER, «Il principio di identità».

quanto riguarda il senso esistenziale, esso deriva ugualmente da una prassi, quella che esprime il termine 'e-stasi', una uscita da sé. Ciò che esiste si pone fuori di sé. Quando si dice, dunque, che la metafisica si occupa dell'essere, si dice che essa si occupa di una pratica, di un atto. Tutto ciò che è, dice la tradizione, è in atto di essere, vale a dire uno sforzo per essere e per mantenersi nell'essere. Essere è pratica di essere. L'espressione 'essere in atto' significa che tutto ciò che è avviene nel nostro mondo dove esso appare sotto il nostro sguardo. La pratica di essere è una fenomenizzazione. Ciò che nel nostro mondo non è sotto il nostro sguardo ci sfugge, e noi non sappiamo nulla, neppure che esso è. Tutto ciò che è, è fenomenizzantesi per noi. La metafisica è perciò, da sempre, una fenomenologia, una interpretazione o un λόγος, un discorso sul fenomeno in quanto essere in atto. Essa rende conto, secondo le norme della ragione, del fenomeno in quanto apparizione di essere.

Nulla di umano è estraneo alla metafisica. Nessun fenomeno le sfugge. Il male è anche un fenomeno. E inevitabile. Non si dirà però che la metafisica tratta dell'essere e dei suoi attributi che sono i trascendentali, l'uno, il vero, il buono, secondo gli elenchi dei manuali della scolastica moderna? Come entrerebbe qui il male? Per rispondere a questo interrogativo, notiamo innanzitutto che la dottrina dei trascendentali è nata nel contesto della crisi albigese. Essa partecipa quindi da vicino alla tesi ideologica secondo cui il male non è nulla, se non una privazione di essere. Ma appare oggi in filosofia una tesi radicalmente inquietante, per la quale essere sarebbe violento, e dunque un male per l'uomo che, «pastore dell'essere»[8], come diceva Heidegger, è anche violento. Tutto ciò che è, è violento da qualche parte. La violenza sarebbe così un trascendentale, per le stesse ragioni che lo sono l'uno, il vero, il buono: quando io dico 'essere', significo allo stesso tempo tutti questi trascendentali che esprimono ciascuno uno dei suoi momenti di apparizione fenomenologica[9].

---

[8] Vedi M. HEIDEGGER, *Lettera sull'umanismo*, p. 56.
[9] Vedi P. GILBERT, *Corso di metafisica*, p. 175-308: «I trascendentali, linguaggio dell'essere».

Che cos'è essere? l'ente? Non è un concetto astratto, ma riguarda la nostra esistenza. Non consiste in primo luogo nella vita? E la vita non è violenta? Nella gerarchia delle generalità astratte proposte da Agostino nel suo libro *Il libero arbitrio*[10], il termine 'essere' include tutto ciò che è, senza eccezione, poi viene la vita che concerne soltanto i viventi, le piante e gli animali che non sono che una parte di tutto ciò che è, e infine l'uomo, una parte ancora più ristretta di tutte le cose. Questa gerarchia dipende però solo da una ragione logica. L'essere che vi prende posto rassomiglia al minerale il che è veramente troppo poco. Si caratterizza per un *minus esse* che si può manipolare come si vuole a condizione che si sappia fare, tanto è debole la sua resistenza e nulla la sua capacità di autorigenerazione. La gerarchia agostiniana segue in realtà scrupolosamente le indicazioni date da Porfirio nel suo *Isagoge*, una introduzione alla logica di Aristotele secondo l'autore, che insegna in che modo costruire una buona definizione, mediante genere e differenza specifica. 'Essere' sarebbe così la nozione più generale di tutte e si riserverebbe di pensare a qualche ente.

L'essere metafisico è però questo essere logico, il genere più vasto, il meno determinato di tutti? Difficilmente lo si crederà. D'altronde, la scolastica vi insiste, l'essere non è un genere. È piuttosto da pensare come un atto, una ἐνέργεια, un *conatus*, uno sforzo di essere, il movimento di donarsi nel e all'ente; in questo dono, l'essere porta a compimento il suo movimento, si realizza. Non si può dunque dirlo esentato da ogni caratteristica, essendo la prima precisamente di passare nell'ente. All'inizio del suo *De veritate*, Tommaso d'Aquino dispone i trascendentali in un ordine preciso, che è appunto quello dell'apparizione progressiva dell'ente (*ens*), di un percorso che viene da esso e che va verso ciò che è altro da esso, verso l'anima che lo accoglie e può così rendersi simile ad esso (si parla allora dell'assimilazione come di una caratteristica essenziale della verità). Ci insegna in tal modo che l'atto di essere non è senza la vita dello spirito in cui si fenomenizza, in cui appare[11].

Si può anche pensare che essere è vivere. Il dono di sé dell'essere nell'altro da sé, l'essere che è in sé differenziandosi da sé, ha senso alla

---

[10] Agostino, *Il libero arbitrio*, II, vii.
[11] Vedi P. Gilbert, *Corso di metafisica*, p. 194-200.

Introduzione generale

luce del fenomeno vivente, che non è vivente se non diffondendosi, moltiplicandosi, passando al di là di sé. La vita si moltiplica e si diversifica con grande abbondanza, altrimenti muore e scompare. La vita è quindi l'espressione prima dell'essere che si dona in se stesso. Il λόγος, però, lo è ancora di più e più originariamente. Il vivente si perde, infatti, al di là di se stesso, si aliena nel suo futuro, mentre il λόγος, che è potenza di differenziazione e di riappropriazione di sé nel diverso, si accorda con l'essere unito a sé e capace di riconoscersi in ciò che è differente da sé e in cui sa che si investe. Evidentemente, un tale λόγος non è soltanto logico, e neppure dialettico. Noi vi riconosciamo l'esperienza riflessiva della differenziazione di sé in modo che il sé riconosca se stesso in atto.

Questo sforzo di essere può tuttavia essere interpretato come un atto di violenza, di imposizione di sé in ciò che precisamente esso non è. L'essere sarebbe originariamente collerico e violento. La riflessione fondamentale non può esprimersi senza acquisire esperienze immediate che rappresentano analogicamente ciò che essa sa nel suo intimo dell'uomo. La violenza è una di queste esperienze, probabilmente la più comune, anche quando si vorrebbe occultarla poiché la sua potenza distruttrice fa paura. Ma potrebbe pure essere soltanto una esperienza incompiuta, definita nel momento del distanziamento costitutivo del λόγος in atto, momento puramente vitale e senza ritorno verso di sé dello spirito, senza riconoscimento del sé nella sua finitezza.

L'opera che noi introduciamo qui è di filosofia critica e di metafisica. Di filosofia critica nel senso in cui il suo modo di procedere è una ripresa riflessiva dei nostri atti di conoscenza, di azione, di affezione, una messa in evidenza dei limiti ai quali non siamo avvezzi al fine di ridare ad essi il loro autentico senso e ampiezza. Di metafisica, poiché se l'essere non è senza la vita e il λόγος, si svela effettivamente nella vita dello spirito ragionevole in cui si fenomenizza, senza che tuttavia questa vita ragionevole, considerata per se stessa, possa pretendere di esserne la norma. La metafisica non è soltanto un'etica, una riflessione sul dono di sé, e neppure un'antropologia, una riflessione sull'essenza dell'uomo. Essa rimane una riflessione che fa progressivamente riconoscere all'interno delle nostre vite di esseri ragionevoli il richiamo di un *maius*. Aggiornare questo richiamo, indicare nella lontananza delle nostre parole la sua origine feconda e infinitamente copiosa, rivela allora l'ente in quanto ente e i suoi attributi essenziali che sono differenziazione interiore senza violenza.

Manterremo la nostra ricerca il più rigorosamente possibile nei limiti critici e metafisici sopra indicati. La letteratura sulla violenza si è sviluppata recentemente in modo straordinario, e in tutte le direzioni, soprattutto nelle scienze umane; la riflessione nei suoi riguardi è in realtà ben più complessa di ciò che ne poteva dire l'opera di Sorel[12], che fu il primo a considerarla in se stessa, nel 1908. Evidentemente non potremo menzionarla tutta, ma attingeremo soltanto ai testi che ci sembrano introdurre al meglio la radicalità della questione.

L'esposizione procederà in quattro fasi. Cercheremo anzitutto di precisare come intendere il termine 'violenza', essendo il suo campo di applicazione quanto mai vasto e impreciso; i nostri riferimenti sembreranno qui antropologici. Ma vorremmo anche mostrare come la metafisica sia attenta all'atto di libertà a partire dal quale nasce la sua propria problematica. Affronteremo successivamente un problema spesso messo in evidenza oggi: la ragione sarebbe violenta per sua natura e nonostante le pretese di numerosi filosofi moderni. Questa critica, che attualmente include spesso un rifiuto della metafisica, dovrà tuttavia essere sfumata. Ci soffermeremo, poi, sulle procedure mediante le quali gli uomini tentano di regolare la violenza e di dirigere ragionevolmente le loro azioni; prenderemo allora in considerazione la questione della giustizia in cui vengono configurati gli atti più fondamentali dell'esistenza umana. Concluderemo infine la nostra riflessione accostando il tema dell'affettività, non già sentimentale ma metafisica, quella delle persone finite che si lasciano, in effetti, toccare da ciò che dona loro di essere, e che vivono perdonando. Si riconoscerà in questo piano di lavoro una organizzazione che percorre la sequenza dei quattro sensi della Scrittura dell'ermeneutica biblica; questa sequenza è la sola, infatti, che possa condurre fino in fondo lo sforzo dell'intelligenza umana portandola al più alto grado delle sue possibilità[13].

---

[12] G. SOREL, *Riflessioni sulla violenza*.

[13] Vedi P. GILBERT, «Esercizi, scrittura e sistema». Ritorneremo sull'organizzazione di questa sequenza nel cap. x, p. 225-230.

Introduzione generale

Quest'opera non avrebbe potuto essere realizzata senza l'appoggio e le sollecitazioni dei miei studenti e amici di Parigi e di Roma, così come di quelli che ho potuto incontrare in America latina. Un profondo ringraziamento a Hubert Jacobs, professore emerito nelle facoltà Notre-Dame de la Paix, a Namur. Dedico questo saggio alla memoria di Cipriano, collegiale assassinato con migliaia di altri innocenti in una di quelle guerre civili in cui l'umanità si disonora.

PRIMA PARTE

LA VIOLENZA, UN TRASCENDENTALE?

INTRODUZIONE

La violenza è dovunque. Essa utilizza tutte le forze e le energie che trova a sua disposizione, così bene che spesso non si sa nemmeno più come distinguerla. Qualsiasi forza sembra poter essere definita violenta. Inoltre, il termine 'essere' evoca in metafisica una qualche energia, sicché la violenza sarebbe proprio una delle sue caratteristiche.

Secondo la descrizione che ne ha fatto Aristotele all'inizio del quarto libro della sua *Metafisica*[1], questa prenderebbe in considerazione l'ente in quanto ente e le sue proprietà più specifiche. Queste proprietà non sono soltanto le diverse categorie logiche di cui tratta il primo testo del *corpus* aristotelico, ma anche, se non soprattutto, quelli che vengono chiamati 'i trascendentali', vale a dire l'uno, il vero, il buono, il bello. L'essere è, infatti, espresso nella semplicità di ciò che è mediante quello che gli autori hanno denominato l''atto di essere' (*actus essendi*), ossia la sua energia (ἐνέργεια), il *conatus*, lo sforzo di essere, il cui dispiegamento è precisamente articolato dalla ragione grazie a questi trascendentali. L'atto di essere, energico, è uno, vero, buono, bello. La questione è di sapere se tale atto, dispiegando in questo modo ciò che è in quanto è nella semplicità del suo essere, non sarebbe nello stesso tempo violento, sicché la violenza facendo parte anch'essa delle caratteristiche di tutto ciò che è, sarebbe essa stessa un trascendentale. L'essere non sarebbe dunque cattivo?

La prima parte del nostro saggio ambisce quindi a determinare prima di tutto il senso letterale o il significato di base del termine 'violenza'. L'affermazione secondo cui l'essere è di per sé violento sembra in realtà molto generica. In un primo tempo, in accordo alla svolta etica della metafisica contemporanea, mostreremo come la questione metafisica sorge dalla coscienza impegnata liberamente nella storia. La metafisica non tenta anzitutto di caratterizzare i principi razionali a partire

---

[1] ARISTOTELE, *Metafisica*, IV, 1 (1003a21-22).

dai quali si potrebbe successivamente dedurre tutto ciò che è e tutto ciò che non è (il che sarebbe una maniera di argomento ontologico del tutto irricevibile – dall'idea non sorge mai immediatamente una realtà[2]), ma essa riflette piuttosto sull'essenza più semplice di ciò che è. Ora, ciò che è in atto di essere è dapprima in libertà: noi mostreremo che il principio metafisico primo, l'essere, è libertà ragionevole. Il secondo capitolo descriverà quindi le forme più elementari dell'impegno della libertà. Queste forme possono essere lette come espressioni di violenza; non potremo evidentemente enumerare in maniera esaustiva tutte queste espressioni, ma tutte quelle che conosciamo o di cui abbiamo sentito parlare entreranno nelle differenti classi che qui indicheremo. Infine, l'ultimo capitolo di questa prima parte preciserà in quale maniera essenziale la libertà diventa violenta, e fino a che punto le sue espressioni possono, o non possono, liberarsi da questo destino.

---

[2] Vedi E. KANT, *Critica della ragion pura*, A598.

CAPITOLO I

METAFISICA E LIBERTÀ

La violenza è subita sul piano internazionale, sul piano nazionale, nei nostri differenti gruppi umani, nelle imprese, nelle famiglie. Stabilire una lista completa delle sue manifestazioni non ha senso, se non quello di accrescere la nostra angoscia dinanzi alla nostra impotenza. Le pubblicazioni su questo tema si susseguono le une dopo le altre, giorno dopo giorno più numerose. Non abbiamo affatto l'intenzione di aggiungere adesso una nuova pubblicazione che dimostrerebbe senza alcuna originalità che noi ci troviamo in una situazione considerata da sempre dall'umanità come insopportabile e da correggere. Non intendiamo neppure concludere indicando degli espedienti perché il nostro mondo proceda meno male. Il nostro progetto resta metafisico. Che cosa potrebbe però dire un metafisico del vissuto tragico del nostro mondo? È anche legittimo che la metafisica si occupi della violenza, essendo questa legata alla contingenza delle nostre storie, così lontane dall'«ente in quanto ente» che Aristotele riteneva fondamentale per la riflessione? Che cosa ha a che fare la violenza con la metafisica?

L'essenza della metafisica

Non sarebbe necessario approfondire la nostra comprensione dell'essenza della metafisica? Che cos'è essa dunque? Si conosce la sua definizione ricevuta da Aristotele e interpretata così: «un certo sapere che considera l'ente in quanto ente[1]». Tuttavia, come osservava Platone nel *Sofista*[2], quando noi diciamo 'ente', non sappiamo veramente ciò che diciamo. La perplessità del *Sofista* platonico attraversa tutta la

---

[1] Aristotele, *Metafisica*, IV, 1 (1003a21-22).
[2] Platone, *Sofista*, 240a.

Metafisica aristotelica. Heidegger vi ritorna; citando il *Sofista* come epigrafe di *Essere e tempo*, egli sottolinea che la sua intenzione è di affrontare la stessa difficoltà degli antichi, benché sia in una prospettiva fenomenologica sconosciuta all'Antichità. Il senso della parola 'ente' non cessa di porre interrogativi.

Mettiamo in rilievo che la tradizione, fin da Aristotele con la sua concezione di una scienza (ἐπιστήμη) prima, ha collocato la ricerca metafisica in un quadro abitualmente epistemologico. Questo quadro è stato accentuato da Suárez alle soglie della modernità; per il filosofo e teologo spagnolo, la metafisica costituisce, infatti, «una scienza determinata il cui oggetto adeguato è l'ente in quanto ente[3]». La metafisica rientrerebbe quindi nelle nostre potenze cognitive, di cui stabilirebbe i criteri ultimi di assunzione della realtà come tale. Essa sarebbe peculiare, così si afferma, di ciò che costituisce l'uomo in quello che ha di più proprio, nella sua differenza specifica, nella sua razionalità di animale razionale. Questa razionalità sarebbe espressa nella maniera più completa nel sapere di un principio logicamente primo, con il quale l'ente si identificherebbe. La razionalità dell'uomo risiederebbe finalmente nella potenza della sua conoscenza logica. È così che, soprattutto con la modernità, il principio di non-contraddizione è divenuto il principio primo dell'ontologia, denominazione d'altronde nuova data alla metafisica dell'essere all'inizio del XVII secolo.

La riflessione filosofica contemporanea intende tuttavia apportare delle sfumature alla definizione classica dell'uomo, che è un animale ragionevole (speriamolo!) piuttosto che razionale. Il termine 'ragionevole' evoca l'idea di un compito da svolgere impegnandosi con prudenza nel mondo, mentre il termine 'razionale' è più semplicemente descrittivo di un'essenza astratta, distinta dalle essenze non razionali. Peraltro, nessun sapere scientifico nasce dalla sua logica particolare e nessuna scienza è prima sotto tutti i punti di vista; tutte nascono da un interesse della ragione lontano dall'esperienza, come se la scienza andasse a colmare questa distanza approfondita dalla trascendenza stessa della ragione. Questo desiderio è abitualmente ignorato dagli epistemologi classici, cancellato dai loro schemi di costruzione scientifica. Se-

---

[3] Fr. Suárez, *Disputazioni metafisiche*, I, 3, inizio.

condo la tradizione comune dalle tinte ingenuamente positivistiche, ogni conoscenza inizia con l'esperienza sensibile, o più grossolanamente delle cose del mondo fisico, intesa interpretando la trascendenza della ragione come una distanza tra il soggetto e l'oggetto, consistendo l'epistemologia nel rendere conto della sintesi che è finalmente la conoscenza tra il conoscente e il conosciuto. Il punto da riflettere è nondimeno per noi, più radicalmente, quello del supporto o della ragione di questa sintesi, vale a dire del desiderio di conoscere ciò che è.

È chiaro che se, nella conoscenza, tutto viene dai sensi, la conoscenza stessa, già come apprensione del sensibile, non proviene dai sensi; essa aggiunge qualche cosa di nuovo, di insensibile, alle informazioni che ne provengono. Ecco perché, dal punto di vista della conoscenza, la metafisica si situa, conformemente del resto all'etimologia della parola, dopo o al di là della fisica, vale a dire dal primo momento che la tradizione attribuisce allo sviluppo della scienza, essendo chiaro che essa non abbandona per questo il campo della conoscenza, allontanandosi soltanto dal sapere sensibile. Il luogo proprio della metafisica può quindi essere identificato con tutto ciò che, nello svolgimento della conoscenza, non deriva dall'esperienza soltanto sensibile. Occorre dunque ammettere che l'intenzione della metafisica non si ferma alla sola esperienza sensibile.

La tradizione filosofica è stata d'altronde sempre attenta al significato del prefisso μετά[4]. Questo prefisso vuol dire 'dopo'. La metafisica viene quindi dopo la fisica[5] e si svolge necessariamente con mezzi diversi da quelli della fisica, benché vi faccia riferimento (μετά significa anche 'con') per distinguersene. 'Dopo' rinvia a ciò che viene prima e che quindi lo determina. Possiamo comprendere anche nel 'dopo' l'idea di 'al di là', il che apre uno spazio indefinito 'dopo la fisica'. La parola 'al di là' indica allora che la metafisica non può essere colta come una conoscenza che, venendo dopo la fisica, si costituirebbe sulla loro sola differenza, ossia su un rapporto negativo con la fisica. La me-

---

[4] Vedi E. TOURPE, *Donation et consentement*, p. 34-43.

[5] È così che si interpreta abitualmente il *méta* della parola «metafisica», evocando la leggenda secondo cui Andronico di Rodi avrebbe trovato un corpus di 14 libri senza nome, ma costituenti un insieme, al seguito dei libri della *Fisica*, nell'eredità di Aristotele.

tafisica, un sapere indipendente dalla fisica, si colloca al di là della nostra disposizione a costruire le scienze secondo quel modo che Tommaso d'Aquino, commentando il *De Trinitate* di Boezio, caratterizzava con l'avverbio *rationabiliter*[6], vale a dire conforme ai modi dell'argomentazione che assume le informazioni venute dai sensi e le rielabora secondo le problematiche della causalità. Essa non è soltanto un atto di superamento della sensibilità mediante la ragione il cui senso rimarrebbe relativo a ciò che è superato. Il suo tratto di 'al di là' segnala piuttosto una realtà ulteriore che attrae lo spirito umano, *a priori* e senza provenire dal sensibile, invitandolo a superare incessantemente le dotte acquisizioni. Ma che cosa sarebbe questo punto ulteriore, probabilmente asintotico?

La metafisica gode tradizionalmente di una funzione di unificazione. Ma la scienza denominata 'fisica' tende già in direzione di una unificazione dell'universo sensibile; essa si applica, infatti, a sistematizzare il più possibile questo sensibile in un tutto coerente; d'altronde è il riconoscimento grazie a nuove esperienze, della particolarità delle sue soluzioni precedentemente date, che spinge la scienza a progredire. La metafisica va però al di là, ossia da un'altra parte, oltre l'unità nella quale il sensibile è reso coerente grazie ai principi scientifici. Non è che la metafisica si compiaccia nell'incoerenza; dobbiamo piuttosto riconoscere che la scienza del sensibile non può esaurire tutte le forme possibili di coerenza; del resto, essa è incapace di fondare in se stessa il suo principio di coerenza. L'uno, osservava già Agostino, è *a priori*, e quindi, come ricordava Tommaso d'Aquino, ideale per l'insegnamento, per il sapere condotto *disciplinabiliter*[7]. La metafisica sarà dunque coerente in modo diverso dalla fisica. Quale sarà però il genere della sua coerenza? La fisica non può provare da se stessa di costituire la norma unica della coerenza scientifica. Infatti, che cosa sarebbe, ad esempio senza la matematica, senza una scienza diversa da essa? La sua coerenza non le deriva dal suo metodo di approccio della realtà

---

[6] Tommaso d'Aquino, *Super Boetium De Trinitate*, q. 6, a. 12.
[7] Vedi Agostino, *Il libero arbitrio*, II, viii, 22; Tommaso d'Aquino, *Super Boetium De Trinitate*, q. 6, a. 12.

sensibile, ma da un'altra fonte. La metafisica dovrebbe, invece, essere autoreferenziale, fondata in se stessa, nel senso che i suoi principi si attesterebbero nell'atto stesso della sua costruzione. Dobbiamo affermare che la fisica come scienza non comincia da se stessa, ma all'interno di una esperienza intellettuale che la supera *a priori*. Che cosa sarebbe questa esperienza? Il sapere non esordisce nel sapere, ma in una esperienza in cui la ragione si manifesta a se stessa in seno a quel che si potrebbe appunto chiamare, con Malebranche, un sentimento. La tradizione affida al sentimento di meraviglia o di stupore il compito di infondere il suo slancio al sapere umano[8]. Due modelli tradizionali, di Platone e di Aristotele, descrivono questo sentimento nel contesto del sapere. Per il *Teeteto* di Platone[9], la meraviglia risponde a un messaggio che rivela i segreti degli dei, nascosti ai comuni mortali. Essa dà quindi accesso a un sapere superiore, ineffabile, divino, ma che non potrà mai concludersi perché vi sarà sempre più da sapere. Il meraviglioso attrae, come un mistero senza fine; corrisponde perfettamente alla dinamica del sapere indefinitamente aperto. Con Aristotele invece[10], la meraviglia perde questa capacità di apertura indefinita; si parlerà piuttosto di uno stupore, per non dire di uno sbalordimento. Lo stupore, come uno scoppio di tuono prodotto nell'anima, provoca un arresto dello spirito. Quando questi vede il corso dei suoi pensieri contrastato da un'incognita, gli occorre trovare il modo di uscirne integrando l'estraneità, vale a dire osservando meglio la totalità del reale di cui l'incognita fa *a priori* parte. Lo stimolo dato alla conoscenza dallo stupore aristotelico è così destinato a finire quando il problema che ne sarà stato all'origine sarà stato risolto. In Platone, la meraviglia rende lo spirito attento a un mistero insondabile, mentre lo stupore impone ad Aristotele di ricercare una soluzione al problema posto. Heidegger è ritornato su questa tematica della meraviglia o dello stupore nella sua conferenza del 1956 intitolata «Che cos'è la filosofia[11]?». Lo stupore, dice, è un'affezione, un πάθος. Al punto

---

[8] Vedi S. Petrosino, *Lo stupore*.
[9] Platone, *Teeteto*, 155d.
[10] Aristotele, *Metafisica*, I, 1 (982b12-21).
[11] M. Heidegger, *Che cos'è la filosofia?*, p. 24-25.

di partenza della filosofia, e di ogni conoscenza, vi è dunque solo l'intelletto disporrebbe *a priori* dei suoi strumenti logici per lanciarsi verso il mistero dell'essere o per ridurre lo strano al normale. Al punto di partenza del pensiero, vi è piuttosto un'attrazione che tocca un'affezione, un desiderio[12].

Si definisce abitualmente la filosofia come l'"amore della saggezza'; l'epistemologia della parola conduce, infatti, a questa interpretazione. La filosofia non è anzitutto la scienza della saggezza. La metafisica, nella quale la filosofia spinge il suo sforzo all'estremo, è anch'essa un amore. Essa fa suo il desiderio che dinamizza la ragione umana e il divieto di accontentarsi dei soli modi di funzionamento della razionalità scientifica. La metafisica è al di là del modo di conoscenza *rationaliter*; essa pensa *intellectualiter*, diremmo noi riprendendo i termini del commentario del *De Trinitate* di Boezio ad opera dell'Aquinate. Il desiderio dà in realtà vita all'*intellectus*, all'intelligenza. Non è vero che si desidera ciò che si ama, anche prima di conoscerlo, e che si conosce perché si desidera e si ama conoscere? Mai la conoscenza scientifica nasce da se stessa, dalla sola ragione; occorre ad essa seguire le tracce di un'affezione o di una passione preliminare.

La distinzione classica del bisogno e del desiderio consente di precisare l'affezione di cui si tratta in metafisica. Il bisogno è tipicamente corporeo, circoscritto al corpo che prende ciò che gli manca per consumarlo ed esaurirlo. Il desiderio è, invece, spirituale e aperto senza limiti; più si avvicina al suo termine, più diventa potente e forte, ma anche più cosciente della sua fragilità e dell'assenza del desiderato. La scienza sembra rispondere a un bisogno; la tesi aristotelica sullo stupore lo conferma. Si potrebbe però mostrare anche che la scienza risponde a un desiderio spirituale, che la fisica ripiega tuttavia sul piano della positività sensibile che essa può assoggettare. La scienza nasce da un desiderio umano, senza seguirne fino in fondo le esigenze. La nostra esperienza comune sa che più conosciamo, meno siamo certi di conoscere bene e di conoscere tutto; più conosciamo, più sappiamo che ci resta molto da conoscere, che conosciamo effet-

---

[12] Vedi M. BLONDEL, «Le point de départ de la recherche philosophique», soprattutto p. 555-556.

tivamente ben poco. Paradossalmente, più abbiamo delle certezze, meno siamo sicuri. Accade lo stesso per l'amore: più amiamo, e meno possediamo ciò che amiamo, più il nostro amore è reso fragile dalla sua stessa potenza. La conoscenza e l'amore esprimono un desiderio propriamente spirituale. La conoscenza non raggiunge mai il suo termine. Lo stupore aristotelico è troppo breve, finisce troppo presto. La conoscenza che anima il desiderio non può fermarsi cammin facendo. La metafisica riflette su questo, un desiderio di sapere piuttosto che qualche concetto ben definito e chiuso di 'ente'. La metafisica non può contraddirsi pretendendo di lavorare in maniera scientifica. Essa è la gemma dello spirito. Per la sua funzione 'méta'[13], ha come missione di rendere testimonianza alla insoddisfazione intrinseca dello spirito, a ciò che fa dell'uomo un uomo, un animale ragionevole piuttosto che razionale. È così che essa aderisce alla libertà dell'uomo. All'origine della filosofia vi è una meraviglia con risonanze psicologiche in cui prendiamo conoscenza di un più che dinamizza la nostra ricerca sapiente; questo più la conoscenza lo presagisce; l'amore tende ad esso; ma è la libertà che vuole che esso sia per noi effettivamente così.

L'origine della filosofia

L'origine della filosofia è da collocarsi nella natura della libertà e nel linguaggio mediante il quale la ragione esprime la sua risposta all'attrazione del bene. In realtà, l'attrazione del bene accede alla coscienza, e quindi alla libertà di scegliere, a condizione tuttavia di essere contraddetta. Lo sforzo per superare ciò che si oppone all'attrazione del bene fa sorgere la parola filosofica in cui la ragione articola lo slancio della libertà che reagisce a ciò che nega la sua essenza, vale a dire l'ingiustizia e la menzogna. All'origine della filosofia, non vi è una proposizione positiva, ma una negazione vissuta. L'aveva già osservato Anassimandro, se si dà credito al commentario che ne propose Hei-

---

[13] Vedi P. RICŒUR, *Riflessione fatta*, p. 104-109.

degger[14]. Riassumiamo rapidamente la tesi: il mondo è sottomesso per principio a qualche destino, sociale o altro, poco importa, affinché l'ordine vi regni; ma ogni novità viene ad interrompere la necessità di questo destino creandovi, grazie alla sua energia, uno spazio in cui installarsi, allontanando il proprietario precedente; ciò che si rende visibile provoca così quello che la ragione riterrà un disordine e che l'ordine stabilito giudicherà un'ingiustizia subita, poiché si vedrà escluso dal luogo di cui prima fruiva. Ogni nuovo venuto nel visibile vorrà inoltre ampliare, con la sua energia di prima e ancora attiva, il suo spazio al di là di ciò che gli è necessario per vivere; diverrà quindi, anch'esso, causa di ingiustizia. La filosofia nasce come una ricerca per uscire da questo cerchio infernale.

La questione che l'immigrazione pone alle nostre società ha una struttura profondamente metafisica. Il significato che la Bibbia dà alla giustizia è qui illuminante: è giusto colui che è in un rapporto buono nei confronti di Dio[15], e per conseguenza nei confronti dell'altro. L'ingiustizia risulta inversamente da una relazione con Dio che non è retta, e dunque neanche con l'altro. È in tal modo ingiusto colui che impedisce all'emigrato che si manifesta nel suo spazio sociale di prendervi tutta l'ampiezza che gli è necessaria. Rispettare la libertà dell'altro, equivale a rispettare la sua unicità, e quindi la sua possibilità di essere se stesso nella città dove altri sono già insediati. Ma è anche ingiusto colui che viene in una società che non è la propria per imporvi la sua presenza rifiutando di armonizzarsi al contesto nuovo che lo accoglie, forzando così la dimora dei suoi ospiti. Noi siamo tutti degli emigrati. Ciascuno di noi conosce relazioni difficili, instabili e dalle mille sfac-

---

[14] M. HEIDEGGER, «La locuzione di Anassimandro». Si leggerà per esempio, p. 420: «una volta pensata l'essenza del presenziante trat-tenentesi, come la Dis-Giuntura nel dimorare la tratta. La Dis-Giuntura consiste nel fatto che il trat-tenentesi si intestardisce a irrigidirsi nella tratta, nel senso che non vuole altro che stabilità. Il dimorare trat-tenentesi come persistere è, pensato a partire dalla Giuntura della tratta, l'insistente insorgenza entro il mero perdurare. La stabilizzazione insorge insistendo nel presenziare stesso, il quale in-trat-tiene volta a volta il presenziante nella contrada dell'inascosità. Per via di questa insistenza insurrezionale nella tratta, il trat-tenentesi persiste nella mera stabilità. Il presenziante essenzia allora senza e contro la Giuntura della tratta».
[15] Vedi Gn 15,6.

cettature, cosmiche, storiche, sociali, ecc. In queste relazioni, cerchiamo di esprimere la nostra unicità rispettiva, con una legittima inquietudine per quanto riguarda il successo della nostra propria venuta. La questione è di sapere in che modo vivere e pensare questa insoddisfazione individuale in un mondo costituito da numerosi intrecci di libertà e intessuto di storie che non possono non comporre insieme un destino comune grazie alla loro stessa diversità.

Nella sua origine, la filosofia non assume la forma pacata di una risposta all'attrazione dell'intelligenza verso un più o meglio conosciuto, ma quella di una protesta contro l'ingiustizia e la menzogna[16], vale a dire contro ciò che non dovrebbe essere, contro il rifiuto di ciascuno di adattarsi alla vita comune e l'impossibilità che ha la vita comune di convenire spontaneamente a ciascuno. La protesta è originaria nel senso che ha un valore in sé, poiché l'ingiustizia ha una evidenza immediata e scandalosa anche quando non si sa e non si può rappresentare con esattezza ciò che sarà giusto. Lo spirito umano si ridesta sperimentando l'esigenza primaria del dover essere di ciò che non è ancora, anche se questo ideale non presenta alcun contenuto definibile e capace di determinare l'orientamento del pensiero concreto e dell'azione nel mondo. La prima espressione dell'intelligenza umana consiste nel protestare, parola che significa «rendere testimonianza dinanzi», ciò che accomuna la protesta all'attestazione. I sofisti non conoscono questo genere di discorso; essi sono incapaci di attestare come di protestare, poiché si rinchiudono in parole che non rendono testimonianza a nulla. La loro vana retorica conduce con indifferenza alla morte del giusto, di Socrate o di molti altri. Proprio in questo, essi mostrano che i loro giochi linguistici, o ogni gioco linguistico, non sono sufficienti, che le loro prodezze logiche non sono originarie. Le parole fanno vivere e morire, precisamente perché hanno una funzione più che logica. Esse sono ingiuste e letali quando trasmettono l'ignoranza e la menzogna, ma non necessariamente quando si sbagliano e divagano. La coscienza sa che la giustizia le oltrepassa e le giudica, opponendosi persino al loro uso indebito al fine di assicurare

---

[16] Vedi P. Ricœur, *Sé come un altro*, p. 295.

loro un senso vero. Il senso vero delle nostre parole è più che formale o logico; non nasce soltanto dal desiderio di comprendere dopo che l'esperienza dell'ingiustizia ha riconosciuto nei nostri dialoghi molte incomprensioni e ambiguità; esso piuttosto si impone per impedire di ingannare e di mentire.

La libertà non è senza una intelligenza spontanea della giustizia. Essa è così all'origine del linguaggio che significa, al di là delle cose empiriche e provvisorie, l'essenza della vita, l'essere che appare nelle cose, che le regola e dona la loro profondità e il loro sapore. La rettitudine del linguaggio tenuto in libertà invita a salvaguardare la trascendenza dell'essere in rapporto alle parole e a organizzare queste intelligentemente, ossia secondo la giustizia e non soltanto secondo un ordine formale che stabilirebbe una ragione interessata e calcolatrice. Il linguaggio filosofico, linguaggio primo, nasce da un'attenzione della libertà all'essere, rimanendo la libertà insoddisfatta delle parole quando tentano di bloccarla nella loro forma verbale isolata e pretendono di poter rivendicare da se stesse una pienezza di senso.

La radice della filosofia

La libertà attratta dal bene ma scontrandosi con l'ingiustizia è all'origine della filosofia. Essa ne è anche la radice. La parola 'radice' evoca la vitalità di ciò che è e che proviene continuamente dalla sua origine; dalla radice viene, infatti, la linfa di cui la pianta si nutre per vivere. La vita che sale dalle radici è tuttavia soggetta alla necessità; l'origine si protrae dopo di essa; lo slancio della vita biologica non è libero. Anche se una pianta si nutre di quel che incontra per caso sul suo cammino, essa ne assimila ciò che può a partire dalle proprie possibilità di ricettività, dalla natura che le sue radici fissano. Nutrendosi, il vivente riceve quindi di che vivere, ma non riceve la vita potente e feconda per se stessa; l'adatta alla sua natura originale in una sorta di ingiustizia continua. Eppure la vita fa tutto quel che può perché la sua espansione non sia ostacolata dall'egoismo del vivente irrigidito nella sua origine e dagli avvenimenti dannosi che potrebbero minacciarla: essa si fa feconda senza misura, anche inutilmente, traboccante di ener-

Metafisica e libertà

gia in pura perdita affinché almeno una piccola parte della sua essenza creatrice possa prolungarsi nel tempo.

La vita tuttavia ha bisogno di un mondo stabile perché la sua espansione creatrice abbia successo. La ragione sostiene qui una funzione apprezzabile che Bergson ha evidenziato[17]: essa si identifica con una condizione di possibilità della vita, con la stabilità di cui questa ha bisogno per creare di nuovo. Essa rende, infatti, servigio alla vita proteggendo il suo sviluppo dai pericoli che la minacciano, dagli sconvolgimenti in cui possono condurla tentativi o programmi affrettati, ma addomesticandola, persino assoggettandola. La vita è così sempre più condotta dalla ragione sotto la legge della necessità razionale. La ragione, probabilmente per timore dell'inventiva della vita, giunge a volerne gestire tutti gli aspetti grazie alle scienze, alla biologia e alla medicina, all'economia e alla politica, alla psicologia da cui si attende che regoli i sentimenti, i movimenti dell'anima; la ragione si sforza di non lasciare nulla del mondo e dell'uomo al di fuori dei suoi appigli capaci, e pensa di armonizzare tutto. La libertà umana sembra così ridotta a poca cosa. La sua apertura essenziale ad una attrazione ragionevole e più che razionale perde credito ed è incurvata verso se stessa. Essa si trova allora privata della sua realtà vitale e rinchiusa nelle rappresentazioni di cui la scienza si impossessa. La libertà arriva così a perdere ogni significato per la prassi umana.

La conoscenza razionale si svolge necessariamente con l'aiuto di nozioni astratte. Le nozioni sono essenziali per la ragione che compara, calcola, riconosce armonie, stabilisce uguaglianze, fa che elementi diversi si uniscano in forme precise corrispondenti a ciò che l'etimologia dice della parola 'comune'. Né la ragione né l'intelligenza amano gli atomi liberi e isolati; esse vogliono delle relazioni e assumono senza recalcitrare la necessità di unire i molteplici nell'uno. Tuttavia, l'individuo, la sostanza prima di Aristotele[18], non è riducibile ad una nozione comune. Si pone allora la questione di sapere come la libertà può accedere a ciò che l'intelligenza intende raggiungere senza piegarsi

---

[17] Vedi, per esempio, in H. BERGSON, *Le due fonti della morale e della religione*, 1a sezione intitolata: «Ruolo sociale della fabulazione» nella seconda parte: «La religione statica».

[18] Vedi ARISTOTELE, *Categorie*, V.

sotto mezzi che ne ignorano la realtà propria. Negandosi? Essendo negata? A meno che l'uomo ragionevole non scopra in sé una nuova possibilità di intelligenza, diversa dalla sua funzione di costruzione di nozioni o di generalizzazione.

Domandiamoci come arriviamo a conoscere che siamo liberi. Non ne abbiamo alcuna conoscenza nozionale; il nostro sapere di essere liberi è identico al nostro sentimento di essere liberi. La libertà è un'affezione di sé per sé che emerge alla coscienza nel momento della presa di coscienza di una ingiustizia subita e del suo contrario che ciascuno dovrebbe riconoscere; noi conosciamo di essere liberi protestando contro l'ingiustizia e la menzogna e significandone così i valori trascendenti di giustizia e di verità, che non sono ancora realizzati ma che sappiamo di dover far sì che avvengano. La ricerca scientifica proviene anche da un'affezione. Essa sembra al servizio di un modello che l'uomo porta nella sua ragione e che sarebbe conforme alla sua essenza razionale. Questo modello, però, non è mai che un mezzo dato in vista di qualche realizzazione di un'altra natura, della verità. Occorre fare uno sforzo per cercare la verità e rimanere fedeli all'intenzione di rispettarla. La verità è un valore, una norma regolatrice del lavoro scientifico, un ideale che si irradia su e nei nostri discorsi ben costruiti; in nessun tempo la esauriamo poiché essa è all'orizzonte di un'attrazione che fa presa su di noi. Senza un atto libero e responsabile, lungo tutto il corso dei suoi procedimenti razionali, senza l'obbedienza a questa attrazione originale e inesauribile, l'uomo di scienza non può realizzare ciò che desidera, conoscere ciò che è. L'atto scientifico stesso è reso possibile da un desiderio e da una obbedienza a ciò che è.

La scienza non ha un fondamento puramente scientifico; essa proviene da un interesse al quale la ragione si sottomette. Senza questo interessamento e il desiderio che lo accompagna, non conosceremmo nulla, tutto sarebbe vano, nulla si produrrebbe che annunciasse la verità, che interpellasse. La scienza sarebbe allora consegnata alla necessità puramente meccanica, tautologica, poco ragionevole e tanto determinante quanto arbitraria. Tutto sommato, l'arbitrario non è là dove alcuni scienziati dicono, nella libertà; esso è nel cuore stesso dello scientismo e della necessità di una ragione che si vorrebbe soltanto razionale e poco ragionevole. D'altronde, la scienza potrà pretendere un

Metafisica e libertà

giorno di essere divenuta definitiva, di non aver più nulla da dire, di non aver più futuro? Essa stessa annuncia di doversi superare senza tregua. Come lo sa? In che modo può essere fedele a questa conoscenza, se non per un'affezione originaria?

Certamente, la scienza limita la libertà che essa concepisce come una potenza arbitraria di cui controlla e mantiene le immaginazioni nei limiti tracciati conformemente al suo ideale di realtà oggettiva. La libertà reale non è però fantasia. Il sentimento di libertà nasce anche dalla convinzione interiore che la necessità scientifica vale la pena di essere presa in considerazione per condurre una vita giusta. La contestazione della pretesa degli scienziati a limitare il campo della libertà si appoggia sullo stesso sentimento di libertà che anima l'uomo di scienza quando decide di sottomettersi a ciò che egli intende di necessità per limitare il suo arbitrio.

Questa decisione non proviene dalla forma pura della ragione scientifica e dalla sua argomentazione. La necessità si impone da se stessa all'uomo di scienza. Ma bisogna ancora che questi voglia liberamente che la realtà (o almeno la maniera di realtà che egli esamina nel suo lavoro, poiché assai frequentemente gli studiosi molto rigorosi in laboratorio non sono meno fantasiosi di altri nella loro vita quotidiana) sia così interpretata e gestita. La decisione degli scienziati di ridurre alla necessità ciò che cade sotto la loro indagine è una decisione libera a favore della ragione scientifica. Questa decisione non è valida a causa dei risultati sempre limitati delle sue ricerche, e pertanto incapaci di sorreggere l'assolutezza della necessità. La necessità non si verifica; essa è un'idea che assume la libertà che si impegna effettivamente nel mondo. La scelta della scienza per la necessità è una scelta libera a favore di una maniera di creazione di senso. La scienza ricorre a un universo necessario, ma non è necessario fare della scienza; la necessità che richiede la libertà è di un altro tipo rispetto a quella di un discorso scientifico.

La libertà è alla radice della ragione. La scienza non rende liberi, ma la libertà invita a lavorare con la competenza della scienza, a fare tesoro dei suoi canoni. Questo implica che la scienza non sia una condizione necessaria per la libertà; essa lo è quando viene scelta. La necessità scientifica non può imporsi come la misura della libertà. Tuttavia la forma scientifica che si propone la libertà vale la pena ed è riconosciuta come tale. Ogni sforzo della libertà che richiede un'adesione, compreso lo sforzo di conoscere in maniera rigorosa, è prodotto perché vediamo e giudichiamo che ciò ne vale la pena.

Il fondamento della filosofia

La libertà è all'origine e alla radice dell'atto di filosofare. Essa ne è infine il fondamento. Un fondamento è ciò su cui poggia tutto ciò che si trova disposto al di sopra. Senza un fondamento preliminare e sicuro, non si costruisce nulla che sia solido. Nulla esiste in maniera stabile, non esiste veramente, senza che vi sia un fondamento sul quale poggiare. Si potrebbe dire, muovendo da questa nozione del fondamento, che il fondamento più universale è quello che sorregge tutto ciò che è, vale a dire ciò senza di cui non vi è nulla. Nella tradizione della metafisica scolastica, 'essere' è questo fondamento, che si intende tuttavia alla maniera di una sostanza, vale a dire di ciò che permane sotto gli accidenti passeggeri. Tutto ciò che è, è, infatti, posto (*stans*) su un fondamento che rimane al di sotto (*sub*) e che il verbo 'essere' enuncia. Come diceva Étienne Gilson, «ciò che non è, è neppure un 'ciò che'. Propriamente, è niente[19]». 'Essere' è in ogni cosa. La sostanza più universale potrebbe però ben designare anche una realtà molto astratta, una forma puramente generica. Se ci si pone, per esempio, nella prospettiva della logica illustrata nel IV secolo dall'*Isagoge*, di Porfirio, si potrebbe pensare, infatti, che la parola 'essere' indichi un genere che comprende tutte le specie senza considerarne nessuna in particolare, escludendo in effetti tutte le differenze specifiche, per trattenere solamente il più piccolo denominatore comune a tutto ciò che è, a tutte le cose reali eppure esistenzialmente differenti le une dalle altre. È così che funziona la gerarchia degli enti stabilita nel secondo libro de *Il libero arbitrio* di Agostino[20]. Ma per la scolastica aristotelico-tomista, 'essere' non può essere inteso come un genere; le differenze specifiche 'sono', anch'esse,

---

[19] É. GILSON, *L'essere e l'essenza*, p. 6.
[20] AGOSTINO, *Il libero arbitrio*, II, iii, 7.

in qualche maniera. Nessuna modalità di sostanza può appropriarsi della potenza della parola 'essere'; gli accidenti e le proprietà sono altrettanto che la sostanza. Tommaso d'Aquino chiama il fondamento *actus essendi*, atto di essere o, per tradurre più letteralmente la parola, atto di ciò che sta essendo. La creazione linguistica di questo *actus essendi* è propriamente geniale. Conviene distinguere, in metafisica come nel linguaggio corrente, il fatto di essere e l'atto di essere o l'essere in atto. L'espressione 'essere in atto' è costruita con l'ausilio di una proposizione infinitiva al presente. La parola 'fatto' è, invece, un participio passato. Il fatto di essere è ciò che è concluso, stabilizzato nel mondo, divenuto un oggetto che potremmo cogliere mediante la scienza, avendo quindi le sue terminazioni, i suoi limiti definiti; queste terminazioni fissano tale fatto di essere in seno al mondo tra gli altri fatti di essere che esso non è e che lo limitano determinando la sua differenza relativa. L'atto di essere è in compenso inafferrabile perché è sempre in movimento, dinamico; esso nasce in qualche modo da se stesso e sfugge senza tregua da ogni stato. È l'atto di ciò che si presenta o avviene in presenza, appare, tale cosa sensibile, tale nozione, tale concetto, tale persona, tale azione libera, tale idea, vale a dire questo o quel fenomeno. L'atto di essere avviene così in maniera ogni volta unica; esso appartiene alla sostanza prima di cui parlava il capitolo v delle *Categorie* di Aristotele[21]. Tutto ciò che si rende presente è, in effetti ogni volta unico, sebbene l'unicità di tale atto sia paradossale poiché nello stesso tempo universale: tutti esercitano infatti l'atto di essere, ma ciascuno per sé. L'italiano, come del resto altre lingue, permette tuttavia di articolare questo paradosso senza contraddizione grazie alla parola 'ciascuno', una parola che significa 'tutti' (quindi universalmente) ma presi uno per uno (quindi singolarmente).

Ciò che è in atto si presenta, o piuttosto, dovremmo dire, nulla si presenta a noi che non sia in atto di essere. Io non sono l'origine di ciò che mi è presente. È questa d'altronde la ragione della mia meraviglia. L'atto di essere di questo o di quell'ente appartiene a ciascuno in quanto differente radicalmente, esistenzialmente, da ogni altro, e in-

---

[21] ARISTOTELE, *Categorie*, V (2a13-14).

nanzitutto da me. La meraviglia non nasce in noi dal solo fatto che qualche cosa sia in generale, ma dal fatto che molteplici cose, tutte singolari, avvengano in mia presenza, vale a dire vengano incontro a me a partire dalla loro propria unicità e senza perderla. Una tale meraviglia non è senza un atto della libertà. Per incontrare ciò che è secondo la verità del suo atto, non posso precipitarmi verso di esso, anticipare i segni che esso vorrebbe darmi di se stesso; mi occorre, al contrario, accoglierlo come qualche cosa di unico che viene a me. Per accoglierlo conformemente a questa condizione, bisogna che io mi renda disponibile, e quindi che sia *a priori* capace di meravigliarmi della novità di ciò che viene in mia presenza per godere del dono sempre nuovo che così mi è fatto e che mi interpella. Al fine di godere di un dono che non ho affatto meritato, mi occorre essere atto ad accoglierlo quando verrà, essere dunque essenzialmente in attesa, disponibile per entrare in relazione, vale a dire libero da tutto, e in primo luogo da me stesso per fare spazio in me a ciò che accade. Tale è la forma essenziale della libertà essenziale, che è il mio atto di essere: dispormi ad accogliere ciò che potrà avvenire in mia presenza.

La relazione così inaugurata nell'attesa è tuttavia molto vaga. Qualsiasi oggetto può suscitare la meraviglia, al medesimo titolo che la venuta accanto a me di qualcuno che mi rivolge la parola. L'attesa libera è disponibile a tutto, in questo senso è universale. Tuttavia, la parola 'universale' è probabilmente ambigua. Può essere scomposta nei suoi due elementi di base, 'uno' e 'verso'; l'universale è l'uno verso il quale convergono tutti i diversi; significa quindi un movimento che nasce dai molteplici e che li orienta tutti verso un luogo comune nel quale essi entrano in relazione. Questo luogo comune può essere pensato riportando i diversi sotto una unità astratta e univoca che annulla sotto la sua forma unica ciò in cui gli esistenti sono differenti. Otteniamo allora ciò che si potrebbe chiamare una nozione. In questo caso, però, non si dovrebbe più parlare di universalità ma piuttosto di generalità, una parola nella quale ritroviamo, in effetti, il termine 'genere' e la sua costruzione secondo la logica di Porfirio[22]. È in realtà nella generalità

---

[22] Vedi PORFIRIO, *Isagoge*, 1a, 36-39.

che le differenze degli unici sono astratte poiché vi si considera soltanto ciò che è comune a tutti escludendo ciò che è proprio a ciascuno al tempo stesso che la sua differenza specifica. Ora, l'atto di essere, universalmente esercitato, non è in alcun caso un genere.

L'universalità non è la generalità. Certamente, ogni relazione suppone un termine al quale gli elementi riconosciuti nella loro relazione partecipano in maniera comune; identificare questo termine con la generalità suppone tuttavia che i diversi enti siano visti convergere verso di esso abbandonando tutto ciò che costituisce il loro essere e le loro caratteristiche rispettive. La generalità ingloba quindi e riduce tutti i singoli atti di essere a partire dai quali essa è costituita. La nostra ragione è una facoltà che stabilisce relazioni tra le cose, che le ricollegano le une alle altre riunendole innanzitutto sotto una forma comune e astratta; facendo ciò, essa elabora delle nozioni che lasciano da parte quel che distingue ciascuno, e in primo luogo l'unicità del suo essere in atto. Il fondamento che ricerca la filosofia non può dunque essere identificato con una generalità. D'altronde, se non potesse essere che così, noi non conosceremmo mai ciò che è realmente, ossia singolarmente; non sarebbero accessibili al nostro sapere che forme comuni, nozioni generiche senza considerazione per le singolarità. Peraltro, non tutte le relazioni sono generalizzazioni[23]. Per esempio, la libertà ha anche qualche cosa a che vedere con la relazione.

La libertà non è un genere. Il suo approccio non può dunque appagarsi di una costruzione nozionale, di una elaborazione *a posteriori*; essa fa ricorso piuttosto ad una riflessione fenomenologica e ad una ermeneutica. La libertà non appartiene al genere umano, poiché essa è di ciascuno, ogni volta unica. La sua unicità non fa tuttavia che sia isolata, splendidamente sola in mezzo al mondo. Essa non è solitaria ma solidale, in relazione. Nessuno è libero da solo. Essere libero, si dice, è poter scegliere ciò che si vuole, per esempio scegliere indipendentemente dalla scelta dell'altro. In questo caso però, l'altro è presente nell'atto libero in una maniera puramente negativa, sotto il modo dell'esclusione. La libertà non è allora che formale. Se, invece, l'altro entra in qualche

---

[23] Vedi le tavole delle categorie della *Critica della ragion pura* di Kant (A80).

maniera nelle nostre scelte – in realtà, vi sono mai delle scelte senza questo contesto? –, il senso della libertà è completamente diverso. La posizione delle nostre scelte trascina nella loro origine e nelle loro conseguenze alcune strutturazioni nuove delle nostre relazioni umane, delle nostre maniere di rapportarci all'altro. L'altro è presente anteriormente e posteriormente alle nostre decisioni libere. Se la libertà non fosse nella sua essenza inserita in un tessuto di relazioni personali, non avrebbe alcuna possibilità di scelta praticabile e sensata. Essa si distruggerebbe per questo stesso fatto. La libertà è impegnata in un mondo umano che non dipende soltanto da essa, oppure essa non è.

Non siamo liberi soltanto perché i nostri atti sono personali e distinti da quelli dell'altro, perché siamo soli, ciascuno dovendo assumerne la responsabilità, ma perché ci connettiamo all'altro lasciandoci determinare da lui. La parola 'libertà' indica in tal modo la disponibilità all'accoglienza dell'altro. La padronanza di sé che evoca la parola 'libertà' è senza pretesa né durata interiore, ma un atto di attenzione e di abbandono alla venuta eventuale dell'altro, una rinuncia all'autodeterminazione di sé per sé. La tradizione filosofica moderna ha definito la libertà mediante l'autodeterminazione; ma l'interezza della libertà non è con ciò definita, e neppure la sua essenza. Poiché io sono libero, rischio delle alleanze e mi unisco all'altro concedendogli il mio spazio e il mio tempo. A questa condizione, potrei creare. La libertà personale è co-attiva; essa non ignora l'altro, si appoggia su di lui senza sostituirsi pretenziosamente a lui.

La libertà si scopre allora finita all'interno di se stessa, in seno ad un'alleanza, il cui limite indica precisamente il punto in cui uno spazio e un tempo nuovi le offrono una possibilità di relazione con l'altro. Essa non può disporre da sé di questo spazio e di questo tempo, ma ne ha bisogno per mettersi effettivamente in esercizio. La libertà è così dinamica, l'atto reale di essere, grazie alla sua relazione con l'altro, vale a dire quando essa non oltrepassa il suo limite senza però rimanervi segregata. La relazione è vissuta allora come una grazia; essa limita e al tempo stesso apre, stimola. Ecco perché la metafisica, attenta all'atto di essere, diviene più che scientifica e razionale; l'etica per essa è essenziale. Il suo discorso assumerà la forma di una riflessione sull'essere di alleanza che sono gli atti di essere, considerando i loro vissuti e i loro impegni; per questo la metafisica passerà attraverso una fase di ermeneutica.

Per concludere questo capitolo, trattiamo di una questione di metodo. Facciamo scaturire il metodo riflessivo che evidenzia la struttura degli atti soggettivi analizzando e interpretando i fenomeni in cui essi si esprimono. Che la metafisica debba passare attraverso la fenomenologia e l'ermeneutica non è tuttavia accettato universalmente. Non è essa la scienza prima, la più libera dalle contingenze dell'esistenza? Tuttavia, l'essere, se è soltanto sensibile ma se è al di fuori del nostro spazio e del nostro tempo, è ancora veramente essere? Abbiamo visto che la metafisica, quando diviene critica nel senso trascendentale o riflessivo del termine, ha il dovere di assumere la svolta fenomenologica ed ermeneutica della filosofia contemporanea. L'ente in quanto ente non è veramente 'essere' se non è, nello stesso tempo, per noi. Certamente, si può distinguere ciò che è in sé e ciò che è per noi. Le parole 'in quanto' sembrano evidenziare ciò che, dell'ente, è in sé. Occorre però precisare che cosa si intende con questo.

L'espressione 'ciò che è in sé' ha senso solo mettendo in rilievo la sua differenza da un altro modo di essere, quello dell'essere che è per noi. L'espressione 'in sé' riguarda diversamente ciò che è che l'espressione 'per noi'. Questa differenza potrebbe indurre a intendere 'ciò che è in sé' come se non avesse nulla a che vedere con 'per noi'. La distinzione dell'in sé e del per noi non ha però significato se essa è vista a partire dal per noi[24], l'in sé significando semplicemente 'altrimenti che per noi', differente dal per noi, e che riceve un senso mediante questa sola differenza. In realtà, ciò che è in sé è anche per noi, ma in modo che il punto di vista per noi si intenda finito, incapace di comprendere tutto nella sua sola interiorità, in quanto dunque che il noi si conosca sollecitato ad accogliere l'in sé che esso non è, che è al di là di esso, ulteriore, diversamente da esso. Le due mire dell'in sé e del per noi non sono pertanto intenzionali in una maniera identica; l'intenzione della mira in sé predispone, infatti, un accoglimento dell'in sé e noi stimola a pensare più, *maius* che noi.

---

[24] Ricordiamo l'adagio scolastico: *quidquid recipitur ad modum recipientis recipitur.*

Affermare tuttavia che vi è un in sé che non è interamente per noi potrebbe condurre direttamente all'irrazionalismo. Quest'affermazione è nondimeno necessaria. L'irrazionalismo di cui si denuncia qui il rischio non sarebbe che l'inverso di un razionalismo ugualmente estremo, che ignora le condizioni della vita dello spirito e altrettanto ingenuo e pretenzioso. In realtà, non vi è opposizione tra l'in sé e il per noi, ma un'articolazione a partire dalla coscienza che abbiamo riflessivamente della vita stessa dello spirito; assumere ciò che è implica che questo sia previamente ricordato nella sua differenza e desiderato in quanto differente, il che comporta anche che lo spirito si sappia differente da ciò che è, destinato a unirsi a ciò che è altrimenti senza pretendere di assimilare questa differenza. L'affermazione dell'ente in sé esprime la coscienza di una insoddisfazione che lede le pretese dal punto di vista per noi, ma che salva la vita intenzionale dello spirito, il sapere riflessivo di una conoscenza limitata e destinata a crescere in accordo con la realtà, senza mai poterla assorbire veramente in sé.

La distinzione dell'in sé e del per noi ha qualcosa di evidente, di primario. Essa esprime allo stato bruto la coscienza che abbiamo di essere sopraffatti, ma anche di essere indotti a pensare più di quanto potremmo, se fossimo soltanto ristretti nei nostri limiti soggettivi. La distinzione del per noi e dell'in sé, distinzione messa in rilievo con molta finezza dal *Proslogion* di Anselmo di Canterbury[25] nei termini di *in intellectu et in re*, non pone due termini contrari o in concorrenza, di cui l'uno dovrebbe alla fin fine ricondurre l'altro a sé. Ecco perché abbiamo affermato nel nostro primo capitolo che la coscienza della realtà è più intelligenza e libertà che ragione logica e calcolatrice, desiderio dinamico più che certezza riduttrice, attesa più che manomissione, dismisura più che stabilità, metafisica più che fisica. La metafisica così intesa è molto concreta, attenta alla finitezza di cui lascia da ultimo emergere il senso profondo; essa si rende allora capace di affrontare, di analizzare e di interpretare la realtà del male morale e della violenza, che nascono dal rifiuto delle nostre differenze e dei nostri limiti reciproci.

---

[25] Vedi ANSELMO DI CANTERBURY, *Proslogion*, cap. 2.

CAPITOLO II

FORME DELLA VIOLENZA

Dalla finitezza del per noi e dalla coscienza metafisica dell'in sé ulteriore consegue tuttavia che la libertà può lasciarsi tentare dal desiderio di superare i suoi limiti assimilando e fissando l'in sé nel per noi. Gli eccessi della libertà assumono in realtà, e troppo spesso, gli aspetti di una forza irrazionale e anarchica, di una violenza che contraddice la ragione che mette ordine a tutte le cose al tempo stesso che la libertà stessa che costruisce relazioni mediante la sua semplice potenza di essere. Questi eccessi possono essere presi in considerazione in maniere molteplici. Esporremo qui quattro modalità proponendo quattro successivi punti di vista, che procedono dalla riduzione massima della libertà al suo contrario, alla necessità di qualche destino incontrollabile, fino alla massima affermazione della sua originalità[1]. Incontreremo ogni volta maniere specifiche, e crescenti nella qualificazione propriamente umana, della violenza.

Konrad Lorenz

Prima forma della violenza: la violenza naturale o biologica. I lavori di Konrad Lorenz, e in particolare la sua famosa opera *Das Sogennante Böse* (1963), si situano nella corrente postdarwiniana della sociologia secondo cui le strutture delle nostre società esprimono sul piano umano forme di vita animale. Per questa corrente di pensiero, i comportamenti sociali rispondono, infatti, ai bisogni vitali degli individui, essendo il primo bisogno quello di uno spazio per nutrirsi e moltiplicarsi. Da questo punto di vista, la violenza, o l'aggressività per riprendere le parole del nostro autore, non va interpretata in funzione della

---

[1] Questo capitolo si ispira ampiamente a É. HERR, *La Violence*.

paura della morte, come si potrebbe pensare dopo aver letto Freud, un'attitudine in certo qual modo negativa: essa è, al contrario, un comportamento positivo della ζωή, della vita propriamente animale che, in fin dei conti, si mette al servizio della pulsione generosa della vita intesa in un senso generale, βίος. Grazie all'istinto di aggressività, gli individui conquistano e assicurano il loro spazio vitale.

Lo schema di Lorenz è semplice da formulare e da commentare; è sufficiente raccogliere alcune osservazioni elementari di avvenimenti molto comuni nelle nostre vite. Supponiamo che due individui, animali o uomini, poco importa, vivano secondo la ζωή. Quando l'uno viene al mondo, che sia per la novità assoluta della sua nascita, o per il caso dell'esistenza, perviene nel territorio di un altro, e dovrà fare tutto il possibile per assicurarsi uno spazio vitale che possa rispondere sufficientemente ai suoi bisogni; così facendo però dovrà appropriarsi di una parte del mondo che quello si era già attribuito per i suoi propri bisogni. Abbiamo già incontrato uno schema simile, ma portato allora al cuore della metafisica, ricordando Anassimandro e il suo commentario heideggeriano nella seconda sezione del capitolo precedente. Ora avrà inizio una lotta perché ciascuno, il nuovo venuto e l'antico padrone dei luoghi, possa assicurarsi di che vivere; la disputa si concluderà quando gli avversari avranno trovato insieme un accordo affinché i bisogni di uno spazio vitale siano assicurati per ciascuno nella migliore misura possibile.

La questione posta allora sta in questa misura. In realtà, lo spazio vitale dei competitori sarà determinato dall'equilibrio delle loro rispettive forze e delle loro proprie necessità. A ciascuno le sue forze e le sue necessità, che non vanno confuse. Può darsi che un uomo o un animale assai forte non abbia bisogno di molto, o che i suoi bisogni siano immensi mentre le sue forze sono deboli. La differenza tra la fisiologia (forza fisica) e la psicologia (necessità) è essenziale, ma è anche da stabilizzare la loro composizione in equilibrio, il che avverrà in maniera sempre provvisoria poiché per l'appunto gli elementi da comporre non possono essere confusi. Ciascuno quindi estenderà il suo ambito, volontariamente o per istinto, poco importa, tanto a lungo e tanto lontano a seconda della sua capacità, vale a dire a seconda della possibilità di equilibrare le sue forze fisiche e i suoi bisogni psicologici tenendo conto della resistenza incontrata. Ciò che svolge qui il ruolo preponderante è tuttavia la forza fisica al servizio delle necessità psicologiche.

Supponiamo dunque due animali posti di fronte. Si pensa che la forza di ciascuno, esercitandosi lontano dal suo centro vitale, perderà la sua potenza. Così si ricorre all'antica legge della fisica classica: la potenza di una forza è inversamente proporzionale alla distanza dal punto di applicazione, lontano dal suo centro motore[2]. Più dunque il nuovo invasore si troverà ai margini dello spazio vitale che avrà stabilito precedentemente l'invaso, meno questi si sentirà in pericolo poiché sarà toccato solo là dove il suo proprio sforzo sarà stato precedentemente esaurito. Ecco perché l'invasore non apparirà immediatamente minaccioso. Ma se continua ad essere invaso, il precedente occupante inizierà a temere per la sua vita poiché vedrà scomparire ciò che gli era necessario per la sua esistenza, per riprodursi e per godere liberamente della sua vitalità. L'invaso allora reagirà e si opporrà all'impresa dell'invasore. Se questi è più forte, quello sarà rovinato e dovrà abbandonare il campo.

L'invaso può dunque non preoccuparsi dell'invasore per qualche tempo, per molteplici ragioni come la distrazione o la pigrizia. A un certo momento, però, inevitabilmente, l'invasore diverrà insopportabile, costituendo un rischio per la sua persistenza in vita. L'invasore, anch'egli per distrazione o inavvertitamente, provocherà allora la reazione aggressiva dell'occupato. Come per ripercussione però, l'aggressività dell'invaso nuovamente attento alla sua sicurezza e al suo benessere provocherà una reazione simile dell'invasore, che potrà forse battere in ritirata, o, al contrario, insisterà diventando allora lui stesso aggressivo. La lotta sarà così avviata. Il conflitto delle aggressività si concluderà alla fine con una sorta di equilibrio delle forze[3], un equilibrio in realtà più o meno stabile, fragile, provvisorio, dipendente dai

---

[2] «Il territorio che un animale sembra possedere è quindi solo funzione di una differenza della propensione alla lotta legata al luogo e di altri fattori locali che possono inibirla. Avvicinandosi al centro del territorio, la spinta aggressiva cresce in rapporto geometrico con la diminuzione della distanza da questo centro» (K. LORENZ, *L'aggressività*, p. 72-73).

[3] «I due contendenti si sono sfogati e arrivano a un punto di quiete, nel quale, ormai in equilibrio, si minacciano senza più attaccarsi. Questo punto, dunque, la 'frontiera' territoriale, non è affatto statica: è determinata esclusivamente da un equilibrio di forze» (*Ibid.*, p. 73).

nuovi avvenimenti, dai nuovi invasori, che arriveranno in un futuro più o meno prossimo.

È possibile rappresentare questa lotta sotto forma di uno schema geometrico o di una uguaglianza di rapporti proporzionali, in una trascrizione di una legge fisica, vale a dire in una relazione di uguaglianza tra due rapporti, da un lato le potenze di aggressività dell'invasore e dell'invaso, e dall'altro gli spazi che percorre ciascuno nello spazio vitale dell'altro. La relazione sarà direttamente proporzionale da un lato tra la potenza dell'invasore e il suo spazio, e dall'altro tra la potenza dell'invaso e il suo spazio. La distanza vitale sarà maggiore per chi avrà più forza, indipendentemente dalle sue necessità (a meno che queste non diano origine ad un aumento della potenza fisica, come nel caso di una collera che si scatena per oscure ragioni), il punto di equilibrio con gli avversari trovandosi progressivamente ed essendo stabilizzato così a lungo che i rapporti tra le forze fisiche e i bisogni psicologici di ciascuno non si modificheranno. Ma di fatto molteplici fattori intervengono in questo contesto. La misura di uno spazio vitale non è realmente stabile, a causa dello sviluppo normale del βíος in ζωή, della necessità ad esempio della riproduzione della specie, o in occasione di certi momenti della vita. L'energia necessaria per assicurarsi il sostentamento in maniera sempre più fruttuosa dipende dalle capacità di ciascuno, dalle sue ambizioni personali, nonché dalle sue possibilità fisiche e mentali. Un desiderio contrariato, che sia frutto di fantasia oppure no, può rendere violenti. Ma l'elemento principale in questo frangente rimane in ogni caso la forza fisica effettivamente dispiegata dai competitori.

Quanto proposto da Lorenz è in accordo con la tesi di Darwin secondo cui, in un dato contesto naturale, il migliore, ossia il più adattato o il più forte, ha il sopravvento. Questo criterio può essere applicato alla nostra epoca neoliberale e stacanovista[4]. Gli psicologi sottolineano che il bisogno di lavorare sempre di più al fine di sopravvivere nel

---

[4] Gli uomini soffrono oggi delle «'malattie del manager', pressione alta, atrofie renali, ulcere gastriche e persistenti nevrosi, e diventano dei barbari perché non hanno più tempo per interessi culturali, e tutto ciò inutilmente; perché potrebbero benissimo accordarsi per lavorare più lentamente. Ossia lo potrebbero in teoria» (*Ibid.*, p. 78-79).

mercato del lavoro provoca uno stress di giorno in giorno più diffuso, il che costituisce una forma interiorizzata dell'aggressività divenuta tanto più necessaria che nella nostra cultura non si tratta più soltanto di arrivare a un equilibrio delle forze in competizione, ma di vincere, di prevalere sugli altri. Questa volontà di essere il migliore e non più soltanto l'eguale non può che provocare rotture continue di equilibrio e alterchi. La vita umana contemporanea rifiuta in realtà ogni ipotesi di equilibrio. Chi vuole l'armonia rimarrà indietro nella competizione; sarà qualificato 'arretrato' (il che significa, secondo l'etimologia della parola 'rimanere', 'ritardato') e dovrà rassegnarsi all'inattività, all'emarginazione, all'abbandono progressivo.

La fuga in avanti mediante la forza verso la vittoria ad ogni costo distingue l'uomo moderno dall'animale. Lorenz vi insiste, non senza ragione. L'aggressività animale è proporzionale al genere di giudizio che l'animale formula sul pericolo che rischia di subire, anche se il suo apprezzamento è erroneo come si può verificare in un laboratorio di psicologia animale. Un comportamento costruito in laboratorio seguendo le tesi di Pavlov sui riflessi condizionati può, in effetti, generare reazioni in nessun modo proporzionate al pericolo rappresentato. A forza di esservi addestrato, un animale può non opporre resistenza allo scatenarsi della sua violenza quando gli apparirà un segnale, per se stesso insignificante. Ma ciò si produrrà solo se questo segnale è stato precedentemente e continuamente associato all'insorgere di un pericolo reale e alla paura connessa.

Ciò che si evidenzia tuttavia da questo genere di manipolazione, è che l'animale è predisposto all'aggressività, e che la sua reazione è commisurata alla valutazione che esso dirige su ciò che gli appare, e non sul pericolo reale cui rischia di andare incontro. Vi è là sempre una misura, ma qui già soggettiva, dipendente dal giudizio che l'animale elaborerà sulla sua situazione. Questa soggettivazione animale annuncia la violenza propriamente umana. L'animale reagisce agli avvenimenti valutandoli; invece, l'uomo è capace di essere aggressivo senza ragione e senza misura, senza dover rispondere ad un attacco preliminare e quantificabile, senza alcun giudizio come reazione ad una situazione reale. La tragedia dell'uomo deriva dal fatto che egli può voler liberamente provocare dei danni che andranno largamente oltre le cause della sua collera. Contrariamente a ciò che insegnava Socrate[5], l'uomo può essere volontariamente e gratuitamente cattivo, in una maniera non razionale, senza ragione.

Ecco perché gli uomini hanno inventato le culture, allo scopo di limitare l'urto delle loro violenze incontrollabili e diversamente incontrollate[6]. I rituali sociali hanno come funzione di articolare gli elementi che emergono dai nostri conflitti profondi tentando di moderarli e di neutralizzarli, o di civilizzarli, almeno per qualche tempo[7]. Le culture hanno una funzione inibitrice; sono al servizio della vita; socializzano in ogni modo le pulsioni violente e distruttrici del selvaggio che è l'uomo nel suo stato naturale. Al fondo di questa tesi di Lorenz, vi è il riconoscimento che l'uomo è capace di autodistruggersi. Non sarebbe questa l'origine del neoliberalismo incolto dei nostri giorni, della sua struttura di competizione poco civile? Secondo Lorenz, la forza e l'energia sono le sole guide della storia umana, per tutto quel periodo in cui le culture non saranno state ancora costruite per liberare queste forze dalle loro potenze distruttrici e per trasfigurarle.

Erich Fromm

Seconda forma della violenza: la violenza psicologica. In *The Anatomy of Human Destructivness* (1974), Fromm distingue tra aggressività «benigna» e aggressività «maligna». L'aggressività benigna è comune agli uomini e agli animali; essa corrisponde ad esigenze che derivano dai loro bisogni. L'aggressività maligna costituisce, invece, una passione che l'uomo solo conosce; essa è «specificamente umana»[8]. Già

---

[5] «Ma quali che fossero le sue norme innate di comportamento sociale, esse erano destinate a venir turbate dall'invenzione delle armi. L'umanità è certo riuscita a sopravvivere, ma non ha mai acquistato la certezza d'essere al sicuro dal pericolo dell'autodistruzione» (*Ibid.*, p. 305).

[6] Al ruolo della cultura, Lorenz aggiunge quello della «responsabilità ragionevole», di cui tuttavia qui non parleremo.

[7] Diverse forme di ritualizzazione «hanno risolto il difficile compito di evitare l'uccisione senza distruggere le importanti funzioni svolte dal combattimento nell'interesse delle specie. Tutte le norme culturalmente evolutesi del *fair play*, dalla cavalleria primitiva alle convenzioni di Ginevra, sono funzionalmente analoghe al combattimento filogeneticamente ritualizzato negli animali» (*Ibid.*, p. 343).

[8] E. FROMM, *Anatomia della distruttività umana*, p. 278.

Lorenz aveva messo in evidenza la capacità che ha l'uomo di rispondere ad un attacco fisico mediante una reazione la cui violenza è sproporzionata in rapporto alla causa, e persino di voler fare del male all'altro dando libero sfogo alla sua aggressività per il piacere di vincere e di avere la meglio su di lui. Fromm aggiunge, tuttavia, a Lorenz l'idea che, nella passione maligna, l'uomo intende provare piacere, dando un senso alla sua vita[9].

La crudeltà e la passione di distruggere appartengono alla condizione umana essenziale, alla sua superiorità sugli animali, alla sua capacità di attribuire un valore all'esistenza. Esse dipendono quindi più che dalla struttura fisiologica dell'uomo dalla sua struttura psicologica, e più precisamente ancora dalla sfera propriamente umana del carattere. Rispondono, infatti, a necessità che sono proprie del carattere dell'uomo. Il carattere dell'uomo è altro e di più del risultato delle relazioni che ciascuno intesse evolvendo nei mondi umani e culturali che lo circondano e organizzandoli in maniera relativamente stabile per lui. Gli animali sono anch'essi capaci di organizzazioni simili. Ma il carattere dell'uomo[10], pensa Fromm, può assumere spontaneamente forme malvagie.

Vi sono differenti gradi di malvagità. L'aggressività maligna non è presente e sperimentata dappertutto nelle sue forme più radicali, fortunatamente! Essa contiene aspetti propriamente umani che non sono troppo negativi, che rispondono ai bisogni innati alla maniera propriamente umana di esistere. Questi bisogni specifici sono molteplici, per esempio quello di collocarsi in uno spazio ricco di significati e di orientarsi in un ambito geografico che abbia un senso per la vita, ma soprattutto quello di darsi uno spessore storico, vale a dire delle dimensioni passate (riferimenti narrativi) e future (progetti di vita), poi quello di prefiggersi delle tappe per la costruzione della propria vita proponendosi dei valori che concederanno una profondità all'esi-

---

[9] «La caratteristica dell'uomo è che può essere trascinato dall'impulso di uccidere e di torturare, provando voluttà; è l'unico animale che può uccidere e distruggere membri della propria specie senza alcun vantaggio razionale, né biologico né economico» (*Ibid.*, p. 278).

[10] «Il carattere è il sistema relativamente permanente di tutte le tensioni non-istintuali attraverso le quali l'uomo si pone in rapporto col mondo umano e naturale» (*Ibid.*, p. 288).

stenza. I bisogni di radici sociali e di vivere in pace con se stessi e con l'altro sono anche specifici dell'uomo. Fromm parla ancora di bisogno propriamente umano di devozione, vale a dire di ammirazione per qualcuno che si vorrebbe imitare per divenire maggiormente conforme ad una idea elevata dell'umano, ecc. A questi bisogni dell'esistenza umana corrispondono per lo più risposte incoscienti, quelle passioni spontanee, così positive come negative, quali sono l'amore, l'avidità, la vendetta, tanti modi di aggressività benigna. Grazie a queste passioni, l'uomo riconosce che la sua vita ha un senso al di là di ciò che esigerebbero gli istinti e bisogni elementari o le risposte organiche necessarie al semplice mantenimento del suo essere. Tutte queste passioni, derivate dai bisogni umani e già corrispondenti all'aggressività maligna, si uniscono nel carattere dell'uomo e favoriscono ciò che Fromm chiama la «biofilia» (una parola in cui, tuttavia, contrariamente a ciò che è stato detto più sopra, il βίος sembra più ricco della ζωή), in cui l'uomo esprime la sua specificità.

Passione e carattere procedono insieme. L'aggressività maligna, nel suo grado *soft*, è giudicata da Fromm del tutto normale. Non coopera essa all'amore della vita, alla biofilia? Ma vi sono anche forme di aggressività maligna eminentemente distruttrici. Vi è certamente un salto qualitativo dall'una all'altra, una contraddizione anche quando si considera la relativa positività dell'aggressività maligna *soft* e il senso negativo che sviluppano le sue forme più radicali. Ma la differenza di grado di queste forme maligne potrebbe non essere che una diminuzione graduale dell'aggressività radicalmente maligna, la più fondamentale. Fortunatamente per l'umanità, l'aggressività più maligna non si rivela che in pochi individui, ma sono essi che smascherano la cosa migliore che sarebbe nel cuore dell'uomo nel suo stato puro. Le nostre passioni, anche socialmente accettabili, non sono sensate perché in definitiva sono animate dalla passione di distruggere, la «necrofilia»[11],

---

[11] Fromm definisce così la necrofilia: «la passione, l'attrazione per tutto quanto è morto, putrido, marcio, malato; la passione di trasformare quel che è vivo in qualcosa di non-vivo; di distruggere per il piacere di distruggere; l'interesse esclusivo per tutto quanto è puramente meccanico. È la passione di "lacerare le strutture viventi"» (*Ibid.*, p. 416).

che contraddice la biofilia. Non dovremmo allora riconoscere che di fatto, nell'uomo, la vita si rivolta spesso contro se stessa per distruggersi? L'uomo è un essere antinaturale[12].

Questa tesi di Fromm non manca di apparire brutale! L'uomo sarebbe malvagio intrinsecamente. È vero che i fatti depongono a favore di questa tesi, soprattutto i fatti ben conosciuti dell'ultimo secolo. Le atrocità del XX secolo non possono celare che l'uomo allo stato normale è un selvaggio. Vi sono tuttavia varie forme di necrofilia che sintetizzano i nostri modi di odiare la vita e che li rendono accettabili, stranamente tollerabili in società. La necrofilia è di per sé l'amore della morte, ma essa si nasconde per lo più sotto forme ingentilite e accettate dalle nostre consuetudini sociali. Vediamo per esempio i comportamenti meccanizzati, omogeneizzati nelle nostre culture contemporanee. La modernità è fatta così: essa impone gesti da ripetere, sempre gli stessi, stereotipati, che distruggono in realtà l'originalità di ciascuno, la genialità della vita, l'unicità della libertà (pensiamo al film di Charlie Chaplin *Tempi moderni*) al fine di darci la soddisfazione di regnare su un mondo di oggetti disponibili e manipolabili, fragili (consumabili, si dice in modo più sopportabile) senza alcun danno per noi, anzi al contrario: per il nostro piacere[13]. La vita moderna innalza così il decadente, la putrefazione, la morte, sul pinnacolo dei templi dedicati alla gloria del piacere. L'amore della morte, o l'odio della vita, giunge così, paradossalmente, a dare un senso alla vita.

Secondo Fromm, la necrofilia serve da comportamento di riferimento alla vita umana. Essa è probabilmente trattata nelle nostre società come una malattia, ma soltanto perché ci rifiutiamo di vedere ciò che è effettivamente in gioco e che ci riguarda tutti. Non c'è modo di guarire dalla necrofilia. Troppo spesso, siamo portati a ignorare i comporta-

---

[12] «È l'unico animale che non sia a suo agio nella natura, che possa sentirsi scacciato dal paradiso, l'unico animale per cui l'esistenza è un problema ineluttabile da risolvere [...]. La contraddizione esistenziale umana sfocia in uno stato di squilibrio costante. Questo squilibrio distingue l'uomo dagli animali, che invece vivono in armonia con la natura» (*Ibid.*, p. 286).

[13] «Ritroviamo qui tutti gli ingredienti classici della necrofilia: culto della velocità e della macchina; poesia come strumento di attacco; glorificazione della guerra; distruzione della cultura; odio per le donne; locomotive e aeroplani visti come forze vitali» (*Ibid.*, p. 431).

menti che hanno come vero significato l'amore della morte e della corruzione. La volontà contemporanea di abbandonarci alle gioie della tecnica e delle sue manipolazioni meccaniche ne è un sintomo; l'essenza della necrofilia vi si ripresenta, ma noi non abbiamo il coraggio di decifrarla. In realtà, nell'uomo risiede una volontà di autodistruzione; egli odia se stesso, desidera fondamentalmente la morte, ma non vuole o non può ammetterlo. Le nostre società segregano i necrofili troppo evidenti; ma accettano anche nel loro seno i necrofili discreti, o apparentemente inciviliti, accettabili socialmente poiché mostrano la comune necrofilia sotto una forma apparentemente positiva, come fu il caso di Hitler[14], che pur mostrandosi progressivamente archetipo del necrofilo secondo Fromm, fu eletto per rappresentare tutto un popolo.

Johan Galtung

Terza forma della violenza: la violenza politica. Galtung ha pubblicato tra il 1975 e il 1980 degli *Essays on Peace Research*. Con lui, ci collochiamo sul piano delle relazioni internazionali. Lorenz ha riconosciuto una violenza immanente alla vita animale, ma anche una violenza particolare nel caso dell'uomo che è capace di voler distruggere senza ragione proporzionata; Fromm insiste anche su una forma di violenza che caratterizza propriamente l'umanità più che la vita animale in genere, una violenza parimenti distruttrice della vita, ma radicata nella volontà di dare un senso alla vita. La forma di violenza posta in rilievo da Galtung, in politica internazionale, è ancora differente, benché condivida con le due precedenti l'idea di una violenza senza volto, neutra se si vuole, che si impone all'uomo senza che egli se ne renda conto, una sorta di struttura meta-individuale di modo che nessuno sia suscettibile di essere attaccato in giudizio, una violenza strutturale che probabilmente nessuno, se potesse assumerne la responsabilità esplicita e diretta, vorrebbe provocare.

---

[14] «Il nazismo, infatti, è caratterizzato proprio da questa mistura di professioni retoriche di spirito rivoluzionario, dal culto della tecnica, da obiettivi di distruzione» (*Ibid.*, p. 432). L'organizzazione del «genocidio degli Ebrei organizzato dai nazisti» (*Ibid.*, p. 433) è una delle sue manifestazioni più evidenti.

Forma della violenza

Galtung ha recentemente istituito, in Norvegia, un Centro per la pace. La Norvegia è un paese alle frontiere dei due primi mondi, dei due blocchi che allora venivano definiti l'uno capitalista e l'altro comunista. L'autore svolge la sua argomentazione in una tale situazione geopolitica; la sua riflessione, sviluppata nel contesto della guerra fredda tra il primo e il secondo mondo, vale a dire l'Occidente e l'URSS dell'epoca, non costituisce soltanto un esercizio accademico. In ciascuno di questi due mondi, si può riconoscere una divisione identica tra due gruppi essenziali, quello di chi decide e quello di chi obbedisce; ciascuna società ha, infatti, universalmente questa stessa forma politica, questa stessa struttura gerarchica fondamentale. I rapporti commerciali internazionali aggiungono tuttavia tratti nuovi ai due mondi in questione, che non sono più interamente indipendenti gli uni dagli altri.

I due primi mondi (e oggi questi due mondi da una parte e dall'altra ciò che si è chiamato il terzo mondo, o i paesi in via di sviluppo, senza parlare dell'Estremo Oriente) iniziano ad allacciare relazioni di affari in modo tale che i decisori dei due gruppi antagonisti si avvicinano gli uni agli altri assumendo schemi mentali simili, o più esattamente rappresentazioni identiche di ciò che sarebbe una certa qualità della vita o dell'esistenza. Queste rappresentazioni vengono promosse inevitabilmente dai decisori più ricchi, essendo la qualità della vita spontaneamente legata alle possibilità di cultura e di salute che la ricchezza permette. I valori della vita vengono dunque determinati e pubblicizzati dai poteri finanziari e dalla loro capacità ad acquisire beni (evidentemente di lusso). I decisori dei due gruppi antagonisti si unificano allora progressivamente attorno a questi valori, i decisori più poveri imitando il più delle volte i decisori più ricchi e offrendo loro per questo stesso fatto uno spazio commerciale apprezzabile e apprezzato: i primi clienti dei decisori del primo mondo sono i decisori del secondo mondo. Le relazioni tra i due gruppi di obbedienti vanno, al contrario, complicandosi e facendosi singolarmente tesi.

Vi è 'imperialismo', è questa la definizione espressa da Galtung, quando i due gruppi dei decisori si intendono in modo tale che le relazioni tra loro si intessono in maniera sempre più forte, senza che avvertano il bisogno di preoccuparsi del gruppo degli obbedienti, del mondo dei più poveri. I decisori dei paesi più poveri si avvicinano così ai decisori dei paesi più ricchi, ma si allontano dalla loro base obbediente, dinanzi alla quale vanno peraltro a far balenare un benessere per essa inaccessibile e comunque assai lontano dalla propria cultura – il che non avverrà senza far montare sentimenti di odio degli obbedienti dei paesi più poveri nei confronti dei loro decisori, che avranno bisogno di un qualche corpo armato per proteggersi. Si può tuttavia osservare che, da parte dei paesi più ricchi e democratici, gli obbedienti partecipano globalmente alla stessa cultura dei loro decisori, essendo le distorsioni sociali meno forti là dove la povertà è meno cruda. I due gruppi di obbedienti si allontano così l'uno dall'altro nella stessa misura che i due gruppi di decisori si avvicinano e si intendono. Seguirà che, nei paesi poveri, si creano dei baratri sempre più profondi tra i due gruppi di decisori e di obbedienti. Ricordiamo che quanto abbiamo detto qui delle relazioni tra i due primi mondi, l'Occidente e l'Est, vale ugualmente tra questi due e i loro rispettivi satelliti nel resto del mondo.

Affermiamo spontaneamente che tali processi di impoverimento sono violenti. La violenza così smascherata da Galtung non è armata (quantunque il commercio delle armi non conti nulla nelle relazioni di affari internazionali); e pur essendo più discreta, non è meno crudele. Essa può occultarsi sotto forme di vita sociale pacifiche, o rassegnate, che nascondono lotte politicamente impossibili, una pace sociale che non è veramente tranquilla ma soltanto un'assenza di conflitti armati, una maschera che genera tuttavia violenze reali ma inavvertite sotto proclami ideologici e manipolazioni di folle. È evidente che le rivoluzioni, visibilmente violente, vogliono in realtà liberare da queste finzioni, ma utilizzando altre finzioni. La vera pace esigerebbe piuttosto che tutto sia fatto affinché i rapporti tra i gruppi di obbedienti si armonizzino sempre di più giorno dopo giorno.

Una tale pace è tuttavia più difficile da conquistare che non l'assenza di guerra imposta da una forza armata superiore. Essa non può venire se non si tiene conto di numerosi parametri, il che complica le relazioni internazionali così laboriosamente intessute ai nostri giorni. Non vi sarà pace se si tiene conto soltanto del commercio, ignorando le storie dei popoli, la loro cultura in generale, la loro maniera di strutturare i rapporti tra i decisori e gli obbedienti, ossia i loro rapporti politici interni che, il più delle volte, dipendono da dati inafferrabili per gli stranieri. I rapporti internazionali, per essere equilibrati e giusti secondo i criteri di Galtung, dovrebbero rinunciare ad un'armonizzazione che sarebbe simile all'imposizione di una struttura politica uniforme, fosse anche quella della democrazia occidentale.

Galtung evidenzia così una sorta di malignità che grava sui popoli. I gruppi sociali obbediscono a leggi che sfuggono a ogni responsabilità personale. Esistono dinamismi sociali, movimenti di folle, che si impongono alle persone senza considerazione per le loro condizioni personali, che si impongono anche ai decisori. Lo si vede ancora oggi nei nostri paesi ricchi; l'eredità conta nella possibilità di entrare in questa o quella grande scuola. La solidarietà dei gruppi sociali, fondata sulla loro storia e sulla loro propria cultura, è molto spesso più forte dell'intenzione o della pretesa di essere democratici.

L'asserzione di Galtung, nonostante l'evidenza della sua analisi, appare tuttavia utopistica. L'ideale che persegue, o il suo criterio fondamentale, sarebbe quello dell'uguaglianza per tutti, di tutti. Ma, sottolinea Édouard Herr[15], un tale egalitarismo non si incontra mai nella storia; è impossibile da realizzare, talmente sono differenti gli uomini reali, i popoli concreti. Un ideale di egalitarismo non potrebbe essere stabilito che da una società mondiale, ma che dovrebbe imporre una cultura media, una visione media del mondo, il che sarebbe riprovevole; ogni cultura è, infatti, una risposta di un gruppo storico alle sollecitazioni storiche della sua esistenza. Non ci sono culture universali, valide dappertutto e sempre, ma soltanto culture differenziate e sotto questo aspetto ineguali a motivo delle particolari stratificazioni di ciascuna società e della propria storia. Nessuna cultura può imporsi perché esse creano tutte, giorno dopo giorno, il loro proprio mondo.

Ciò che propone Galtung si inserisce in una tradizione che vede la violenza esprimere o produrre un disordine, uno squilibrio nelle nostre società. La violenza è fondamentalmente un disordine. Si tratta di costruire la pace, quindi un ordine internazionale giusto. Per sant'Ago-

---

[15] É. HERR, *La Violence*, p. 89.

stino, la pace è l'armonia dell'ordine[16]. Ogni politica di pace mira a ricostruire le relazioni armoniche tra le persone e i popoli. Ma l'armonia sarebbe egualitaria? Peraltro, la ricostruzione di un ordine non deve passare attraverso la violenza quando il disordine si cela sotto un ordine ingiusto? Come pensare tuttavia che la violenza possa condurre alla pace? La violenza non risana la violenza; non fa che replicarla. L'idea di una politica non violenta nasce da questa evidenza. Non si vede come la costruzione della pace potrebbe condurre veramente al di là della violenza se essa dovesse utilizzare una nuova violenza contro i violenti. Ma che cosa sarebbe una politica non violenta?

Oggi, si pensa spesso, la violenza più evidente sul piano internazionale è quella della globalizzazione[17], sebbene non vi sia in essa che una uniformazione dei mezzi di comunicazione e di commercio, il che lascia largamente aperta la questione di tutto ciò che, nelle nostre culture, dipende da altri valori. Le osservazioni di Galtung conservano oggi il loro valore. La globalizzazione non fa che continuare il movimento di distorsione sociale iniziato durante la guerra fredda. La divaricazione si approfondisce sempre più tra il venti per cento degli abitanti più ricchi del nostro pianeta e il venti per cento dei più poveri. Non è probabilmente senza ragione che gli Stati Uniti, che si considerano i campioni della democrazia, rifiutano il tribunale internazionale creato a Roma, il trattato di Ottawa sulle mine antiuomo, la cancellazione del debito dei paesi più poveri del terzo mondo, ecc. Le tesi di Galtung non hanno perduto nulla della loro pertinenza dopo la caduta del muro di Berlino e il crollo delle dittature comuniste.

René Girard

Quarta forma della violenza: la violenza culturale. Ci soffermeremo su *La Violence et le Sacré* di René Girard (del 1972; tutti i testi che ispirano il nostro secondo capitolo, si sarà notato, sono dello stesso periodo, un'epoca estremamente feconda per ripensare i problemi fondamentali

---

[16] AGOSTINO, *La Città di Dio*, XIX, XIII, 1.
[17] Vedi J. GALTUNG, *Pax pacifica*.

del divenire dell'umanità). Secondo Girard, l'uomo è per natura in rapporto con il mondo attraverso la mediazione degli altri uomini; queste relazioni sono tali che non si può considerare l'essere umano come se fosse una sostanza splendida nel suo isolamento; non ci si può accontentare di dire che l'uomo pone dinanzi a sé il mondo intero che egli oggettiva per disporne interamente a suo modo, secondo i suoi soli desideri personali. La relazione al mondo più caratteristica della nostra natura umana, secondo Girard, è quella di un desiderio che fa eco all'altro.

Noi siamo tutti in relazione al mondo e gli uni con gli altri a partire da un desiderio fondamentale che ci anima tutti e ciascuno. Il desiderio, che noi viviamo in maniera ogni volta personalizzata, non è in primo luogo di possesso, ma di valori. Il valore delle cose non è nelle cose stesse; queste ci interessano soltanto perché valgono per l'altro, perché l'altro le desidera. Il valore delle cose non è determinato da ciascuno per proprio conto, ma in funzione degli altri che desiderano quelle stesse cose e che manifestano il nostro desiderio di fruirne ugualmente. Il desiderio dell'altro è dunque mediatore tra noi e le cose.

L'imitazione del desiderio dell'altro, secondo Girard, costituirebbe la forma più strutturante della nostra essenza umana, il vero e proprio motore della nostra storia. Non appena vediamo qualcuno desiderare qualche cosa, siamo indotti a desiderarlo anche noi. Il desiderio probabilmente nasce in ciascuno e da ciascuno, ma il valore di una cosa deriva dal fatto che essa è desiderata dall'altro. È il desiderio dell'altro che mi rivela il valore di ciò che io potrei desiderare perché esso ha valore, e con ciò mi rivela il mio proprio desiderio. Il valore costituisce probabilmente un tratto di oggettività (nel senso etimologico del termine) delle cose, di ciò che non appartiene alla mia sola soggettività. L'oggettività del mondo non è tuttavia in un mondo in sé, ma nel desiderio dell'altro. Il mondo è oggettivo in quanto rende visibili i desideri degli uni e degli altri.

Girard propone un esempio, quello di un gruppo di bambini in cui ciascuno ha ricevuto lo stesso giocattolo degli altri, ma che vanno tutti a litigare per prendere quello di un altro mentre abbandonano il proprio. Tutti i giocattoli sono identici, ma il tuo è più interessante del mio perché tu l'ami molto. Si può trasferire questo esempio banale sul piano della rivalità economica. Questa non proviene dalla rarità dei beni e dalle necessità della vita, ma dal fatto che ogni bene è desiderabile perché desiderato da un altro, un possibile concorrente. Il mio concorrente mi rivela come questo o quell'oggetto è desiderabile e che dunque vale la pena che io me ne impadronisca. La rivalità e l'imitazione sono all'origine dell'oggettività del mondo, o, per esprimerci più esattamente, l'oggettività del mondo assume l'aspetto della mediazione del desiderio che io intravedo e temo nell'altro.

La violenza risulta spontaneamente dalla dinamica della *mimèsis*. Il mondo esiste infatti per me a condizione di essere desiderato da te e di poter essere preso da me. Ma l'altro potrebbe ben rivendicare di essere il padrone di questo o di quell'aspetto desiderabile del mondo e impedirmi così di appropriarmi di esso. L'imitazione del desiderio si volge allora in rivalità e violenza. La rivalità dà origine al desiderio di eliminare il concorrente, di ucciderlo; è necessario sopprimere l'altro divenuto un possibile ostacolo per il mio desiderio. Si giunge così ad una prima forma di cultura: essa avrà come ragione d'essere di badare che la violenza, già nata ma ancora avviluppata tra le pieghe del desiderio, non degeneri in distruzione dell'altro, il che comporterebbe peraltro la distruzione del desiderio, poiché se non vi è più nessuno per desiderare qualche cosa, non vi è più nulla da desiderare da parte mia. Per salvaguardare paradossalmente i loro desideri in presenza di un altro desiderante o di un possibile concorrente, gli uomini ricorrono alla firma dei contratti, prima apparizione della cultura della pace.

I contratti non negano i desideri; ne nascondono ora soltanto la realtà originaria, e al tempo stesso la mantengono. L'uomo resta un lupo per l'uomo. I contratti non solo fanno scomparire le passioni omicide precedentemente risvegliate e adesso controllate; queste passioni sono, al contrario, realmente confermate mediante il contratto. Il contratto fa che ci si possa accordare al meglio con le proprie passioni, ma senza manipolarle o elaborarle in una maniera nuova, senza trasformarle, convertirle. Non occorre soprattutto che l'altro e il suo desiderio scompaiano; se essi scomparissero, il mondo non sarebbe più un obiettivo per me e non avrebbe più alcun oggetto desiderabile. L'equilibrio dei contratti non significa pertanto la pace, ma tutt'al più un armistizio, un equilibrio precario delle forze antagoniste. Una cultura nata e sviluppata in queste condizioni sarà tragica; essa dovrà gestire le gelosie che non disarmeranno mai, che non cesseranno di confrontarsi. Nessun contratto in realtà ha mai convertito i cuori; essi confermano al contrario le rivalità sorvegliando soltanto il cerchio della violenza senza sopprimerlo. Un contratto ha dunque di per sé una forma contraddittoria. L'altro dovrebbe scomparire ma al tempo stesso io non lo voglio e non lo posso fare. Il desiderio aspira alla fine del contratto, al tradimento, benché allo stesso tempo sappia che non potrà allora che dare origine alla guerra e rischiare di scomparire esso stesso.

La forza dei concorrenti varia tuttavia con il tempo e le circostanze. La rivalità impone di non eliminare l'avversario, ma di salvaguardarlo. Se però bisogna trattenersi dall'assassinare l'avversario, questi potrà rafforzarsi e divenire davvero pericoloso. L'esperienza dà luogo così a tensioni che potranno diventare insopportabili. Si cercherà pertanto di togliere all'altro ciò che ne costituisce l'alterità. Lo si spingerà nella non-differenza, nell'indifferenza, nella neutralità, nel disprezzo. Ma si rischierà di giungere allora a negare la sua mediazione. La cultura stessa uscirebbe devastata da una tale manipolazione. Ridurre l'altro all'indifferenza può suscitare una violenza incontrollata. Là dove manca la differenza, la violenza diviene minacciosa[18], dice Girard. L'incomprensione della differenza, e dell'alterità, è capace di assicurare soltanto una sorta di tranquillità sociale, mai la pace. L'impulso verso l'indifferenza deve dunque essere corretto, e il mimetismo della rivalità restaurato nella sua forma primaria e originale. Senza questo superamento del vicolo cieco che è l'indifferenza, la vita umana diverrebbe infernale. Non occorre però neanche ritornare alla violenza precontrattuale, all'omicidio del concorrente. Per evitare di sprofondare negli antichi aspetti della vita umana, nei massacri in cui il desiderio giunge al disfacimento, l'uomo deve inventare una nuova cultura: sarà quella del «capro espiatorio».

Secondo Girard, la figura del capro espiatorio appartiene di fatto a tutte le culture, come se si trattasse di una condizione comune dell'esistenza. Grazie al capro espiatorio, la gelosia dell'uno nei confronti di tutti si trasforma in rifiuto dell'uno da parte di tutti. Si passa così

---

[18] Vedi R. GIRARD, *La violenza e il sacro*, p. 43.

dall'anarchia gelosa dell'uno contro tutti alla pace ottenuta dall'eliminazione dell'uno ad opera di tutti. In questa situazione di unione di tutti contro uno, la pace e la riconoscenza sono divenute possibili. Ma si può facilmente osservare che il capro espiatorio rappresenta in realtà ciò su cui poggia la violenza di ciascuno dei desideranti, violenza privata divenuta violenza immanente al gruppo e che il gruppo pone a distanza da sé perché ciascuno possa così trasferire il suo desiderio geloso verso una forma comune, socializzare così la sua passione. Una certa riconciliazione di tutti è allora resa possibile. Essa non sopprimerà il desiderio di ciascuno ma porrà la sua malignità all'esterno del gruppo sociale. Ne farà un luogo mitico che si potrà narrare per liberarsene pur mantenendo in sé, ora però liberato dal suo male, il desiderio mimetico. Il capro espiatorio è divenuto così il mediatore universale. Il gruppo può allora vivere in pace senza che si disperda la potenza della gelosia. Ma in realtà, nell'istante stesso della mutazione della gelosia di ciascuno in desiderio del gruppo sociale, i membri del gruppo si rendono indifferenti gli uni agli altri.

La sacralizzazione del capro espiatorio, la sua oggettivazione al di fuori della società, dà inizio conseguentemente alla desacralizzazione della società. La morte del capro espiatorio lascia la società senza sacralità, ma con il rischio che sorga una nuova violenza effettiva, derivata dall'indifferenza così instaurata e dal disprezzo che ne segue. Siamo così introdotti in un cerchio infernale. Ma, secondo Girard, la Sacra Scrittura ci salva da questo cerchio rivelando l'innocenza del capro espiatorio che è il Cristo, il cui sacrificio non può rappresentare il male che è nella società. Con il sacrificio del Cristo senza peccato, la dinamica di deformazione del processo sociale che conduce al capro espiatorio è smascherata e decostruita. Ma lasciamo da parte gli sviluppi teologici che richiede la posizione di Girard[19]. L'esposizione che abbiamo fatto del suo pensiero è sufficiente per proseguire ora la nostra riflessione.

---

[19] Peraltro, nulla prova che i bambini sacrificati dalle culture arcaiche rappresentino un male dannoso per le società che li condannano a morte. Tuttavia, innocenti, essi sono forse visti come sottomessi a qualche destino malefico, benché senza alcuna responsabilità, rappresentativi quindi dell'innocenza delle società omicide nei loro desideri di vita e impotenti piuttosto soltanto di un male che esse vorrebbero espellere da sé.

Forma della violenza

In questo capitolo abbiamo presentato diverse forme della violenza. La prima intende ridurre al massimo, con Lorenz, l'uomo all'animalità, considerando questo approccio al fenomeno della violenza il più scientifico che sia possibile elaborare. La seconda, sviluppata da Fromm, riserva, inversamente, all'uomo la capacità propriamente psichica, ignorata dal mondo animale, di essere aggressivo in una maniera originale, maligna. Per Lorenz, il mondo animale tende spontaneamente a un equilibrio di forze; invece, l'uomo ha da tempo mostrato che può distruggere la sua propria specie, che è suscettibile di andare al di là di un equilibrio favorevole alla vita, un equilibrio quindi che non costituisce una legge della sua specificità. Animale razionale, la sua ragione lo distingue dagli altri animali, e così la sua capacità di inventare modi raffinati di crudeltà, o di cattiveria gratuita. Si pone allora la questione inquietante di sapere se il razionale non avrebbe una tendenza ad essere crudele. Non è tuttavia questo il problema di Lorenz che pretende di avere uno sguardo scientifico (di fatto riduttore) sull'esistenza umana, ma Fromm arriva a porre questa tremenda questione.

Distinguendo tra violenza benigna e violenza maligna, l'autore costruisce, infatti, una terminologia che segnala un'inversione, propria alla natura umana, del senso della vita. L'uomo è un animale crudele, capace di volere il male per il male, di fare del male all'altro pretendendo di dare con ciò un senso alla propria vita. La tecnica partecipa alla crudeltà e l'ammanta di razionalità; essa costituisce una sorta di necrofilia, spesso probabilmente dolce e inavvertita, ma realmente impegnata sulla via della distruzione della vita, suscettibile di diventare, se non si fa attenzione, uno strumento che conduce effettivamente ad annullare la genialità delle persone, alla loro morte. La razionalità è capace di una tale perversione, perché è sostenuta da forze passionali che non vuole riconoscere in se stessa. Le passioni umane non si accontentano di rispondere alle sollecitazioni del mondo con atti proporzionati; quando non sono soltanto organiche o animali ma propriamente umane, esse partecipano a ciò mediante cui l'uomo trascende il mondo. L'uomo si distingue dall'animale essendo capace di volere la morte dell'altro. Vi sono nelle passioni necrofile più che bisogni dell'esistenza. La necrofilia si origina nella capacità che ha l'uomo di progettare il suo avvenire rappresentandolo a modo suo, approfittando della sua immaginazione per sganciarsi dal reale e per liberare le sue passioni fantasiose; l'uomo scopre con ciò nuovi terreni di conquista scostando i limiti nei quali lo rinchiude la sua coscienza del reale e di sé. La libertà dell'uomo manifesta così la sua originalità, di ordine psicologico.

La riflessione proposta da Galtung mette in evidenza la forza anonima di una struttura che si impone agli atti liberi provocando un disordine tra le relazioni interne ai nostri Stati e tra i popoli. Questa riflessione può assumere le caratteristiche della violenza suggerita da Lorenz e Fromm, ma situandosi al di là, sul piano sociale o intersoggettivo, e togliendo la possibilità di individuarne i responsabili. La tecnica contemporanea crea squilibri sociali malefici e segreti, essendo la sua malizia quella di escludere dai circuiti di relazioni sociali, senza volerlo, le persone meno dotate o che non potranno mai prenderne coscienza. L'ideale dei tecnici è, infatti, di realizzare senza freni progetti complessi e ardui, in cui i più scaltri intravedono sostegni per esercitare ancora più lontano la loro creatività. Quelli che ne sono capaci mostreranno così il meglio di ciò che possono e che proporranno come valore. Questo valore tuttavia non sarà unico per essi senza che la loro alta specializzazione favorisca la discussione sulla sua eccellenza per l'umanità intera.

Girard mette in luce come funziona questo sistema di esclusione. Quando le libertà rischiano di essere superate dai loro prodotti, le culture reagiscono fabbricando riti che permettono di tollerare le distorsioni; le società traggono da questi riti il modo di evitare il loro crollo. Le culture sacrificali trasferiscono la condizione umana e le sue caratteristiche più essenziali in una sorta di rappresentazione mitica in cui il destino degli uomini è giocato al tempo stesso che eluso, affinché la vita sociale possa continuare. Le culture sacrificali assoggettano così la violenza attribuendole un ruolo che struttura la società. Ma la violenza allora assoggettata è malefica, posta al tempo stesso nel cuore (invisibile) della società ed esclusa (visibilmente) da essa.

Concludiamo ora questo capitolo di presentazione di alcune forme elementari di violenza. Esse si riferiscono tutte al nostro desiderio di vivere, dapprima in maniera del tutto istintiva, in funzione delle dimensioni dei nostri spazi vitali, e alla fine in situazioni sociali, in società umane coscienti di un male subdolo che perturba il nostro piacere di essere gli uni con gli altri. La violenza si ritrova così a tutti i livelli della nostra vita. Si è portati quindi a pensare legittimamente che essa non è un accidente della sostanza umana, ma una maniera di esercitare il nostro sforzo di essere, il nostro *conatus*, il nostro essere semplicemente, a differenti livelli della sua effettività, del suo atto. Essa ha per conseguenza alcuni legami con la nostra libertà; ne esprime modi di esercizio, e forse anche aspetti essenziali al servizio della vita. Dovremo allora concludere che la libertà e l'essere dell'uomo sono per essenza violenti? Se la libertà esiste solo se effettivamente praticata e dunque in società, se essa manifesta l'eccellenza umana solo essendo violenta, non dovremmo ritenere che la violenza è intrinseca all'essere umano? che l'essere umano è per natura violento? Non occorrerebbe tuttavia, prima di arrivare a una tale conclusione, definire la violenza per intenderla ragionevolmente?

CAPITOLO III

DEFINIZIONE DELLA VIOLENZA

Abbiamo proposto la tesi, nel primo capitolo di quest'opera, secondo cui la metafisica critica e trascendentale non si preoccupa in primo luogo del significato logico dell'essere in quanto essere, la posizione logica di questa espressione essendo, infatti, preceduta da un atto intenzionale e originario di libertà. Lo studio del principio primo, fin dall'inizio, non può quindi trascurare la riflessione sulla struttura della libertà, che è per essenza in tensione, l'identità della libertà rivelandosi negli avvenimenti in cui essa non è se stessa. La libertà la cui essenza è attiva (una libertà che non agisce, sarebbe veramente una libertà?) si manifesta in figurazioni nelle realtà che essa fa sorgere imprimendovi il suo contrassegno ma senza identificarsi con esso. Da qui, la nostra affermazione secondo cui la metafisica non può neppure assumere la forma di una fenomenologia degli atti liberi e di una ermeneutica degli eventi che essi producono e che ne mantengono le tracce.

Nel nostro secondo capitolo abbiamo quindi tratto, da alcune opere relativamente recenti, elementi che fanno percepire le poste in gioco degli impegni della libertà. Questi impegni non hanno tutti lo stesso peso, né lo stesso significato; essi producono effetti differentemente violenti che rivelano una diversità di intenzioni della libertà, definendo così differenti tappe del suo accesso a sé. Si potrebbe riconoscere, nel nostro secondo capitolo, una progressione dell'idea di violenza, e pertanto della libertà, che muove da un dato comune al mondo animale e che si eleva successivamente verso il suo senso più propriamente umano. Possiamo dunque pensare, al termine di queste riflessioni, che la libertà è per essenza violenta. Conviene tuttavia precisare ora il nostro concetto di violenza, la cui ampiezza troppo indeterminata porterebbe alla disperazione e alla confusione.

Lo faremo proseguendo dapprima la riflessione che abbiamo dedicato specificamente alla libertà alla fine del nostro primo capitolo.

Confrontandoci con una idea della libertà oggi comune, preciseremo due caratteristiche che le si attribuiscono abitualmente: l'autonomia e l'indipendenza; la nostra tesi è che, se la libertà è autonoma, essa non è indipendente. La struttura metafisica della libertà diverrà con ciò più evidente. Preciseremo in seguito il termine 'violenza' ispirandoci a un saggio di Hannah Arendt su questo argomento. Avevamo posto, infatti, nell'Introduzione della prima parte, la questione di sapere se il principio metafisico non fosse di per sé violento, malvagio. Siccome abbiamo incontrato diverse forme di violenza nel secondo capitolo, e siccome vi abbiamo visto una progressione per quel che riguarda la comprensione della libertà, è opportuno precisare adesso in che modo intendere il termine 'violenza' in rapporto alla libertà impegnata nelle relazioni culturali. A conclusione di questo capitolo, introdurremo una riflessione sulla tecnica contemporanea che è stata spesso accusata in questi ultimi tempi di essere violenta, per discernere le ragioni e i limiti di questo rimprovero. Per Arendt la violenza è strumentale; da qui, il suo legame con le tecniche. Ma si potrebbe ampliare il dibattito. Siccome la libertà non accede mai immediatamente al sapere di sé, la questione delle sue mediazioni, e dunque della strumentalità, è semplicemente decisiva.

La libertà

Tutto nella nostra vita si rivela violento, poiché in essa tutto è forza, imposizione della sua energia, lotta per la presa di possesso di uno spazio nuovo; del resto la vita è per essenza espansiva. Quanto alla libertà personale, essa è intesa dalla nostra attuale cultura in modo simile, ugualmente espansiva a partire da se stessa; tutto diviene così violento a opera di essa e per essa, che lo subisca o che lo infligga ad altri. La libertà, quale noi contemporanei la concepiamo, anarchica, non può non essere contrastata e contrastante, rischiando così sempre qualche disgrazia da prevedere e da evitare.

La libertà, in effetti, è abitualmente teorizzata nella nostra attuale cultura come se fosse assoluta, vale a dire senza legame che la costituirebbe intrinsecamente, e quindi al tempo stesso autonoma e indipendente.

Definizione della violenza

Vale tuttavia la pena di esaminare e di precisare questi due attributi. Il termine 'autonomo' significa «che è in se stesso la sua propria legge»; inversamente, colui che è indipendente non dipende da nulla. La libertà autonoma si darebbe da se stessa le sue proprie norme, sarebbe per se stessa la sua propria norma; indipendente, non dipenderebbe da nulla. Un tale concetto completamente autoreferenziale della libertà si rivela però ambiguo fin da un rapido esame. Se la libertà autonoma si dà da se stessa (αὐτό) la propria legge (νομός), essa si dà comunque una legge; noi non possiamo pensare l'idea di autonomia senza ricorrere a questa idea di legge. Ciò significa da una parte che la libertà si pone come se fosse la sua propria misura, il suo proprio riferimento nel senso che essa radicherebbe in se stessa la sua norma di azione, essendo la sua legge l'espressione perfetta del suo autoriferimento completo, ma d'altra parte questo autoriferimento non si identifica con un puro sorgere della libertà a partire da nulla, in ogni momento nuovo e dunque senza qualche fedeltà, non fosse che a se stesso.

La parola 'autonomia' non ha senso che in questo modo. La parola 'legge' ha un significato ragionevole solo se implica l'idea di una indisponibilità, di una impossibilità di cambiare, e con ciò di una continuità nel tempo. La libertà autonoma non dispone pertanto di se stessa in ogni istante; autonoma, essa non nasce sempre nuova. La sua autonomia è per essa un destino. Essa non può dunque essere concepita come se avvenisse senza durata nel tempo, senza passato né futuro, come se non conoscesse alcuna predeterminazione nell'istante della sua decisione né alcun progetto. Essa è tuttavia per se stessa (*auto*) la condizione della sua legge; il suo sorgere e il suo dispiegarsi nel mondo sono così condizionati dal suo destino o sua indisponibilità interiore. Ne consegue che la libertà autonoma non sorge come autocreazione fantasiosa ma in continua fedeltà con se stessa. La parola 'autonoma', affiancata a 'libertà' suggerisce con ciò che il concetto di libertà non è totalmente opposto a quello di necessità, che bisogna riconoscere in essa una norma di fedeltà che la obbliga interiormente, che determina successivamente la sua positività o effettività nel mondo in cui essa esercita effettivamente il suo essere. La libertà autonoma è per se stessa una necessità originaria e la sua azione nel mondo dovrà permettere di rendere conto di questa fedeltà. Il concetto di 'responsabilità' non ha senso che a partire da qui. La legge prima della libertà non è di impegnarsi nel mondo secondo le norme del mondo, ma essendo fedele a se stessa, senza dunque che esse subiscano anzitutto il mondo, ma obbedendo alle condizioni interiori della sua propria energia. Il suo impegno nel mondo è allora veramente il suo fenomeno.

Il problema è stato trattato nella terza antinomia della *Critica della ragion pura* di Kant[1]. In queste pagine, il filosofo tedesco contrappone, su due colonne l'una e l'altra razionalmente accettabili, da una parte l'evento della libertà che, per la filosofia, dev'essere alla sua propria origine, vale a dire una origine prima, e d'altra parte le serie delle relazioni causali che, agli occhi della scienza, non possono ammettere eccezioni, non incontrando dunque mai una causa prima[2]. Questa antinomia troverebbe tuttavia la sua soluzione se si riconoscesse una differenza di livello tra la libertà-inizio di cui parla la filosofia e le serie causali che esige nel mondo ogni scienza moderna. Di fatto, la libertà che medita il filosofo e la causalità sulla quale si basa l'uomo di scienza non si collocano sullo stesso piano e non lottano tra loro in uno stesso genere[3]. La libertà-inizio costituisce una origine che non assorbe la serie causale richiesta dai dinamismi della conoscenza e della spiegazione scientifica del mondo per mezzo della costruzione e della connessione dei fatti; essa appartiene, infatti, alla metafisica come tale, alla sua propria esigenza.

La considerazione dell'autonomia mette in rilievo che la libertà esige per se stessa una forma di necessità, che essa non si ritiene degna di se stessa che a questa condizione. Essa è autonoma, sottomettendosi alla condizione che è per se stessa, ossia essendo fedele a se stessa, benché non si dia la materia in cui il suo impegno prenderà visibilità e in cui essa si scoprirà dipendente. L'espressione 'autonomia della libertà' sarebbe folle se significasse che noi possiamo fare nel mondo tutto ciò che vorremmo. La libertà autonoma non è assoluta, sciolta da ogni legame. Essa non è indipendente. Certamente, principio senza causa, essa non fa dipendere il suo atto primo da qualche cosa. È in questo

---

[1] E. K<small>ANT</small>, *Critica della ragion pura*, A444/B472.

[2] In ciò, la scienza moderna, aperta all'infinito matematico, si distingue dalla scienza antica, per la quale il mondo è finito.

[3] Vedi E. K<small>ANT</small>, *Critica della ragion pura*, A538/B566s.

senso un inizio assoluto. Questo inizio non si effettua però senza la sua propria legge e senza la sua espressione nel mondo che essa non è.

La passività originaria della libertà verso se stessa è in consonanza con il suo impegno nel mondo che essa non ha creato. Le sue realizzazioni, di cui assumerà la responsabilità a seguito di ciò che avrà iniziato ma di cui non possiederà tutti i dati, dipenderanno da queste passività. La sua autonomia si gioca qui, nell'accettazione di una dipendenza. Dovrà pertanto negare i suoi impegni per mantenere la sua autonomia trascendentale? Non potrebbe essere soltanto un'idea trascendentale, vale a dire senza realtà nel quotidiano? L'antinomia della libertà e della necessità, se è interpretata in forma di alternativa, si rivelerà senza significato umano. La libertà nel quotidiano è connessa alle necessità del mondo nel quale essa opera. I fatti effettuati però, che risultano dalla sua azione in un mondo di necessità, non avrebbero dunque alcun senso per essa che è inizio assoluto? Sarebbero puramente accessori? Una semplice materia per una forma pura di libertà?

Una libertà che non agisse nel mondo, libera da tutto, non sarebbe libera per niente; non ne varrebbe la pena. D'altronde se il suo inizio non introduce nulla, comincia veramente? Il primo ramo dell'antinomia kantiana, quello della libertà-inizio, potrebbe finire con l'annullare se stesso. Esso richiama quindi il secondo, la necessità, come la sua propria condizione di effettività. La libertà che comincia è impegnata in un mondo che essa non ha scelto, che ha le sue leggi persino prima che essa vi si possa inserire, anche se appartiene alla libertà di volerle (e talvolta di poterle) trasformare. La libertà autonoma, anche se si dà il proprio essere, non può realizzarsi o compiersi a partire da sé sola, senza assumere il mondo e adattarsi alle sue leggi per condurre la sua azione, eventualmente per circoscriverle e trasformarle per meglio agire. Autonoma, essa non è indipendente.

L'autonomia della libertà è la sua dignità e il fondamento della sua responsabilità. Poiché essa è autonoma, fedelmente identica a sé, si può attribuirle i suoi atti, avere della riconoscenza per essa, poterle dire 'grazie'. La libertà autonoma può rispondere dei suoi atti in quanto sono suoi, interamente propri. Non è però indipendente, poiché il suo impegno effettivo avviene in un mondo che non dipende da essa. Essa approfitta delle leggi del mondo per darsi un volto, per rendersi concreta, accessibile all'altro. È tuttavia l'autonomia che rende possibile l'impegno della libertà nel mondo, il suo passaggio al di là della sua solitudine, benché senza rinunciare al suo essere peculiare, anzi proprio al contrario. L'autonomia della libertà significa che essa ha la capacità di cominciare una nuova serie di azioni senza essere necessitata altrimenti che da se stessa. Questo inizio si produce in seno al mondo appoggiandosi necessariamente sulla speranza che il mondo sarà consistente in sé, coerente, fedele alle proprie leggi. In caso contrario, la libertà non potrà mai agire mantenendosi fedele a se stessa; il suo inizio trascendentale sarebbe evanescente; ogni impegno sarebbe una scommessa sull'ignoto, su ciò che potrebbe essere molto instabile, un'azione estremamente fragile che uno spirito tranquillo non intraprenderebbe mai.

La libertà è autonoma, ma nella fedeltà a sé, vale a dire in un tempo percorso in maniera originale. Essa è autonoma elaborando progetti che esigono tempo, immaginando invenzioni da realizzare progressivamente in un mondo affidabile. La libertà è inventiva. Il mondo è per essa una materia stabile alla quale può affidarsi tuttavia per plasmarla e farvi scaturire aspetti nuovi. In questo senso, la libertà-inizio si impegna nel mondo senza guardare indietro, ma verso il futuro. Il futuro deriverà dai suoi interventi nel mondo, dai cambiamenti prevedibili che essa occasionerà nel susseguirsi delle cose. Il mondo interseca fili diversi di necessità, che l'inventiva dello scienziato, padrone del suo sapere, saprà dipanare e ricomporre in una certa misura. Ciò facendo, la libertà infliggerà forse delle ferite al mondo, ma violando meno le sue catene di causalità che i loro intrecci di un momento. La libertà fa così violenza al mondo iniziando modalità nuove di incroci di successioni necessarie; essa rivela anche che la necessità causale del mondo è derivata[4].

Da questo punto di vista, la libertà non sembra differente dalla vita. La vita è ugualmente inventiva e proiettiva; essa fa tutto per protrarsi, per crescere rinnovando i dati del mondo. È autonoma, è per se stessa

---

[4] La definizione kantiana della necessità non è più accettabile senza sfumature. Essa nega ogni possibilità di intervento dell'uomo nelle catene delle necessità naturali. Vedi E. KANT, *Critica della ragion pura*, A451/B479.

Definizione della violenza

la sua propria legge, ma non è indipendente. Essa costruisce senza tregua nuove forme che esprimono la sua generosa energia. Il suo passato non la interessa, benché si appoggi su di esso ma per procedere speditamente verso il futuro. Essa rimodella continuamente il mondo in funzione di un progetto essenziale di cui tuttavia non conosciamo i particolari, né tutti i mezzi, e neanche la finalità ultima, ed essa va progredendo. Nessuna specie vivente sembra essere in sé e per sé un fine ultimo; tutte si evolvono e scompariranno per lasciare il posto ad altre, forse più elaborate, rivelatrici del progetto inesauribile che è la vita. La vita abbandona dietro a sé ciò che non serve più alla sua creatività ma che è stato necessario per giungere al suo stato attuale. La sua norma, la sua legge, è di trasformare il mondo inanimato in mondo animato, il mondo animato in mondo pensante, di moltiplicarsi approfittando delle possibilità che offrono questi mondi che essa modifica senza tregua per trasmutare ciò che è morto in una vita nuova[5]. La libertà e la vita sono così simili l'una all'altra: l'una e l'altra trasformano il mondo assumendolo e manifestandovi i loro dinamici contrassegni, perfino imponendosi ad esso.

La vita è proiettiva. Essa delinea dinanzi a sé un futuro per noi attualmente indeterminato. Avviene lo stesso per la libertà, inizio assoluto ma che non comincia mai in modo disincarnato, fuori dal mondo. Tuttavia, vi sono differenze fondamentali tra la libertà e la vita. La libertà è propria di qualcuno che è ragionevole, mentre la vita è di tutti i viventi, anche se privi di ragione. Questa differenza tra la vita e la libertà è posta in evidenza quando si osserva che ciascuno di noi è stato messo al mondo, ha ricevuto la vita, ma che nessuno ha ricevuto da un altro di essere libero. La vita è *a posteriori*, la libertà *a priori*. La libertà aderisce al nostro essere più originario. Ecco perché si può dire che la vita accumula dati complessi, di modo che il suo tempo sia continuo nonostante le sue moltiplicazioni essenziali, mentre la libertà autonoma inizia senza tregua a partire da se stessa, facendo sorgere nuovi inizi nella fedeltà alla sua energia, manifestando soprattutto l'inizio radicale che è la fedeltà a se stessa, la sua autonomia.

---

[5] Non abbiamo l'intenzione di aprire qui un dibattito, in sé appassionante, sul senso della finalità e dei suoi mezzi nella natura, ossia tra il darwinismo e Teilhard de Chardin.

Le maniere di rapportarsi al tempo non sono dunque le stesse per la vita e la libertà; i loro modi di innovare non si identificano. La vita non guarda verso il passato; si costruisce sulle sue rovine, sulla morte e senza questo passato morto essa non sarebbe. La libertà autonoma, invece, è puro sorgere, perpetuo inizio, senza passato che possa condizionare la sua nuova irruzione, eccetto il passato della sua essenza, della fedeltà a se stessa. Vi è inoltre, in questa fedeltà trascendentale, un aspetto tanto futuro che passato. Ecco perché la libertà è di qualcuno che è responsabile dei suoi atti, che solo a lui sono imputabili. La vita non ha per parte sua alcuna responsabilità nei confronti del passato o del futuro. La vita e la libertà sono dunque nel tempo, ma in modo differente.

La violenza

Questa differenza è alla base dell'idea che la libertà non è compresa se vi si vede soltanto una violenza fatta alla vita. La parola 'violenza' contiene aspetti di spazio e di tempo. Secondo Lorenz di cui abbiamo parlato nel precedente capitolo, prima sezione, ci rappresentiamo la violenza sotto forma di una invasione da parte di un essente di uno spazio che appartiene ad altri essenti, senza rispetto per essi, senza accettazione di alcuna regola comune che li collegherebbe tutti *a priori*. Un vento è violento in questo senso. Il violento prende uno spazio che appartiene ad altri; viene così meno alla giustizia che non soltanto dà a ciascuno ciò che gli è dovuto, ma che rispetta anche ciò che tutti possiedono legittimamente. Si riconosce così nella violenza uno scatenarsi di forze che sarebbero state fino a quel punto controllate e mantenute, o costrette e censurate, allo scopo di assicurare nel tempo un giusto equilibrio delle energie di tutti. L'esplosione della violenza è al tempo stesso la liberazione delle energie di uno o di diversi essenti in un modo tuttavia particolare. Queste energie si dispiegano il più delle volte in maniera tranquilla. La violenza è caratterizzata, invece, dalla precipitazione della loro forza e dalla loro invasione territoriale.

La parola 'violenza' evoca una accelerazione delle energie, del ritmo temporale delle forze, così come l'idea di una invasione spaziale. L'ir-

Definizione della violenza

regolarità temporale è di fatto all'origine della perturbazione dello spazio. L'idea della violenza è abbastanza ben espressa da quella della violenza carnale: il violatore si impone prendendo uno spazio che non è il suo perché non considera affatto il ritmo proprio del corpo violato, poiché non attende il consenso dell'altro, il maturarsi dell'espressione della sua volontà, il dono eventuale della sua libertà. L'idea di violenza diventa così l'idea di una forza cieca che non tiene alcun conto della durata che dovrebbe limitarla: essa è in ciò irrazionale.

Certamente, questa idea negativa della violenza, apportatrice di rappresentazioni di distruzione, riecheggia positivamente la percezione di un mondo da cambiare perché inadatto alla dignità dell'uomo, o anche cattivo, un mondo di cui occorre costringere le strutture esistenti contestando e negando i loro pretesi valori e facendo tutto per sostituirli con altri più validi. Ma queste nuove strutture potrebbero non essere migliori che dal punto di vista del solo violatore, che è irrazionale. Di fatto, il violatore, che rifiuta di riconoscere i suoi limiti e quelli della realtà, giudica il mondo dall'alto della sua libertà decretando da se stesso contro che cosa protestare e lottare. Il mondo non è certo totalmente buono, ma il violatore ne giudica la malvagità a partire dalla sua propria opinione o dal suo sentimento ferito, ponendosi come inizio assoluto, assolutamente indipendente. Il violatore è profondamente solo, perché, forse, l'ingiustizia l'ha rinchiuso lontano da ogni amabile relazione umana, ma anche, se non in primo luogo, perché egli trascende effettivamente ogni limite. Ritenendosi potere assoluto, senza spazio né durata che un'alterità potrebbe giustamente determinare, non conosce alcuna relazione veramente originale, e quindi alcuna legge, nient'altro che un'autonomia divenuta indipendenza.

Ma l'idea di violenza che abbiamo fin qui delineato riferendola a quella di libertà non è troppo ampia? Se ci si accorda su ciò che è stato detto, ogni atto libero potrebbe, in effetti, essere giudicato violento, perché ad ogni modo inizio assoluto, discontinuità del tempo e dello spazio comuni. Dobbiamo pertanto precisare la nostra idea di violenza. Lo faremo ispirandoci alle indicazioni date da Hannah Arendt nel suo articolo «Sulla violenza» pubblicato nel 1969. Dopo un'analisi degli avvenimenti verificatisi all'epoca nelle università americane (non siamo lontani dal Maggio 1968, che non ha riguardato soltanto Parigi; tutto è accaduto come se uno scenario internazionale conferisse un senso agli avvenimenti dell'epoca), Arendt inizia col definire le parole essenziali che saranno utili in una filosofia politica che si applica a questo genere di situazione.

Vi sono nelle nostre lingue occidentali cinque parole che spesso sono scambiate l'una per l'altra: 'potere', 'potenza', 'forza', 'autorità', 'violenza'. Queste parole sovente risultano confuse perché entrano tutte nella riflessione che tratta di uno stesso problema politico essenziale. «Chi comanda a Chi? Potere, potenza, forza, autorità, violenza, non sono altro che parole per indicare i mezzi attraverso i quali l'uomo domina sull'uomo; sono considerati sinonimi perché hanno la stessa funzione»[6]. Se però si desidera non restare in categorie troppo vaghe e rischiare così confusioni e ambiguità che impediranno di cogliere correttamente gli avvenimenti umani e di ben interpretarli, se si vuole rendere possibile un'analisi soddisfacente del problema politico del dominio, occorre precisare queste cinque parole rivelando le loro proprietà e differenze; la riflessione non potrà che trarne vantaggio e certezza razionale.

Secondo Hannah Arendt la parola 'potere' appartiene al gioco linguistico che enuncia e rende accessibile alla ragione l'attitudine che ha ciascun uomo di agire con altri uomini. Essa non indica pertanto un tratto proprio a un individuo, ma una caratteristica che appartiene a un gruppo, che risulta dall'azione di tutti, gli uni con gli altri, e che ha validità anche per tutto il tempo che questo gruppo non si divide, che le sue sinergie si mantengono. L'idea di 'potere' converge così verso quella della delega democratica: colui che ha il potere in un regime democratico l'ha ricevuto da altri per agire in loro nome. Se questo mandato viene meno, come ad esempio quando il gruppo che ha sostenuto il potere si dissolve, il potere affidato alla persona delegata nello stesso tempo scompare.

La parola 'potenza' indica, invece, un attributo che appartiene in proprio a una persona o a una entità personalizzata. Qualcuno (o una istituzione) può essere potente, ma senza avere nessuna delle caratteristiche intersoggettive del potere; simmetricamente, un potere può

---

[6] H. Arendt, «Sulla violenza», p. 47.

non avere alcuna potenza. Occorre quindi distinguere accuratamente questi due termini. In genere, la potenza è relativa alle genti e alle loro istituzioni. In maniera più precisa, tuttavia, si dirà che non è lo stato o la realtà compiuta che fa la potenza, ma la capacità di creare, di prendere delle iniziative e di realizzarle. La parola 'potenza' evoca qui l'energia (ἐνέργεια) piuttosto che la mancanza di essere che si riconosce nella traduzione della parola (δύναμις) della tradizione aristotelica. Questa energia, che non è senza strumenti che le permettano di esercitarsi, è tuttavia senza potere nel senso in cui questa parola è stata definita un attimo fa. D'altronde si osserva spesso, per non dire abitualmente, che i potenti danno origine spontaneamente, a causa della loro potenza inventiva che non può legittimarsi mediante alcuna delega, ad antirelazioni di mediocri decisi ad abbatterli, a gelosie meschine. È comune nelle società chiuse, ripiegate su se stesse (e ogni società conosce una buona dose di chiusura in se stessa, di autoreferenza più o meno ingenua), che i suoi membri non sopportino che uno di loro si elevi da se stesso troppo in alto; essi faranno di tutto per sminuire questo «proprio a causa della sua peculiare natura indipendente»[7]. Il potere delle società chiuse potrà anche far gravare sul potente tutto il peso delle tradizioni supposte ancestrali perché rientri nell'ordine medio. Da sempre vi sono spiegazioni psicologiche di questa volontà di abbattere il potente: il risentimento o l'invidia sono in esse preponderanti. Secondo Arendt, ispirata forse dalla *Genealogia della morale* di Nietzsche, il risentimento appartiene spontaneamente al gruppo in seno al quale si eleva una individualità potente e raggiante.

Si confonde spesso, come abbiamo già sottolineato, la 'forza' con la violenza. Arendt invita, al contrario, a differenziarle e a riservare alla forza l'ambito della natura (ciò che si ritrova nell'espressione 'la forza della natura') o delle circostanze ('mediante la forza delle cose'). Ella propone quindi di definire la forza in questo modo: «l'energia sprigionata da movimenti fisici o sociali»[8]; questa energia non è di per sé

---

[7] *Ibid.*, p. 48.
[8] *Ibid.*

violenta, almeno secondo la definizione che Arendt darà tra breve della violenza, benché si possa ritrovare in questa definizione della forza aspetti che noi stessi abbiamo attribuito alla violenza, particolarmente la liberazione nel tempo (la precipitazione) e nello spazio (l'invasione) di ciò che abbiamo giustamente chiamato 'energie'. Dovremo evidentemente ritornare su questo punto.

La parola 'autorità' deve parimenti essere definita con precisione; essa è, in effetti, sottoposta a troppi abusi di linguaggio[9]. Arendt propone di limitarne l'applicazione ai mondi delle persone (l'autorità parentale) o delle istituzioni (il Senato); «la sua caratteristica specifica è il riconoscimento da parte di coloro cui si chiede di obbedire; non ci vuole né coercizione né persuasione»[10]. Arendt dà come esempio di antiautorità un padre che, per farsi obbedire, picchia i suoi figli: questo padre perde con ciò stesso, *ipso facto*, la sua autorità. «Per poter conservare l'autorità ci vuole rispetto per la persona o per la carica. Il peggior nemico dell'autorità è il disprezzo, e il modo più sicuro per scuotere le basi e è il riso»[11].

Veniamo infine alla 'violenza'. Questa, nel lessico proposto da Arendt, si distingue dagli altri rapporti di dominio umano per il suo carattere strumentale. La violenza può quindi accompagnare il potere nella misura in cui utilizza i mezzi o gli strumenti che esige l'esercizio della sua delega (per esempio, l'amministrazione burocratica[12]). Essa si aggiunge tuttavia spontaneamente alla potenza, poiché il potente è appunto inventivo, creatore degli strumenti in vista di moltiplicare le sue possibilità naturali e individuali[13]. La violenza procede ugualmente

---

[9] L'autore rinvia qui all'articolo «Qu'est-ce que l'autorité?». Si vedrà sullo stesso tema l'opera di G. FESSARD, *Autorité et bien commun*.

[10] H. ARENDT, «Sulla violenza», p. 48.

[11] *Ibid.*, p. 49.

[12] A questo proposito, Arendt sottolinea che il «potere» è inefficace se non ha autorità, ma che non si può ricavare da ciò che la sua autorità sia violenta; la violenza rivoluzionaria, per esempio, esplode al contrario quando il potere perde precisamente la sua autorità.

[13] «Fenomenologicamente, [la violenza] è vicina alla forza individuale, dato che gli strumenti di violenza, come tutti gli altri strumenti, sono creati e usati allo scopo di moltiplicare la forza naturale affinché, nell'ultimo stadio del loro sviluppo, possano prendre il suo posto» (H. ARENDT, «Sulla violenza», p. 49).

Definizione della violenza

con la forza, ma da essa si distingue in quanto la forza libera energie naturali che saranno utili ai poteri e ai potenti, mentre la violenza fa che queste energie pesino sulla società come mezzi di «coercizione»[14]. Infine, la violenza non ha nulla a che vedere con l'autorità quale l'abbiamo appena definita.

La violenza viene quindi ricondotta da Arendt alla strumentalità. Si potrebbe tuttavia temere che, se gli strumenti inciviliscono la violenza rimpiazzandola, non ne facciano scomparire veramente la realtà dolorosa. La definizione della violenza ad opera della Arendt sembra nondimeno ignorare questo aspetto penoso. Ciò è però soltanto apparente. Alcuni strumenti sufficientemente sofisticati sono capaci di dissimulare, o apparentemente di civilizzare, il carattere terribile della violenza. D'altronde, non sono essi stessi a portare la violenza a un grado tale da non renderla impossibile, ma, al contrario, implosiva piuttosto che esplosiva? In una società civilizzata, strumenti raffinati si sostituiscono alla violenza brutale, ma occorre anche riconoscere, con Arendt, che la violenza non è in essa meno presente e attiva. La strumentalità può non essere senza uno sfondo latente ma reale di violenza. La tecnica permette, di fatto, all'uomo di oggi di distruggere se stesso.

Dire che la violenza è strumentale permette tuttavia di precisare le caratteristiche che noi ne abbiamo proposto: distruttrice, essa è al tempo stesso e per essenza, invasione (spazio) e precipitazione (tempo). Arendt osserva come la violenza, così presente durante il XX secolo, ha assunto, grazie alle tecniche della guerra, un andamento tragico che i secoli precedenti ignoravano: «Lo sviluppo tecnico degli strumenti della violenza ha ora raggiunto un punto in cui nessun obbiettivo politico potrebbe ragionevolmente corrispondere al loro potenziale distruttivo o giustificare l'impiego effettivo in un conflitto armato»[15]. Gli strumenti contemporanei di violenza non servono più ai progetti politici; possono, infatti, andare ben al di là di ciò che sarebbe utile, e anche concepibile per questo, procedendo appunto in direzione della distruzione dell'umanità intera. Così si scorge molto chiaramente

---

[14] *Ibid.*
[15] *Ibid.*, p. 5.

che proprio la violenza può essere alla fonte della strumentalizzazione, che non la abbandonerà, che potrà anche imporsi ad essa dandole un senso nefasto.

La tecnica

Il progresso tecnico avrà così reso contraddittorio il carattere strumentale della violenza. Si potrebbe credere che i conflitti vecchia maniera, quelli dei combattenti che si affrontano faccia a faccia con i coltelli o i fucili, ora invece con bombe atomiche straordinariamente distruttrici, non abbiano più alcuna attualità. Essi sono divenuti troppo rischiosi. I mezzi di distruzione dei nostri eserciti moderni sono divenuti inutili, obsoleti se non si riesce a renderli restrittivi, per esempio facendo sì che essi colpiscano soltanto bersagli precisi e limitati; senza questo insolito progresso nella limitazione (l'arma non deve essere più, ma meno potente! – senza dimenticare l'ingenuità di queste pretese: le guerre recenti, fatte con armi di precisione, causano moltissimi morti civili), la fine di un nemico provocherebbe la fine di tutti. La potenza degli strumenti di distruzione è divenuta tale negli anni 60-70 del secolo scorso che, teoricamente, era sufficiente ai responsabili dedicarsi a dissuadere eventuali aggressori e rinforzare senza tregua questa dissuasione per assicurare una parvenza di tranquillità. L'equilibrio del terrore è fondato sul timore di un reciproco annientamento. I poteri politici sono stati pertanto fino al punto di firmare trattati che limitano con sapienti equilibri la proliferazione delle armi più pericolose e di massa presso ciascuno di loro. La politica rivendicava così i suoi diritti sulla tecnica, per il bene dell'umanità.

La rivoluzione tecnologica, con le sue sottigliezze, ha tuttavia rivestito una importanza di giorno in giorno maggiore, non soltanto a livello delle scienze nel chiuso dei laboratori, ma anche sul piano politico. Le tecniche hanno acquisito un influsso un tempo ignorato sulla vita di ogni giorno. La vita politica è ora superata da essa. L'informatica determina oggi la gestione di entità sempre più diversificate, una biblioteca personale o uno Stato con le sue molteplici funzioni. La conduzione economica con l'aiuto di modelli matematici che solo per-

Definizione della violenza

sone esperte di informatica possono intendere e gestire è divenuta essenziale per organizzare la vita quotidiana. I suoi specialisti non mancano di dettare ai politici la loro linea di condotta; essi segnalano non soltanto i limiti nei quali i bilanci degli Stati possono essere previsti, ma anche quali campi del sapere scientifico potrebbero essere stimolati per trarne vantaggi a profitto della tecnica stessa.

La tecnica o il sapere applicato prende sempre più spazio nelle decisioni politiche, i cui fini propriamente umanistici rischiano di scomparire, almeno se si disconoscono le atrocità di cui le tecniche sono capaci. «La sostanza stessa dell'azione violenta è governata dalla categoria mezzi-fine, la cui caratteristica principale, se applicata agli affari umani, è sempre stata che il fine corre il pericolo di venire sopraffatto dai mezzi che esso giustifica e che sono necessari per raggiungerlo»[16]. Il modo di procedere (i mezzi) può apparire chiaramente a colui che è impegnato nell'azione, ma ciò per cui egli agisce (il fine) può divenire problematico, offuscarsi ai suoi occhi, o anche incontrare la sua indifferenza. La tecnica impone oggi spontaneamente il suo potere dispotico indicando nuove possibilità che, impreviste, saranno accessibili o meno, orientando pertanto nuovamente la realizzazione del fine inizialmente ricercato. Essa finisce anche sovente con l'imporre i suoi obiettivi alla vita politica, come si vede nei nostri paesi che non amano più la vita e che vagheggiano di metterla a disposizione esclusiva dei nostri laboratori. Gli effetti dei mezzi utilizzati sfuggono tuttavia molto spesso a quelli stessi che li utilizzano, agli apprendisti stregoni che vogliono ignorare a quale fine essi saranno condotti dai loro strumenti. Lo strumento genera lo strumento. Da qui, il grande disordine del nostro mondo, e la strana tranquillità o il silenzio assordante, che determina la paura provocata dall'uso dei mezzi tecnici che sfuggono alle istanze democratiche. Non vi saranno più guerre tra le superpotenze che si distruggerebbero vicendevolmente se utilizzassero mezzi di cui esse non possono più limitare o definire le ragioni di essere e gli obiettivi da realizzare. Ma questa politica del terrore, attualmente superata benché sempre presente nelle politiche che si appoggiano sulle nostre

---

[16] *Ibid.*, p. 6.

paure istintive (la lotta contro il terrorismo non sarebbe possibile senza la paura delle eventuali vittime future), non è evidentemente una politica in favore della pace.

La tecnica, derivata dalla capacità umana di immaginare un futuro nuovo, di elaborare dei progetti, non è determinata dai soli progetti dei suoi inventori. Occorre anche assumere le condizioni del mondo nel quale sarà esercitata. Come ogni atto umano, e per ragioni che oltrepassano il suo inserimento inevitabile nel sensibile (il suo punto di vista è, in effetti, sempre originale, non naturale), la tecnica ha degli effetti fin dall'inizio incalcolabili, che possono andare ben al di là di quel che sarà stato previsto, o persino in tutt'altra direzione. La speranza riposta nella tecnica può così ritorcersi contro l'uomo in modo progressivo e a sua insaputa. La tecnica crea di fatto un mondo all'insaputa dell'uomo, un mondo che sfugge ai suoi progetti e che può essere per lui non solo benefico ma anche malefico.

Presentando nel secondo capitolo di questo libro le rappresentazioni della violenza proposte da quattro autori, abbiamo intravisto in che modo e a partire da quali generi di presupposti può realizzarsi lo sconvolgimento della finalità della vita ad opera della tecnica. La filosofia pone così in rilievo la violenza sempre presente in ciascuno di noi e in tutti. La violenza travolge l'uomo senza che lui lo sappia, orientando la sua libertà là dove non pensava di andare. Essa si prende gioco della libertà umana e partecipa così a ciò che la tradizione ha chiamato il 'mistero di iniquità', il mistero del male. Il male è di per sé violento perché ingannevole. Esso prende uno spazio che non è il suo con un'impazienza che scoraggia il gusto e il desiderio di agire, la vita. È onnipotente, in agguato in ogni strumento. La violenza è strumentale, diceva Arendt. Potremmo tuttavia andare ben più lontano, poiché questa definizione potrebbe essere ancora troppo tenue, troppo ottimista sull'umanità. La violenza non è probabilmente un fine in sé per la coscienza umana. Inversamente, lo strumento tecnico può tendere da se stesso ad essere il suo proprio fine; esso si fa allora violento. La sua violenza, senza essere nominata per ciò che essa è, è voluta al tempo stesso che si vuole lo strumento, e diventa in tal modo malefica. Non ci facciamo illusioni: la potenza della strumentalità va al di là di ogni ragionevole previsione. La sua finalità è abitualmente abbandonata alla sua propria legge da quanti si lasciano affascinare dalla sua potenza. Se la tecnica non è regolata da un potere superiore, la violenza strumentale che costringe il tempo e lo spazio vitale di ciascuno tra noi, può divenire una pura violenza al servizio della potenza di alcuni, anonimi.

Non è però esagerato, fuori dal buon senso, dire che lo strumento sia di per sé violento, un male? Non è in primo luogo una mediazione in favore di un progetto, tra una idea e la sua realizzazione? L'analisi filosofica propone tuttavia di considerare questa mediazione alla stregua della sua realizzazione, di ridurla o di ricondurla alla pratica reale. In questa pratica, il fine voluto per mezzo dello strumento tende spontaneamente a scomparire in vista di un progetto ulteriore, reso possibile dallo strumento divenuto provvisorio. I fini di cui si era avuta l'intuizione all'inizio del progetto finiscono sempre con l'essere superati. La tecnica, che impone le sue proprie determinazioni, fa necessariamente slittare il fine immediato desiderato in un altro fine, più lontano ma sempre tecnicamente possibile. Nessun fine ricercato all'inizio della sua realizzazione tecnica rimane tale e quale al termine delle ricerche nei laboratori. Il perseguimento tecnico del fine è ora sottoposto allo strumento utilizzato che gli imporrà il suo marchio, i suoi limiti e le sue condizioni di realizzazione nel mondo; da qui l'esigenza, o la necessità di cui non possiamo liberarci, di avventurarci sempre più lontano.

Sperimentiamo continuamente questo rivolgimento delle nostre intenzioni. Gli effetti delle nostre azioni fuori dai nostri intenti, o la vita, ci obbligano a rivedere incessantemente i nostri progetti, a modificarli in funzione delle possibilità oggettive del momento, vale a dire delle possibilità che ci offrono i nostri strumenti, a limitare le nostre attese e a cercare come eludere questi stessi limiti o le deviazioni dei nostri progetti per rispettare la nostra attesa fondamentale, ma di nuovo grazie alla tecnica[17]. Ciò non significa che i nostri strumenti deviano sempre i nostri progetti dalle loro intenzioni iniziali; abitualmente, essi non

---

[17] Si leggeranno con profitto le riflessioni di J. LADRIÈRE, *Les Enjeux de la rationalité*, p. 117-135, sugli effetti dell'induzione.

fanno che dare loro misure nuove, più modeste o più elevate; ad ogni modo tuttavia, essi producono risultati differenti da quelli che erano voluti, conformemente alle loro possibilità che la nostra immaginazione non può mai determinare e prevedere interamente. Da qui, la violenza, discreta ma immanente, della tecnica. Eppure, non si può identificare immediatamente lo strumento e la violenza. Lo strumento richiede, infatti, pazienza e distanza critica essendo sorvegliato da colui che non abbandona il suo progetto in vista dei risultati che ne ottiene. Lo strumento non è di per sé violento, ma lo diviene quando lo si lascia prevalere sull'idea del progetto precedentemente elaborato.

La violenza è un male quando l'articolazione reciproca dello strumento e dell'idea non è tenuta in maniera retta. È possibile però tenerla rettamente? Non è la storia stessa, l'impegno concreto delle libertà in cerca di un miglioramento, l'evoluzione stessa dell'idea da realizzare, che provoca la distorsione tra lo strumento e l'idea? La libertà impegnata si produce necessariamente in un mondo di cui essa non ha l'intero possesso. Ma non è tanto lì il problema, poiché il mondo può comunque aiutare la libertà ad avanzare verso il suo fine. Non è lo strumento come strumento che è cattivo. Gli strumenti non sono impedimenti per la formulazione dell'idea. Se lo fossero, non dovremmo mai sceglierli, e siccome noi non possiamo vivere senza di essi, la vita umana sarebbe stata da sempre deviata dalla sua propria eccellenza; la mediazione strumentale sarebbe stata una perversione della natura dell'uomo. Il male non risiede dunque nello strumento, ma nel fatto di considerare che lo strumento è un percorso autosufficiente verso il bene, di comprenderlo come una necessità di cui non dovremmo che accettare le condizioni.

Conclusione

I nostri strumenti sono concepiti, costruiti, scelti e dipendenti da noi. Come accade allora che essi finiscano col guidarci là dove non pensavamo di andare, e ciò a nostra insaputa, rendendoci in fin dei conti dipendenti da essi? Ci eravamo posti la domanda, all'inizio dell'ultimo capitolo esposto, se la libertà non fosse intrinsecamente violenta. La li-

Definizione della violenza

bertà è libera se agisce. Non può non agire, ed essa lo deve nel mondo. La libertà è dunque libera se si mediatizza nel mondo. Ha bisogno perciò di strumenti. Ma l'uso degli strumenti fa nascere la violenza se la libertà non è attenta a perseguire con rettitudine il fine che essa attende e spera. Lo strumento si ritorce da se stesso contro la libertà e i suoi progetti dal momento che suscita – e lo fa spontaneamente – l'idea di nuovi progetti da perseguire nel campo determinato dalle possibilità che esso schiude dinanzi alla libertà. Lo strumento rinchiude così la libertà suo malgrado nei limiti delle sue possibilità tecniche, sostituendo alla realtà dei suoi impegni l'aspirazione a successi che dipendono il più delle volte da desideri vagheggiati.

Da qui, l'urgenza della riflessione che noi avvieremo nella seconda parte di quest'opera. La tecnica è collegata alla scienza. La scienza è considerata oggi come la gemma della razionalità. Sarebbe dunque violenta per la semplice ragione che coincide con la tecnica? La tecnica non è di fatto un prolungamento naturale dell'opera riduttrice e manipolatrice degli esistenti mediante la scienza? Questa, che prova di ridurre in forme comuni tutto ciò che sorge nella singolarità del suo atto di essere, non risveglia in noi un'attitudine mentale poco rispettosa della realtà donata degli essenti?

Concludiamo la prima parte della nostra riflessione ponendo questi interrogativi cruciali. All'inizio di questa parte noi abbiamo posto la questione di sapere se la violenza non fosse un trascendentale. Per 'trascendentale' si intende abitualmente un tratto che appartiene a tutto ciò che è in quanto è. Se si presta attenzione al modo tomista di trattarne all'inizio del *De veritate*, q.1, a.1, si dovrà precisare che la serie dei trascendentali articola l'apparire delle cose alla ragione. La sequenza dei trascendentali fa vedere come appare ciò che è, la sua maniera di essere presente, il che costituisce di fatto un tema propriamente fenomenologico. Ma non è questo l'essenziale del nostro discorso, tranne che in ciò: la libertà che si impegna potrebbe essere articolata anch'essa secondo la logica dei trascendentali; la scienza, che nasce da un atto libero, procede, infatti, fino ad imporre al reale le sue proprie ragioni – e questo funziona. In tal caso però, la violenza, che appartiene agli impegni della libertà, potrebbe riguardarla nel più intimo di se stessa.

Abbiamo visto che la metafisica nasce dai nostri atti liberi, dai nostri impegni nel mondo. Non diciamo tuttavia che i nostri impegni costituiscono il mondo, né che la libertà sovrintende all'essere di ciò che è. Peraltro, la riflessione sui trascendentali ci fa assistere alla genesi di ciò che appare donandosi a noi gratuitamente, vale a dire *a priori*, un dono al quale rispondono i nostri atti liberi. La libertà è una risposta piuttosto che una iniziativa assoluta, in cui noi riconosciamo un limite intrinseco, per niente affatto privativo di energia, ma che si irradia nell'incontro attento dell'altro. Il nostro primo capitolo aveva come funzione di mostrarlo. La libertà però, poiché è impegno, è anche attiva. Può così diventare violenta negando la sua essenza più radicale. Abbiamo visto in che modo nel secondo capitolo. La scelta di una vita sottoposta alle scienze, una scelta che esalta la modernità e i Lumi degli ultimi secoli, mira tuttavia a liberarci da questa violenza, a liberare dunque la libertà autentica. Le scienze lo potranno però da se stesse? Non è ingenuo crederlo?

SECONDA PARTE

**IL SAPERE
UNIFICANTE E PLURIMO**

INTRODUZIONE

La prima parte del nostro studio ha evidenziato il carattere stranamente trascendentale della violenza. La metafisica, quando si fa radicale e critica, non si esaurisce in una riflessione in cui la ragione esprimerebbe soltanto la sua potente identità e determinerebbe i suoi strumenti di analisi. Essa anzitutto non è una logica, e neppure una metalogica. Non è una epistemologia che indicherebbe i percorsi di svelamento della verità. Essa mette piuttosto in rilievo le condizioni dell'essere in atto, della presenza che viene da una origine speculativamente diversa; medita quindi in primissimo luogo sull'atto di libertà che trascende la ragione calcolatrice degli scienziati. Abbiamo concluso la prima parte definendo la violenza in riferimento a un atto invadente e precipitoso. In effetti, la tecnica favorisce spesso questa violenza, in un uso che non rispetta le libertà nella loro essenza.

La violenza non è però una fatalità dinanzi alla quale non potremmo fare altro che inchinarci. Lo spazio tra il dato mortifero e l'eccellenza attesa è percorso dalle nostre disapprovazioni di ciò che è e che non dovrebbe essere. Queste disapprovazioni non sono grida; esse sostengono la lenta ricerca umana, la sua elaborazione di mediazioni attraverso cui la nostra aspirazione potrà compiersi nella pace raggiungendo ciò che deve essere. Quando la protesta contro la cattiveria e l'ignoranza sorge nei nostri cuori e nelle nostre menti, noi tentiamo, in effetti, di comprenderle apprezzando ciò che ne è stata la causa, il loro perché. Ma la ragione scientifica è idonea a sostenere da sola, fino al suo compimento, il desiderio del valore, del vero, del buono, del bello? Essa è certamente una mediazione per la libertà in cerca della perfezione dei suoi atti, ma non sempre è fedele a questa missione; ciò avviene, per esempio, quando si sottomette alla potenza affascinante della tecnica e del suo autosviluppo, diventando allora violenta. La sua infedeltà non può tuttavia screditare completamente le sue opere provvisorie.

Per mostrare come le opere della ragione partecipino alla dinamica della libertà che vuole superare ciò che non può essere e tendere verso ciò che deve essere, procederemo in tre tappe. La prima rievocherà la storia della creazione del razionalismo moderno; la ragione manifestava allora in modo molto chiaro ma univoco la sua esigenza di sistematicità o di unificazione della nostra esperienza umana; essa non poteva sussistere senza legittimare perciò pratiche violente. La tensione verso l'unità si vive oggi, come vedremo in seguito, sotto forma di una globalizzazione con aspetti verosimilmente meno teorici e più economici, comunque esattamente nella linea del razionalismo moderno. Questi due capitoli porranno così in rilievo la modalità di violenza che la ragione esercita se non presta attenzione e nonostante l'immagine ideale che essa si dà di se stessa. L'ultimo capitolo di questa parte vorrà infine collocare il lavoro scientifico nel suo luogo originario. La scienza non è fondata in se stessa. È condizionata da una pratica di cui essa è espressione di una modalità in qualche modo performativa. Questa situazione, di cui proporremo alcuni aspetti tra i più essenziali, dipende soprattutto dagli atti di linguaggio. La pratica scientifica costituisce tra gli altri un atto di linguaggio originale, e si comprende a partire da un punto di vista superiore. Questo impedirà di lasciare alla scienza il compito di giustificarsi totalmente e di correggere da se stessa i suoi eccessi, e ci obbligherà a proseguire oltre la nostra riflessione metafisica sulla violenza.

CAPITOLO IV

RAZIONALISMO E VIOLENZA

L'"uno" costituisce la prima idea guida che si impone al lavoro della ragione, ad ogni agire razionale. Ma ricordiamo che il *Parmenide* di Platone si dibatte tra la stranezza della distinzione dell'essere e dell'uno, giacché il primo è differente dal secondo, mentre 'essere' non può essere che 'uno', lo stesso dappertutto in modo che sia necessario anche dire che l'uno è. È in questa occasione che Platone ammise il suo famoso «parricidio»[1]: non è più possibile limitarsi semplicemente alla prima delle vie, la via dell'"essere" che il filosofo di Elea aveva proclamato la sola ragionevole. La via della differenza, dell'alterità insolita ma necessaria dell'uno e dell'essere, dev'essere anch'essa percorsa. Per Aristotele, che fu uno degli uditori di Platone in età avanzata, all'epoca probabilmente del *Parmenide*, non vi sono che due trascendentali, essere e uno[2]. Plotino è evidentemente il filosofo dell'uno, il cui essere è ἐνέργεια[3]. La filosofia antica è stata dunque molto attenta alla trascendentalità dell'uno. La filosofia moderna non lo è meno, anche se in maniera diversa. È con la modernità che una forma particolare di ragione si è imposta in modo esclusivo. In quel periodo la filosofia prestava ascolto alle scienze che stavano prendendo orientamenti nuovi, originali, ispirandosi fra l'altro al modello matematico. Nelle risposte accluse alle sue *Meditazioni metafisiche*, Cartesio caratterizzava con l'espressione *more geometrico* la modalità di esposizione filosofica che utilizzerà; Spinoza scrisse la sua *Etica*, svolta anch'essa *more geometrico*[4].

La prima sezione di questo capitolo preciserà il significato di tale

---

[1] Platone, *Sofista*, 241d.
[2] Aristotele, *Metafisica*, VII (Z), 16 (1040b16-22).
[3] Plotino, *Enneadi*, V (7), 2, 29-39; IV (7), 18, 5-6. Vedi H. Jacobs, «La question de l'Un dans la pensée grecque».
[4] R. Cartesio, *Meditazioni metafisiche*, seconda serie delle risposte, seconda parte; B. Spinoza, *Etica*, titolo.

emergere dell'uno nella cultura europea moderna. Successivamente leggeremo alcuni brani di Kant e di Hegel, in cui l'idea dell'uno si unisce ad una pratica della violenza. Prenderemo quindi in considerazione alcuni aspetti poco confessabili di questi grandi autori, che ci appaiono come aventi una mentalità ristretta, ma sono aspetti realmente presenti di cui dovremo discernere i motivi.

L'avvento del razionalismo

L'Europa, questo sito della ragione moderna, ha conosciuto poche epoche tranquille. Durante il primo millennio della Cristianità, è stata invasa da popoli venuti gli uni dopo gli altri da differenti orizzonti, di modo che la sua cultura tradizionale sarebbe potuta scomparire se non avesse avuto delle reazioni allo scopo di conservare e stimolare la memoria della cultura poetica, erudita e religiosa scritta in latino, soprattutto grazie ai chierici, ai monasteri benedettini e all'opera di Carlo Magno[5]. La situazione non è stata molto differente nel corso del secondo millennio, a parte il fatto che la distruzione della cultura operata dalle guerre aveva cause interne e non più esterne; vi furono come invasori, per un tempo relativamente breve, soltanto i Turchi (fuorché in Sicilia, e in Spagna, feudo arabo per alcuni secoli), ma le lotte tra i principi locali erano senza fine. Durante la prima parte di questo secondo millennio, se si fa astrazione dalle crociate, le guerre risultavano, infatti, soprattutto dalla contrapposizione dei principi gli uni contro gli altri, dalle loro bramosie di vanagloria che utilizzavano le popolazioni che vivevano sulle loro terre e le sacrificavano a proprio vantaggio.

Con i Tempi Moderni, i motivi delle guerre sono ancora cambiati. Essi si radicavano nei nazionalismi ignorati dalle epoche precedenti. Questi nazionalismi si univano anche, soprattutto a partire dalla Riforma, con motivi religiosi, mettendo così a loro servizio le potenze identitarie che risiedono naturalmente nel profondo delle religioni e della loro visibilità sociale. Nazioni e religioni si sono mescolate nell'Europa moderna, come lo sono ancora oggi sotto altri cieli, agglome-

---

[5] Vedi P. RICHÉ, *L'Europe barbare de 476 à 774*; ID., *Le scuole e l'insegnamento nell'Occidente cristiano dalla fine del V alla metà dell'XI secolo*.

rando forme di potere politico e sentimenti religiosi particolari – *ejus regio, cujus religio*. È così che l'Europa fu messa a ferro e fuoco fino agli ultimi secoli. Questa Europa moderna e bellicosa viveva ancora nell'età dell'oscurantismo. La ragione delle culture filosofiche e scientifiche sapeva, al contrario, di essere fatta per l'universale; da qui, l'idea che la filosofia avrebbe salvato l'Europa dai suoi pericoli; da qui, anche, l'importanza che vi assunse il sapere razionale.

I Tempi moderni non sono nati con la ragione pura, ma questa emerse indirettamente, a partire da una negazione, dal sospetto che la religione e la politica fossero legate a contenuti finiti e non necessari. La funzione di unità intrinseca alla religione era stata assorbita dagli Stati moderni e dalla loro costruzione di unità sociali o civili, ma non senza le guerre nazionali. Occorreva quindi liberare la ragione autentica, la cui funzione di unità non dipende né da circostanze culturali né da contingenze politiche, e restituire loro l'universalità, ciò che le appartiene per natura. Niccolò Cusano insistette, per esempio, sulla necessità di sottomettere il principe al bene comune; la Dieta o il Parlamento costituisce, a suo parere, il depositario di questo «bene comune»[6]. L'idea di democrazia riprendeva così forma. Tali idee politiche entravano evidentemente in opposizione con le pratiche dell'epoca. L'imperatore stesso, affermava Niccolò Cusano, non può esigere più onore di un re straniero. Ogni potere temporale deve badare a restare nel suo ordine proprio, ossia ad appoggiarsi su un minimo di consenso popolare, in primissimo luogo quello del popolo che egli governa e da cui proviene la sua autorità. Occorre di conseguenza ricercare una concordanza ragionevole tra i poteri, l'unità popolare essendo data *a priori*. Non è ancora qui la nascita della ragione pura, ma almeno un richiamo ad essere fedele ad un ideale di universalità.

La *Concordantia* si rivolge ai principi che condividevano la stessa fede cattolica. Essa include tuttavia dei principi di eccellenza che valgono per tutti, universalmente, e infine indipendentemente dalle religioni. Essa procede, estendendosi effettivamente di grado in grado, dapprima dalla fede cattolica fino alle altre religioni della Bibbia, poi da lì verso co-

---

[6] Nicolò Cusano, *La concordanza universale*, III, «Introduzione», n. 279, p. 398.

loro che non sono privi di ragione e la cui coscienza sa intendere la legge naturale. Niccolò Cusano applica così nella maniera più ampia possibile il principio di universalità che si mostra dapprima nel cattolicesimo ma che apparterrebbe in realtà alla natura stessa della ragione. Questa idea ha conseguenze sulla prassi della politica. «Ogni potere di governo, sia spirituale che temporale, è latente in potenza nel popolo»[7]. Se Niccolò Cusano pensa dunque che vi è una gerarchia nell'ordine dell'eccellenza, egli si oppone anche alla concezione dei poteri che pretendono di provenire dal punto più alto e da quello più ristretto di una struttura piramidale della società. Questa fonte si trova in realtà nel bene comune; essa scaturisce dal popolo e dalla ragione comune.

Varrebbe la pena di percorrere la storia dell'emergere dell'idea del bene comune in quanto fonte del potere politico. Per fare ciò, dovremmo percorrere tutta la storia delle idee politiche, da quelle che sovrintendevano alla organizzazione della democrazia dei Greci liberi fino a quelle che stimolarono l'invenzione delle democrazie contemporanee. L'idea del bene comune è in realtà strettamente connessa alla coscienza che la ragione prende di se stessa e dei suoi spazi; questi non sono limitati al solo ambito dello speculativo; inglobano anche la pratica sociale. L'universale non è soltanto sapiente; è anche, e anzi prima di tutto, sociale.

Leibniz, che si può definire l'ultimo che conoscesse tutto di tutto in Europa, si era anche preoccupato della pace da instaurare universalmente, così tra i principi come tra i popoli; egli progettò perciò di creare un gruppo di mediatori della pace[8], che immaginava organizzato alla maniera di una sorta di congregazione laica, ricalcata su ciò che sarebbe, secondo lui, la struttura dell'ordine dei Gesuiti; si ispirava forse in ciò agli *Esercizi spirituali* di sant'Ignazio, che considera importante prima di ogni cosa, in una conversazione, ascoltare l'altro cercando di intendere in maniera positiva, per quanto possibile, tutto ciò che affermerà[9]. È fondamentale fare di tutto per intendere in modo concorde

---

[7] *Ibid.*, II, cap. 19, p. 297.
[8] Vedi un progetto di G.W. LEIBNIZ presentato al confessore del re nel 1675 (vedi J. BARUZI, *Leibniz et l'organisation religieuse d'après des documents inédits*, p. 66).
[9] IGNAZIO DI LOYOLA, *Esercizi spirituali*, n. 27.

ciò che è detto da posizioni differenti o anche contrapposte, per mettere in evidenza ciò che vi è di comune nelle loro affermazioni; per fare questo, si ricondurrà il più possibile all'unità tutto quel che potrebbe sembrare contrapporsi analizzando e scomponendo le affermazioni degli uni e degli altri fino al punto in cui le loro differenze si mostreranno infinitamente piccole. La scoperta del calcolo infinitesimale ha una fecondità ecumenica!

D'altronde era proprio questa idea che induceva a considerare i gesuiti troppo flessibili, troppo misericordiosi, non abbastanza energici e chiari, troppo politici, gesuiti insomma, più attenti a ciò che unisce che a ciò che separa, più probabilisti che tuzioristi. Un tale gesuitismo, largamente ma vagamente ecumenico, il giansenismo di Pascal lo detestava. Pascal di fronte a Leibniz, due attitudini pressappoco contemporanee, opposte l'una all'altra benché ugualmente, l'una e l'altra, affascinate dai diritti della ragione. Tuttavia, la ragione non è la totalità dell'uomo, né per Leibniz né per Pascal poiché, per nessuno di loro, essa ha la capacità di ridurre tutto alle sue dimensioni. Chi si dedica all'attività della ragione, deve ogni volta considerare e integrare l'importanza di un atto libero e contingente, quello della meraviglia per i capolavori dello spirito e della natura nel caso di Leibniz[10], quello dell'obbedienza all'autorità spirituale per Pascal[11].

Il razionalismo rigoroso, quello che non considera che la potenza della ragione autonoma e indipendente, non prende veramente forma con i Tempi moderni. Lo farà più tardi, nel periodo degli idealisti tedeschi e degli enciclopedisti francesi, epoca che sarà anche quella dell'emergere del positivismo scientifico. Si ritrovano in queste correnti due modalità differenti di una identica esigenza. Per razionalismo, si può intendere una pretesa intellettuale in cui si esprime la coscienza

---

[10] Vedi C. CLÉMENT, «Leibniz», in *Encyclopaedia universalis*, che cita alcuni passaggi tratti da G.W. LEIBNIZ, *Textes inédits d'après les manuscrits*, 1948.

[11] Vedi verso la fine del *Mémorial* del 1654: «Sottomissione totale a Gesù Cristo e al mio direttore» (Bl. PASCAL, *Antologia filosofica*, p. 37, n. 13). Questa frase è stata probabilmente aggiunta al testo originale poco tempo dopo l'esperienza della notte del 23 novembre; essa sottolinea l'importanza che Pascal attribuiva ai consigli dei giansenisti; anche se l'autore prese in seguito una certa distanza in rapporto ai Signori di Port-Royal, egli mantenne continuamente questa frase nelle scritture successive del suo famoso testo mistico.

che la ragione ha di se stessa e della sua potenza. La ragione è, in effetti, capace di ricondurre tutto a sé per tutto valutare, trascendendo quindi tutto senza essere trascesa da nulla, accordando da se stessa la sua fiducia a ciò che essa giudica esserne degno, riducendo nelle sue prese tutto ciò che sembrerebbe oltrepassarla. Poiché la ragione, troneggiante sulla sommità del sapere, sa di essere in grado di giudicare di tutto, pretende di non essere giudicata da alcuno, né di fatto né di diritto. Questa decisione della ragione nei confronti dei suoi propri poteri può tuttavia portare a conclusioni apparentemente opposte, tanto empiriste (la ragione, che non ha nulla al di sopra di sé ma che giudica di tutto, coglie ogni realtà commisurandola alla sua esperienza iniziale, quella del sensibile – ecco il positivismo) quanto idealiste (la ragione sovrasta tutto e impone a tutto la sua essenza a partire dal sapere che essa ha di se stessa). La ragione razionalista, che si dà così le sue proprie norme, è autonoma e indipendente.

Ecco ciò che la conduce d'altronde ad essere piuttosto riduttrice della vita. Lo si rileva dalla seguente testimonianza: l'*Encyclopaedia universalis*, di recente pubblicazione, non ha un articolo dedicato specificamente alla parola «Razionalisme», ma vi si trova il termine «Razionaliste (Architecture)», che presenta, all'inizio, una citazione molto evocatrice, per non dire sintomatica, di un architetto veneziano del XVIII secolo, Carlo Ladoli: «Nulla si deve mettere nella rappresentazione che non sia propriamente funzionale [...]. In architettura, tutto deve nascere dalla necessità; e la necessità non tollera il superfluo». Il razionalismo espone in questa modalità di architettura le sue opzioni di base: elimina tutto ciò che giudica inutile al suo progetto, tutto ciò che in esso non ha una funzione immediatamente evidente; non mostra che ciò che serve. È questo d'altronde che fa comprendere perché il razionalismo, tradendo le intenzioni liberatrici della modernità, si connette finalmente ai poteri che lo utilizzano per opporsi all'inventiva sfrenata, barocca, delle folle. Il razionalismo dei potenti diventa così rigido, altero, poco sensibile. Lo slittamento del razionalismo verso mentalità ristrette prosegue ancora oggi. L'architettura di Le Corbusier ad esempio, per quanto sia geniale, resta di una nudità fredda, accademica, intellettuale.

In filosofia, il razionalismo ha adottato il modo di procedere del positivismo o del naturalismo scientifico, in cui l'idea di legge scientifica si completa grazie all'esperienza della natura sensibile. Le cause finali sono sempre di più escluse dall'esplicazione del mondo[12], per la quale si considerano sensate solo le cause efficienti, che sono relativamente verificabili perché suscettibili di essere ripetute in laboratorio, nel mondo oggettivo dell'osservato. L'intelligenza scientifica può indagare sulle cause efficienti considerando i loro effetti. Le cause finali, al contrario, restano inaccessibili per definizione, poiché la loro presenza non può che essere attesa o immaginata, senza una dimostrazione razionale. Il razionalismo si associa così spontaneamente alle riduzioni che limitano il campo dell'intelligenza all'empirico osservabile. Non esiste per esso che il verificabile in laboratorio. Il mondo o la realtà è soltanto ciò di cui noi possiamo fare e facciamo effettivamente l'esperienza sensibile e misurabile.

Si comprende così perché i filosofi razionalisti hanno dapprima trovato alleati tra i principi di questo mondo, poi si sono progressivamente rivolti verso gli scienziati e l'empirismo. Il razionalista che vuole restare puro non si compromette, mentre i politici, necessariamente fautori di patteggiamenti, sono in linea di massima sospetti e perdono inevitabilmente un giorno o l'altro la fiducia che uno spirito ragionevole amerebbe loro accordare. La ragione però diventa allora aristocratica. Non ci si soffermerà più su quella alla quale i popoli partecipano naturalmente, ma si terrà conto solo di quella di cui i sapienti, capaci di condurre un discorso verificabile sulla natura (il che implica la messa a distanza di un primo discorso, spontaneo, su ciò che è, poi l'elaborazione di un discorso successivo, il quale a sua volta sarà da verificare, ecc.), assumono la responsabilità in nome di tutti quelli che non hanno né la competenza né la possibilità.

Cartesio, benché non sia un razionalista rigoroso, in conformità alla definizione che ne abbiamo appena dato, inizia il suo *Discorso sul metodo* dichiarando che «il buon senso è la cosa nel mondo meglio ripartita»[13]. Aggiunge però immediatamente che manca in generale il metodo per applicarla correttamente: «non basta un bell'ingegno; l'es-

---

[12] Vedi B. Spinoza, *Etica*, lo scolio che conclude la 1ª parte.
[13] R. Descartes, *Discorso sul metodo*, inizio della 1ª parte.

senziale è farne buon uso», conoscerne la «retta via». Questa retta via è quella che procede verso le «idee chiare e distinte», vale a dire le idee che, per Cartesio, coincidono con gli elementi essenziali della realtà e che esprimono così nel nostro spirito le verità elementari del mondo; in tal modo, «le norme che si impongono al nostro intendimento sono espressione della struttura intima dell'essere»[14]. Per Cartesio tuttavia, l'alfabeto del mondo è ancora interamente da costituire, e non sarà certamente di ordine soltanto empirico. Ma il razionalismo non avrà alcuna esitazione a fissare questo alfabeto a seconda delle scoperte dei suoi laboratori.

Il razionalismo, nella sua forma più comune secondo cui il mondo ha una struttura interna alla quale partecipa la ragione, o meglio: che rivela il dispiegamento e le operazioni di questa stessa ragione, spera e intende promuovere la pace. La ragione, che cerca in tutto l'unità o l'armonia, avrà una funzione di ordine metafisico ed epistemologico, che la pace realizzerà sul piano sociale e politico. Alcune ambiguità, però, nascono rapidamente da questa concezione. I fatti storici lo rivelano rendendoci attenti. Secondo questo schema, la pace può essere imposta alle popolazioni mediante l'uso delle armi o mediante la paura, dal momento che i filosofi cercano il loro influsso più presso i principi che nelle coscienze.

Uno schema di pace, classico, è alla base di queste idee: la pace è concorde, e vi è concordia là dove vi è ragione. La questione è però di sapere dove vi è effettivamente ragione. Sarebbe forse là dove regna una pace tranquilla? Tuttavia, la tranquillità imposta dalla paura delle armi e dalla forza del potere è di per sé ragionevole? Agostino ha definito la pace in una maniera che è considerata archetipica: essa è armonia, concordia. Ecco uno di questi testi, famoso a tale proposito: «La pace del corpo dunque è l'ordinata proporzione delle parti; la pace dell'anima irragionevole è l'ordinata pacatezza delle inclinazioni; la pace dell'anima ragionevole è l'ordinato accordo del pensare e agire; la pace del corpo e dell'anima è la vita ordinata e la salute del vivente; la pace dell'uomo posto nel divenire e di Dio è l'obbedienza ordinata nella fede in dipendenza alla legge eterna; la pace degli uomini è l'ordinata

---

[14] G. RODIS-LEWIS, *Descartes et le rationalisme*, p. 74.

concordia; la pace della casa è l'ordinata concordia del comandare e obbedire d'individui che in essa vivono insieme; la pace dello Stato è l'ordinata concordia del comandare e obbedire dei cittadini; la pace della città celeste è l'unione sommamente ordinata e concorde di essere felici di Dio e scambievolmente in Dio; la pace dell'universo è la tranquillità dell'ordine. L'ordine è l'assetto di cose uguali e diseguali che assegna a ciascuno il proprio posto»[15].

La pace, che è concordia e ordine, ha molto evidentemente qualche cosa a che vedere con la ragione. Ma la questione è di sapere con quale ragione. L'enciclica *Pacem in terris* di Giovanni XXIII evidenzia le conseguenze etiche dei principi di ordine e di concordia che sono la giustizia e la solidarietà[16], la forma di queste virtù etiche essendo di nuovo l'universalità, quella stessa che è propria della ragione. La pace, però, che promette la ragione è sostenuta dalla sola ragione autonoma e indipendente? E che cosa sarà questa ragione? La ragione sapiente e calcolatrice? È così sicuro? Per verificarlo ci soffermeremo ora su Kant ed Hegel, i due campioni della ragione moderna, sebbene in contrasto l'uno in rapporto all'altro.

Kant

Kant non è veramente un razionalista costante. Si è in effetti progressivamente distaccato da una ragione che si pretendeva puramente «illuminata»[17]. Il suo articolo del 1784, «Risposta alla domanda: cos'è illuminismo?», elogia certamente una ragione «adulta», ossia capace di camminare indipendentemente da ogni pedagogo, ma sottolineando anzitutto che questa ragione deve armarsi di coraggio poiché non trae alcuna evidenza da se stessa. Se la ragione «illuminata» giudica tutto da se stessa, non possiede un sapere universale innato. I suoi propri principi le sono d'altronde il più delle volte e per lungo tempo scono-

---

[15] Agostino, *La Città di Dio*, XIX, xiii, 1.
[16] Vedi n. 91-119 di Giovanni XXIII, *Pacem in terris*.
[17] Si sa che la pubblicazione del saggio su *Il male radicale* ha lasciato perplesso più di un lettore di Kant che voleva trovare in esso l'espressione più perfetta del razionalismo.

sciuti. Lo stesso articolo del 1784 propone inoltre delle osservazioni di ordine politico. Il principe costituisce in qualche modo il braccio secolare dei filosofi; questi pensano con ampiezza e profondità, e quello adatta le loro indicazioni alle condizioni temporali e locali, alle situazioni delle popolazioni che sono destinate ad obbedirgli. È in tal modo che la concordia o la pace civile potrà essere assicurata, afferma Kant. Occorre tuttavia che i filosofi stessi obbediscano in quanto non sono soltanto pensatori ma anche cittadini. Kant conclude pertanto la sua «Risposta» con questa ingiunzione colma di rispetto (o di adulazione) per il principe: «Soltanto colui il quale, illuminato egli stesso, [...] dispone di un esercito ben disciplinato e numeroso a garanzia della pubblica pace, può dire ciò che in una repubblica non potrebbe osarsi: *ragionate quanto volete e su quel che volete, ma obbedite!*»[18].

Questo testo è scritto con preoccupazione, sommessamente politica, opportunistica, per mettersi in buona luce col principe, per paura della sua violenza armata? Kant vi espone onestamente quale dovrebbe essere l'attività esatta del filosofo che si compromette nella città? L'idea sarebbe perlomeno questa, di una pratica completamente empirica: la forza dell'esercito appartiene al potere («Soltanto colui il quale...»); occorre dunque che questi sia illuminato; ma non può utilizzare la sua forza che nel solo contesto della vita pubblica; per tutto ciò che riguarda la ricerca e il lavoro propriamente accademico, è richiesto (negativamente) che egli lasci la libertà più grande, e che assicuri anche (positivamente) qualche protezione. Ecco quello che concerne alle strutture politiche in riferimento al lavoro serio della ragione. Kant, però, osserva anche, mettendosi dal punto di vista di un'antropologia empirica, che si lavora molto meglio intellettualmente quando l'ordine pubblico è assicurato; è, infatti, esperienza comune che «un minor grado di quella [libertà civile] procura [allo spirito] lo spazio per dispiegarsi secondo tutte le sue capacità»[19]. La bellezza della libertà intellettuale è così assicurata grazie alla tranquillità della ricerca che la ragione deve condurre, e dunque grazie al rigore dell'ordine civile, pubblico, di quelli che impediscono di turbarlo e, poco importa se qual-

---

[18] I. KANT, «Risposta alla domanda», p. 51.
[19] *Ibid.*

che non-intellettuale dovrà soffrire per una possibile ingiustizia strutturale dello Stato...

Il filosofo sa quale sia il costo del pensare. La sua tranquillità non toglie nulla alla sua ascesi. Dalla richiesta di un ordine pubblico che assicura la serenità della sua attività di pensare all'affermazione di un sapere che non sopporta l'antagonismo, la distanza non è però infinita! Di fatto, Kant non è troppo tollerante verso i colleghi universitari. Esige dal Re che egli non lo sia di più, che non accetti nelle istituzioni universitarie filosofi 'inautentici' che non si dedicano alla ricerca della ragion pura, ossia, in realtà, alla filosofia trascendentale kantiana. Il filosofo di Königsberg auspica dunque che il Re limiti il campo dei filosofi tentati dalla mistica o da qualche esaltazione, lo spazio concesso ad esempio all'insegnamento di Jacobi, e quello all'interno stesso dell'università poiché lo Stato deve garantirvi l'ordine e la tranquillità.

La «Prefazione» della seconda edizione della *Critica della ragion pura*, tre anni dopo il saggio «Cos'è illuminismo?», si fa ugualmente escludente. Christian Wolff, nonostante il grande rigore della sua logica che dà l'esempio di una filosofia modello, non può essere accolto tra i filosofi autentici; gli manca, infatti, il riflesso della critica delle sue proprie costruzioni nozionali, di modo che egli rischia tutto considerato di giocare con delle parole[20]. Intolleranza di Kant per i logici semplicemente formali, certi del loro sapere, ma di un sapere senza fondamento, senza conoscenza critica dei loro punti di partenza. Intolleranza di Kant nei confronti di tutti quelli che si pretendono capaci di superare i limiti della ragione, per i dogmatici di ogni sorta, i mistici, i sentimentali. Intolleranza di Kant verso gli scettici che, similmente ai dogmatici (i contrari sono dello stesso genere, diceva Aristotele), rinunciano a conoscere l'eccellenza della ragione critica e i suoi risultati sicuri. A queste intolleranze in senso opposto, corrisponde, invece, la tolleranza per tutto ciò che concerne la ricerca intellettuale intrapresa con il metodo trascendentale, soprattutto là dove il principio di contraddizione, con il correlato del terzo escluso (per il quale l'alternativa è stretta e senza storia o sviluppo tra il sì e il no, il

---

[20] Vedi la seconda prefazione della *Critica della ragion pura*, BXXXVI-XXXVII.

vero e il falso), non ha più la preminenza che gli accordava la scolastica aristotelica e wolffiana.

Uno scritto del 1796, «Annuncio della prossima conclusione di un trattato per la pace perpetua in filosofia», un testo polemico scritto contro il misticismo di Jacobi e dei suoi discepoli, espone l'idea di Kant con un tono che potrebbe sembrare stranamente umoristico se si considera lo stile abitualmente freddo dell'autore. L'uomo, ricorda Kant, è al tempo stesso corpo e anima; la filosofia gli fa quindi del bene poiché stimola la sua anima o la sua ragione. In effetti, si vede che, non appena la ragione si ridesta in se stessa, verifica i procedimenti della propria espansione; quando scopre i suoi errori, si sente indotta a lavorare con più prudenza e più metodo, ossia per mezzo dei soli concetti puri. La filosofia non è che l'esecuzione di questo programma austero, che Kant ritiene destinato a un progresso sicuro. Da questo punto di vista, la polemica scientifica «dovrebbe essere riguardata come una delle disposizioni benefiche e sagge della natura, la quale se ne serve per tentare di distogliere l'uomo dalla grande infelicità causata dalla decomposizione del suo corpo vivente»[21]. La stimolazione dell'anima o della ragione ringiovanisce il corpo! La polemica ha una ragione fisiologica! Detto ciò, si evidenzia che il bene dell'uomo esige più che una filosofia astratta della vita; il che vuol dire che la filosofia richiede circostanze concrete di esercizio. L'anima opera bene per l'interezza dell'uomo, ma a certe condizioni, quelle soprattutto della tranquillità e del rigore. Non basta stimolare gli spiriti per fare del bene all'uomo. Siamo realisti. «Deve essere perciò la polizia a vigilare affinché ad arrogarsi il diritto di consigliare quale filosofia si debba studiare siano medici abilitati e non semplici dilettanti che praticano da ciarlatani un'arte di cui ignorano i primi rudimenti»[22]. Che lo Stato ci protegga dai filosofi esaltati e che ci liberi affidandoci alla filosofia trascendentale! Il pensiero di Kant non conosce alcuno spostamento da questo punto di vista, tra il 1784 e il 1796, dunque durante tutto il periodo di creazione delle sue *Critiche*.

---

[21] E. KANT, «Annuncio dell'imminente conclusione», p. 278.
[22] *Ibid.*, p. 278.

La filosofia critica rende così pensabile, o possibile, «una prospettiva d'una pace perpetua tra i filosofi»[23], ogni posizione differente e contrastante essendo, di fatto, ridotta al silenzio...! Per condurre verso questa pace dittatoriale, la filosofia critica propone alcuni capisaldi più pratici che teorici[24]. «L'attitudine combattiva non è ancora [per il filosofo] la guerra; anzi può e deve piuttosto impedirla grazie al deciso prevalere dei motivi pratici sui motivi a questi contrapposti, assicurando quindi la pace»[25]. Ecco una dichiarazione filosoficamente corretta. Le ragioni pratiche evocate qui sono tuttavia meno quelle della *Critica della ragion pratica* che quelle di un potere governativo forte.

Hegel

Nel § 7 delle sue *Lezioni sulla filosofia della storia*, là dove l'esposizione passa dal Medio Evo alla modernità protestante, Hegel dichiara: «L'umanità ha raggiunto il sentimento della conciliazione reale interna dello spirito e una buona coscienza nella realtà che le è propria, nella mondanità. Lo spirito umano si è messo sui suoi piedi. Nel pervenire a questo sentimento di sé da parte dell'uomo non è insita un'insurrezione contro Dio; al contrario si mostra qui la soggettività migliore, che avverte Dio dentro di sé, è pervasa di autenticità e dirige la propria attività a fini universali di razionalità e di bellezza»[26]. Secondo Hegel quindi, l'uno' si realizza, al tempo stesso oggettivo e soggettivo, nel sentimento della presenza dello spirito a sé, agli inizi della Riforma e dell'Impero germanico. «Entriamo così nel periodo dello spirito che si sa libero, in quanto vuole ciò che è vero, eterno, universale in sé e per sé»[27].

---

[23] *Ibid.*, p. 280.
[24] La pace, per Kant, risulta dalla lotta dell'uomo contro le sue tendenze malvage. Essa è propriamente etica. Il sapere non è la fonte di una tale pace; offre soltanto i propri servigi alla sua realizzazione assicurando il momento critico della sua condizione; vedi F. MARTY, «Paix et horizon critique chez Kant».
[25] E. KANT, «Annuncio dell'imminente conclusione», p. 281.
[26] F. HEGEL, *Lezioni sulla filosofia della storia*, p. 334.
[27] *Ibid.*, p. 337.

Il periodo cui si riferisce Hegel è certamente quello della modernità protestante, ma è anche, più concretamente, quello dello Stato prussiano della sua epoca, esposizione oggettiva dello spirito soggettivo riconciliato con tutte le sue figure.

Tali pretese, espresse anche in modo brutale, si mostrano immediatamente violente. Attribuire a una nazione particolare, alla sua geografia e alla sua storia determinate, non soltanto l'incarnazione ma soprattutto il compimento finale dell'uno' nel quale lo spirito universale riconosce il suo orizzonte più proprio, è tanto risibile quanto inquietante. L'Europa ne ha d'altronde sofferto abbastanza durante il XIX e il XX secolo. L'idea secondo cui la storia sia malgrado tutto arrivata al suo termine è stata ripresa recentemente dai sostenitori del neoliberalismo contemporaneo. Supponiamo che la storia del mondo vada verso l'uno, ideale dello spirito, e che questo uno sia infine realizzato in una particolarità storica che, si dirà, ne prenderà coscienza e si pretenderà con ciò depositaria della razionalità universale, questa particolarità storica non potrà che cancellare tutte le altre che non si identificheranno con essa e che contesteranno anche l'apparizione in essa dell'uno. Queste altre particolarità dovranno essere ricondotte alle categorie sprezzanti dell'irrazionale, di una umanità inferiore.

La critica di questa pretesa, anche se, soffocata da un tale orgoglio, manca di argomenti di ragione, sarà animata in primo luogo dal buonsenso, ossia dal rispetto per l'altro, per la sua storia e per la sua cultura. Per criticare Hegel, Adorno ha cercato tuttavia argomenti che vanno al di là del buonsenso e che si collocano sul piano stesso della razionalità. Secondo la lettura del filosofo di Jena da parte del filosofo di Francoforte e discepolo di Alban Berg, «ciò che riluce, come se fosse al di sopra degli antagonismi, coincide con l'universale irretimento. L'universale provvede affinché il particolare assoggettato non sia migliore di lui. Questo è il nucleo di tutta l'identità prodotta sino a oggi»[28]. L'universale è un destino per la ragione, l'espressione della sua essenza più propria. Hegel lo individua però nell'Impero germanico e protestante. Ne consegue inevitabilmente che gli individui non compresi in questo universale individuato dovranno sottostare alla sua vo-

---

[28] Th. ADORNO, *Dialettica negativa*, p. 278-279.

lontà di mantenerli nel loro ruolo come momenti del suo proprio svolgimento. Tuttavia se gli individui non sono che accidenti particolari e contingenti soggetti ad un universale che si manifesta in essi, l'universale stesso apparirà a questi individui sotto una forma inevitabilmente particolare; gli individui se ne proteggeranno dunque, difendendosi il più possibile. «Guardare negli occhi la supremazia dell'universale nuoce psicologicamente al narcisismo di tutti i singoli e a quello della società organizzata democraticamente, e diventa intollerabile. Scorgere l'egoità come inesistente, come illusione, spingerebbe facilmente la disperazione oggettiva di tutti in quella soggettiva e toglierebbe loro la fede, inculcata dalla società individualistica, che essi, i singoli, sarebbero il sostanziale»[29].

Lo Stato che consacrasse in sé l'uno toglierebbe, appropriandosene, ai suoi cittadini la coscienza della loro propria consistenza; sarebbe lo Stato totalitario denunciato da Hannah Arendt. Da qui il ribaltamento che provoca nei cittadini una tale esposizione particolare dell'universale, il sorgere in essi di un'angoscia senza limite. Quest'angoscia provocherà la lotta degli individui contro lo Stato che vorrà imporsi a tutti e arrestare quelli che potrebbero sfuggirgli. L'individuo reale, costretto a sottomettersi all'universale-particolare, che è lo Stato e la sua potenza totalitaria senza riguardi per ciò che è al singolare, innalzerà allora barricate contro l'usurpatore.

Secondo Hegel, lo Stato ha diritto al totalitarismo. Per la *Fenomenologia dello spirito*, «il cattivo consiste nell'aver cura di sé come singolo»[30]. Il male è identico alla finitezza che si rinchiude in se stessa. La filosofia, quando non conosce che l'idealità più degna della natura umana, la più propria a salvare l'uomo da se stesso promuovendo il suo bene, impone di non riconoscere il finito come un essere vero; conta solo l'universale. Gli individui non saranno che strumenti per l'avvento di questo universale. L'essere vero del finito, secondo Hegel, è fuori di esso, nell'universale per il quale dovrà sacrificarsi, in realtà nello Stato in cui dovrà scomparire.

---

[29] *Ibid.*, p. 279.
[30] F. HEGEL, *Fenomenologia dello spirito*, t. II, p. 75.

Ne deriva quindi una vera e propria apologia della guerra: «La guerra ha il superiore significato per cui, mediante essa [...], la salute etica dei popoli viene mantenuta nella sua indifferenza contro il consolidarsi delle determinatezze finite»[31]. La guerra, il negativo nel quale tutti si uniscono senza che nessuno possa rifiutare di perire, apparterrebbe all'ideale hegeliano della ragione. πόλεμος πάντων μὲν πατήρ ἐστι, diceva Eraclito; la stessa idea ritorna in Hegel. Essa percorre tutta la *Fenomenologia dello spirito*. «Lo spirito è la forza dell'intiero, la quale riconduce insieme quelle parti nell'uno negativo, dà loro il sentimento della loro dipendenza e le mantiene nella consapevolezza di avere la loro vita soltanto nell'intiero»[32]. O ancora: «Agli individui che [...] si distaccano dall'intiero e anelano all'invulnerabile essere-per-sé e alla sicurezza della persona, il governo deve dare a sentire con quell'imposto lavoro [che è la guerra] il loro padrone, la morte»[33]. La pressione dello Stato che trascina i suoi cittadini restii alla morte in guerra permetterebbe loro, si immagina Hegel, di riafferrare la loro universalità o la loro verità nella volontà stessa dello Stato, loro residenza naturale, essendo condannati a morte dagli ordini di questo stesso Stato.

La presentazione che abbiamo fatto di Hegel può ritrovarsi in numerosi dei suoi interpreti; non manca di conferme nei testi, come è stato possibile scorgere. Essa può tuttavia essere sfumata. Secondo la 'piccola' tesi che Éric Weil pubblicò nel 1950, *Hegel et l'État*, Hegel non è semplicemente il filosofo che riassorbe i particolari nel tutto che sarebbe lo Stato prussiano. Certamente, egli ha parlato di questo Stato come se presentasse la forma perfetta di tutta l'umanità e di ogni Stato, ma occorre situare questo discorso nel suo contesto storico. Innanzitutto, un filosofo non è come un villico, un uomo di azione; il suo scopo non è di prendere posizione sui problemi del giorno e agire di conseguenza, ma di dare all'atto politico un fondamento di ragione. Peraltro, un filosofo non è più coraggioso di un altro cittadino per il solo fatto di essere filosofo, né più chiaroveggente; Hegel ha probabilmente cercato di non esporsi troppo a inutili contrarietà al fine di vivere tranquillo e con ciò di pensare me-

---

[31] F. HEGEL, *Lineamenti di filosofia del diritto*, § 324.
[32] F. HEGEL, *Fenomenologia dello spirito*, t. II, p. 14.
[33] *Ibid.*, p. 15.

glio, secondo le istruzioni date da Kant nel testo del 1796 di cui abbiamo già parlato. Tutto ciò contribuisce ad eliminare la brutalità della tesi secondo cui Hegel si considerava veramente, coscienziosamente, al servizio dello Stato prussiano di cui identificava la realtà al concetto razionale dell'universale concreto in cui questo Stato avrebbe avuto accesso al puro fenomeno e allo splendore della verità universale. Questa tesi, certamente presente nella lettera dei testi hegeliani, non sarebbe per Weil che un riflesso dell'opportunismo del suo autore.

Hegel ha d'altronde affrontato il problema politico in modo diverso dall'inserirlo tra i poli dialettici del singolare e dell'universale. In effetti, egli vede talvolta lo Stato e il politico in relazione alla passione e alla ragione. Secondo Weil, «è possibile che la ragione non possa nulla senza la passione; [...sarà quindi sempre utile] domandarsi quali sono i rapporti tra la passione e la ragione, questione che appartiene essa stessa all'ambito della ragione»[34]. Certamente, la *Filosofia del diritto* offre dello Stato una immagine degna dei manuali e delle critiche classiche secondo cui la ragione hegeliana si incarnerebbe nello Stato prussiano. L'uomo non è però soltanto ragione o realtà razionale; è anche apparenza, e la sua razionalità non è pura. Da qui il problema: come integrare alla ragione ciò che, nell'uomo, resiste alla pura razionalità? In linea di massima, ciò che manca di razionalità è ad ogni modo chiamato a divenire più razionale. La passione è così chiamata, anch'essa, alla razionalità, senza esservi soppressa nel senso che l'uomo razionale potrebbe assorbirla interamente soddisfacendola e finire col perderla.

Il problema sembra prendere allora per Hegel una piega nuova, educativa piuttosto che sistematica nel senso di speculativa. Si tratta per lui di educare i cittadini, di formarli alla razionalità senza per questo che essi perdano ciò che resiste alla razionalità stessa, per lo meno alla razionalità onnipotente che si manifesta o si fenomenizza in uno Stato perfettamente amministrato. D'altronde, tutto ciò che è nella storia, il contingente pertanto, deve essere condotto verso una razionalità che non distrugge nulla. L'uno non distrugge i particolari che oltrepassa; esso li sottomette mantenendoli in sé. L'*Aufhebung* non è soltanto negazione distruttrice; è anche integrazione. Hegel sa insistere perché lo Stato prussiano non

---

[34] É. WEIL, *Hegel et l'État*, p. 10.

fraintenda sull'essenza della sua missione. Per puntellare la sua tesi, Weil cita questo passaggio di Hegel: «L'uomo più laido, il criminale, lo storpio e il malato sono ancora uomini vivi; la vita, il positivo, dura malgrado il difetto, e si tratta qui di questo positivo»[35]. L'universale concreto non è senza la vita, la quale integra i finiti senza distruggerli, senza spingerli verso il nulla. Si potrebbe dunque pensare che lo Stato rinuncerà a condannare a morte i suoi cittadini riottosi, poiché ciò non garantisce affatto la sua potenza. L'universale di vita non sarà, effettivamente, mai fatto, terminato, finito in questo senso. La positività di cui Hegel parla nella nostra ultima citazione dovrà servire da guida, da norma, per una pedagogia che raddrizzerà o darà coraggio a ciò che non è del tutto retto.

Il cammino hegeliano verso la positività della vita è ampio e più che di sola ragione pura. Weil sottolinea che non è soltanto un'ascesa verso l'universale, ma anche una discesa verso i singolari. Il processo comincia, infatti col considerare il diritto e con l'esporne la coerenza razionale; passa quindi alla morale formale, di ordine kantiano, poi alla morale concreta, ossia alle tradizioni viventi e ai contenuti sociali dei differenti popoli reali; sfocia infine sullo Stato che integra tutto ciò senza riassorbire la storia di ciascuno nella forma astratta e *a priori* del diritto presentata all'inizio del percorso. Non vi è, infatti, uno Stato reale e tollerabile se non nel rispetto per le persone, le loro storie e le loro lacerazioni. Tale è il vero cammino che orienta rettamente in direzione dell'universale concreto in cui si raccolgono le singolarità. «La politica è la scienza della volontà ragionevole nella sua realtà efficace, la scienza della realizzazione storica della libertà, della realizzazione positiva della negatività»[36]. Tra l'universale e il singolare però, quale sarà la mediazione reale?

I Tempi Moderni conoscevano quindi tensioni enormi alle quali i filosofi hanno prestato attenzione. Da una parte, gli Stati centralizzati iniziavano a mettere i loro contrassegni, ma d'altra parte le individualità rivendicavano anche il rispetto della loro autonomia. Paul Ricœur aveva notato i pericoli di una verità che si enuncia pretendendola unica e definitiva[37]. Noi abbiamo osservato in Kant e in Hegel che questi pericoli

---

[35] *Ibid.*, p. 29, che cita F. HEGEL, *Lineamenti della filosofia del diritto*, § 258 (Aggiunta, p. 358).
[36] É. WEIL, *Hegel et l'État*, p. 36.
[37] P. RICŒUR, *Storia e verità*, p. 216-222.

non sono vani. La ragione è fatta per l'uno. Essa ha tuttavia una storia. Il suo modo di intendere l'uno ha subito variazioni nel corso della storia. Per l'Antichità, l'uno è un'idea data *a priori* e da pensare in maniera contemplativa. Da qui i dibattiti del *Parmenide* di Platone. Con la modernità, l'uno è da costruire, sotto la responsabilità della ragione. L'uno antico, benché sia dato prima di ogni procedimento del pensiero, non si impone tuttavia ad esso ma si lascia riconoscere. L'esperienza filosofica antica è quella di una meraviglia dinanzi a questa apparizione dell'uno, nel cuore stesso dell'atto di pensare, nella coscienza che il pensiero ha di pensare, di essere un λόγος in accordo, persino in comunione, con il λόγος originario. Per la modernità, l'esperienza filosofica è quella di una molteplicità di cose di cui si mostrerà la coerenza secondo le norme dell'argomentazione matematica che la ragione conosce per mezzo delle proprie forze. È così che nasce il razionalismo. La ragione è divenuta la misura di ogni cosa. Essa non è più soltanto il λόγος, ma diviene la ragione calcolatrice che sa di avere ragione e ne mostra il perché[38]. Questa ragione tentata spesso dall'esclusione di ciò che essa non può inglobare e ridurre in sé, rischia allora di fare violenza: essa intende soltanto ciò che decide di intendere e disprezza il resto.

La ragione moderna vuole resistere alla violenza delle passioni, ma spesso si sottomette anche ad altre delle sue forme. La violenza della ragione razionalista deriva dalla sua esclusività, dal suo rifiuto di accettare come vero ciò che non può raggiungere. Essa pretenderà che la sua verità sia assoluta, eterna, risolutiva di tutto, una verità forte che fa il vuoto intorno a sé. La polizia la proteggerà (Kant), ed essa condannerà a morte quelli che la rifiuteranno (Hegel).

In che modo la ragione è potuta arrivare a questo? È la pratica della potenza del verbo che l'ha spinta in direzione della modernità, trascurando le interpretazioni che ne dava l'Antichità. L'occasione di questa trasformazione è stata data dalla nascita e dallo sviluppo del nominalismo fin dall'XI ma soprattutto nel XIV secolo, in un contesto teologico in cui si cercava come stabilire il senso di una proposizione che aveva una intenzione realistica per il teologo, ma non per la nostra sensibilità immediata. Si potrebbe concludere dal dibattito teologico che le nostre

---

[38] Vedi M. HEIDEGGER, *Il principio di ragione*.

parole hanno una potenza autonoma; non è indispensabile che la loro capacità logica mostri fatti sensibili. Esse sono capaci di creare mondi. Per l'Antichità, la verità era *a priori*, al massimo da riconoscere; per la modernità essa è da elaborare, e pertanto più sicura, più manifesta. La pratica della ragione conosce allora un principio uno abbastanza forte e convincente, soprattutto quando filosofi come Kant ed Hegel se ne appropriano. Rari sono tuttavia i pensatori di tradizione occidentale che chiederanno oggi alla polizia o a qualche inquisizione di proteggere la verità, o che esigeranno la morte degli individui perché essi sprofondino nella verità. Il che non impedisce che viviamo un processo di unificazione del mondo mediante la globalizzazione economica, un'eredità diretta della modernità la cui unità è gradevole sotto certi aspetti, ma spesso drammatica sotto altri, una unità che la filosofia ha ora il dovere di considerare in se stessa.

CAPITOLO V

LA RAGIONE GLOBALIZZANTE

La ragione, di cui la Grecia ha manifestato la potenza, è fatta per l'uno. Essa cerca di comprendere ciò a cui accede o che si presenta mettendo in opera modelli di lettura che riducono tutte le realtà in forme comuni o imponendo loro nozioni generali, strutture statiche e identiche. Interpreta così inevitabilmente ciò cui si accosta in funzione del proprio orientamento verso l'uno, cercando in definitiva di diventare esclusiva di ogni modello che non nasca dal sapere che essa ha riflessivamente della propria potenza, costringendo eventualmente ciò che sa di ignorare affinché questo vi si possa inserire. I modelli mediante i quali i Lumi intendono l'essenza della ragione ne rendono testimonianza; la ragione si lascia investire da una volontà di potenza che si impossessa di tutto organizzando sistemi considerati capaci di includere ogni cosa, ma che distruggono al varco gli esseri singoli, o che allontanano ciò che resiste o che non corrisponde alle possibilità offerte dalle sue chiavi di interpretazione. La ragione giunge così a 'violentare' le singole realtà, le coscienze personali, come si vede nell'eredità marxista-leninista dell'idealismo hegeliano, come pure in alcuni aspetti della globalizzazione contemporanea.

La prima sezione di questo capitolo mostrerà su quali forme di universalità si articola l'idea di globalizzazione. Nella seconda, ci chiederemo se l'impatto attuale della globalizzazione non stia eliminando il meglio di ciò che l'Occidente ha potuto mettere in luce, ossia il senso della persona e della sua dignità. La terza sezione richiamerà l'attenzione su un punto decisivo: la globalizzazione, cancellando il ruolo delle mediazioni, suscita desideri dell'immediato, incrementando così i rischi di violenza.

Globalizzazione e universalizzazione

Distinguiamo innanzitutto tra 'globalizzazione', 'mondializzazione' e 'universalizzazione'. Quest'ultimo termine, che si basa sulla parola 'universale', indica un percorso della ragione che, muovendo dalle cose particolari, vede come queste ultime si volgono da se stesse verso l'uno, o sono colte dalla ragione in modo tale che questa scorge in esse il loro orientamento verso l'uno. La parola 'universale' applicata alle cose indica, in effetti, il loro orientamento verso l'uno. I diritti dell'uomo, per esempio, sono universali perché ciascuno li porta in se stesso; definirli universali significa costringersi a individuarli in ciascuno. La ragione riconosce questo orientamento delle cose per la sua stessa natura; essa stessa tende verso l'uno e non può percepire nulla all'infuori di questa tensione dal momento che tutto ciò che vede al suo orizzonte è colto a partire dalla sua apertura al tutto; senza la sua tensione verso l'uno che è tutto, la ragione non coglierebbe nulla e non potrebbe neanche sapere che è capace di comprendere, almeno un po', ciò che è. Tutto ciò che essa percepisce sarà dunque visto ugualmente in tensione verso questo stesso uno. La parola 'universale' segnala dunque il movimento immanente alla ragione e alle cose comprese dalla ragione. Questo movimento orienta tutto verso un luogo comune, senza tuttavia che la specificità di ciascuno vi si perda. Ogni cosa particolare, come anche la ragione, è così considerata in quanto non si rinchiude in se stessa, in quanto dimora in essa una tensione che, dall'interno di se stessa, la schiude al di là di se stessa, verso ciò che essa non è, verso la forma universale.

La forma attiva o dinamica dell'universale si rivela nella struttura stessa di qualsiasi affermazione o proposizione vera o falsa. Il predicato in quanto predicato mette, effettivamente, in evidenza l'essenza più dinamica di ciò che è. Nella proposizione più semplice, alla base di tutte le altre, il predicato è essenzialmente un universale, un termine che vale ugualmente per altri ('uomo' nella proposizione «Socrate è un uomo» ad esempio[1]). Questo universale può concernere il soggetto grammaticale in tutta la sua sostanza, di cui esso enuncia una caratteristica immanente anche prima che possa essere considerato come una delle sue determinazioni astratte e valide ugualmente per altri soggetti. Dire: «La strada è larga», equivale ad affermare che questa strada ha un

---

[1] Si riconoscerà qui ciò che Aristotele diceva delle sostanze seconde nelle sue *Categorie* V (2a17-19), che danno origine ai predicati proposizionali.

senso intrinseco che tale predicato rivela situandola interamente (ma senza precisione, ad esempio, per quanto riguarda la sua lunghezza, la sua larghezza, ecc.) tra tutte le cose che sono ugualmente larghe, e anche tra tutte quelle che essa non è (per esempio: «Il suo cuore è largo»). La capacità che ha una cosa di essere integrata in un gruppo in cui essa si troverà con altre in vista di divenire intelligibile grazie a un predicato comune, essendo questa capacità immanente o secondo la sua natura, indica la sua apertura naturale al di là di se stessa, all'universale. La modalità specifica del predicato verrà successivamente a precisare o limitare l'ampiezza di questa apertura in un insieme particolare di cose simili (dire: «la strada è larga», è distinguere la strada da tutto ciò che sarebbe stretto, per esempio da una mentalità stretta).

Quando io dico «Pietro è un uomo», il predicato universale 'uomo' definisce una caratteristica che appartiene a tutto ciò che è Pietro, la sua testa, il suo cuore e i suoi piedi, la sua carne e la sua intelligenza, la sua ragione e i suoi sentimenti. Se io dico, al contrario, «Pietro è stanco», la parola 'stanco' non varrà forse per tutto ciò che è; certamente, lo collocherà tra tutte le cose che sono dette stanche – la parola 'stanco' è dunque un universale –, ma potrebbe accadere che la stanchezza di Pietro sia soltanto fisica, la sua acutezza intellettuale essendo, al contrario, molto viva. La parola 'uomo' enuncia così un universale essenziale, e la parola 'stanco' un universale accidentale. Si verifica questa distinzione con esempi abbastanza facili. Se io dico che «Pietro non è un uomo», la parola 'uomo' non varrà più per Andrea o per Maria che sono della stessa natura di Pietro; ma se io dico «Pietro non è stanco», ciò non cambia nulla al fatto che Andrea e/o Maria possano esserlo. Si può trarre da questa rapida osservazione una conclusione importante: la ragione umana è capace di costruire termini che non sono semplici astrazioni che si potrebbero considerare come aspetti del tutto generici del loro soggetto, perché essi riguardano realmente il soggetto intero, nella sua singolarità. L'universale può dunque non misconoscere i singolari[2]: sarà allora ad essi essenziale, mettendo in evi-

---

[2] Ci ispiriamo qui al vocabolario forgiato da Maurice Blondel (*Itinerario filosofico*, p. 65-67), che distingue l'universale (che include le cose singole) e il generale (che le astrae o non ne tiene conto); è singolare ciò che reca in sé tutto l'universale; è, al contrario, particolare la parte di un tutto. Un concetto è universale, una nozione è generale.

denza il movimento interno che scaturisce dal cuore delle cose, il loro dinamismo immanente di apertura a ciò che essi non sono: vediamo in questo dinamismo un aspetto della loro ἐνέργεια interna. Questa universalità caratterizza ciò che si chiama molto rigorosamente un concetto, che noi distinguiamo da una nozione, la quale è costruita secondo un'astrazione puramente privativa, lasciando da parte tutte le caratteristiche proprie di ciò che è, soprattutto la sua energia immanente che la connette ad altre per mezzo dei fenomeni che i suoi predicati denominano.

Con il termine 'mondializzazione', si intende la parola 'mondo', ossia l'immensa varietà dei popoli che compongono la nostra umanità e con i quali noi viviamo in una stessa dimora. Il vocabolo 'mondo' segnala, infatti, un luogo di vita e tutto ciò che vive in esso; ma per ciò stesso, il mondo appare costituito dall'intreccio delle intenzioni (o delle aperture, diciamolo subito) di tutto ciò che vi si trova effettivamente. Si parla in questo senso del mondo degli artisti, del mondo degli affari, del mondo dei sognatori, ecc. La fenomenologia recente ha approfondito singolarmente questa idea di mondo[3], mettendo in evidenza tuttavia che questo concetto ha un aspetto *a priori* in rapporto all'obiettivo di ciascuno, artista, industriale, poeta; infatti, nessuno costituisce il suo mondo da sé solo, ma con altri. Il termine 'mondo' non avrebbe senso se non implicasse questo 'con', una relazione che non dipende da ciascuno di quelli che vi si trovano riuniti ma che li precede tutti rendendo possibile appunto il loro essere in relazioni effettive, o ciò che si potrebbe chiamare la loro persona, distinguendo questo termine da individuo[4]. Il vocabolo 'mondializzazione' può riecheggiare questo concetto di 'mondo', quantunque molto spesso lo si confonda con il termine 'globalizzazione' di cui tratteremo tra breve. È grazie alla mondializzazione che si può andare da un punto all'altro della nostra terra arricchendo il nostro essere personale.

Nel termine 'globale' si tengono in minor conto le singole persone

---

[3] Vedi per esempio Heidegger, Merleau-Ponty, ecc.

[4] La persona è in relazione con altre persone, esercitando in questa apertura il suo atto di essere. L'individuo, parola la cui radice significa «che non si divide», è, al contrario, centrato su se stesso. La libertà è nella sua radice individuale, ma il suo esercizio è personale.

La ragione globalizzante

che lo sfondo delle loro relazioni, coerente e sistematico, ben stretto e persino chiuso su di sé alla maniera del cuoio di un pallone da football, di un globo. Il vocabolo 'mondo' denotava già una apriorità delle relazioni; ma il termine 'globale' sottolinea una maniera astratta di percepire il mondo, la sua logica immanente e senza considerazione per le persone che vengono in rapporto. L'apriorità della globalizzazione impone d'altronde come conseguenza che le persone devono piegarsi alle sue norme, perdere così qualche cosa della loro personalità, diventare degli individui[5]. La parola 'globalizzazione' indica, effettivamente, che tutti gli elementi che intervengono sono interconnessi gli uni agli altri, tale interconnessione determinando assolutamente questi elementi e non l'inverso. La globalizzazione astrae così le persone interconnesse nella mondializzazione e impone loro una maniera unica di essere o di fare, una modalità globale e povera in umanità.

L'universale fa apparire il carattere essenziale del predicato appartenente alle persone che si volgono verso l'uno senza perdere nulla di se stesse. Il termine 'globalizzazione' sottolinea, al contrario, che le relazioni tra le cose sono in movimenti strettamente definiti e che gli individui ne dipendono interamente, trascinati dal flusso di questi legami. Per l'universale, vi sono due punti di ancoraggio, la persona come tale e ciò che fa che essa sia nella sua essenza in comunione con altri (Pietro e Maria sono ciascuno e tutti e due uomini). Inversamente, un mondo globale non ha alcun centro, se non puramente ideale, l'idea del centro del globo, un centro che non appare, che non ha alcuna funzione visibile alla superficie in cui il sistema funziona. Il centro del globo è indotto considerando che sono *a priori* coerenti tutte le relazioni che in esso ruotano le une sulle altre, ma non ha alcuna importanza per la costruzione di queste relazioni. Ne avrebbe se si potessero dedurre queste relazioni a partire dal centro, che permane invisibile, in modo che si possa dire che il centro avviene come fenomeno alla superficie del globo. Non accade però così. D'altronde, un globo può es-

---

[5] La distinzione tra «persona» e «individuo» è classica ed essenziale. La persona è caratterizzata dalle sue relazioni con altri, dunque da un movimento in qualche modo estatico che nasce da se stessa, dalla sua essenza in quanto persona. L'individuo, che non si divide, come evidenzia l'etimologia del termine, è, al contrario, centrato o ricurvo su di sé, incapace di uscire da sé, quale la monade senza porta né finestra di leibniziana memoria.

sere tondo come un pallone da football, ma anche ovale come quello da rugby; tutto dipende dalle modalità di relazione che intercorrono tra i punti della superficie.

La globalizzazione, che appartiene ai modi della generalizzazione nozionale piuttosto che a quelli dell'universalizzazione concettuale, è tipica della nostra epoca, che tuttavia riesce a volte a correggere ciò che è troppo piatto, superficiale, nel villaggio globale. Il villaggio globale è tutto in superficie, una superficie perfetta in cui non si intravede alcuna asperità, che sarà livellata se mai se ne presenti una. Ugualmente per la postmodernità, il mondo non conosce alcun centro, alcun criterio ultimo di sapere, alcuna ragione prima che stabilirebbe le determinazioni di ciò che è. Esso conoscerebbe soltanto differenze instabili, rinvii vicendevoli e indefinitamente incrociati, disseminazioni senza principio né fine. Il termine 'globalizzazione' suggerisce l'impossibilità di conoscere in maniera sicura le differenze che sono reali tra le cose, probabilmente perché il suo centro è inaccessibile o invisibile; ecco d'altronde perché colui che si avventurerà a criticare questa situazione dinanzi ai fautori della globalizzazione verrà trattato da essi come insensato. Ogni elemento che si trova nella struttura funzionale del mondo globalizzato è collocato in rapporto ad altri, in un sistema che funziona regolarmente in modo indefinito, che è composto con essi essendo «differito»[6] da se stesso, e ciò nel grande movimento che costituisce la superficie dello sfondo. La globalizzazione aggiunge tuttavia alla postmodernità il rigore dello sfondo, almeno nel senso in cui la prassi calcolatrice e finanziara determina quali relazioni, provvisorie ma possibili, saranno favorevoli per un'attività di produzione che avrà un successo commerciale; la postmodernità tende piuttosto a negare ogni intelligibilità alle relazioni; ad approvare così un nichilismo noncurante, ogni posizione (nel senso di 'porre' qualche cosa con qualche criterio [positivista?] suscettibile di far riconoscere da tutti questa posizione) essendo considerata limitante e illusoria. Per esempio, la globalizzazione ritiene che le strutture economiche contemporanee costituiscano forze rigide che si impongono agli individui senza lasciar loro alcuno spazio di scelta, il che si

---

[6] Nel senso che Derrida dà a questo termine nella sua conferenza «La différance».

La ragione globalizzante

oppone con risolutezza ai principi dei postmoderni difensori di una libertà tanto autonoma quanto indipendente.

La globalizzazione è così, al tempo stesso, l'alleata e la nemica della postmodernità. Questa eredita, in buona parte, dall'esistenzialismo di cinquant'anni fa, il rifiuto delle forme comuni che, secondo la prospettiva scientista, precederebbero le realtà singolari; quella, al contrario, replica l'essenzalismo dei razionalisti o degli scientisti recenti. Il progetto globalizzante sarebbe di fatto, in un vocabolario preciso, più generalizzante che universalizzante. La generalità caratterizza il genere che, nell'*Isagoge* di Porfirio, è acquisito per astrazione dalle specie, dalle loro differenze specifiche, da ciò mediante cui gli elementi non possono essere confusi gli uni con gli altri. Questo processo di astrazione produce le nozioni generali. La generalità induce così alla confusione, alla perdita delle singolarità. L'universale ha cura, invece, di valorizzare l'energia che dimora negli elementi orientandoli gli uni in direzione degli altri, e tutti insieme verso un orizzonte comune. Le tre 'M.' (Mickey Mouse, McDonald e Microsoft) che invadono il mondo per il suo piacere più che per la sua felicità costituiscono fenomeni evidenti di una cultura globale e impersonale che, generalizzando, impone comportamenti identici e identitari, spersonalizzanti, ai quattro angoli del mondo, e quindi strutture mentali in cui si riconoscono maniere imperialistiche nel senso che Galtung dava a questa parola, senza che esse nascano dal cuore della gente e dalle loro iniziative originali. Le tre 'M.' sono altrettanti colpi di mano che eliminano l'originalità delle persone imponendo loro forme di comportamento generale che ignorano la loro realtà, la loro storia culturale soprattutto. Non vi è qui colpa originale. L'opera che ora leggete è stata compiuta con l'aiuto della tecnica di Microsoft! Non è però la tecnica informatica che scrive questo libro, è l'autore, io...

L'Occidentalità dimenticata

La globalizzazione ignora le mediazioni culturali proprie delle differenti nazioni. La sua origine storica le dà il suo contrassegno più evidente. Essa deriva da un nuovo mondo in cui le politiche non si

Violenza e compassione: saggio sull'autenticità d'essere

preoccupano del peso delle tradizioni storiche. È vero che i fondatori degli Stati Uniti contemporanei sono sfuggiti all'Europa delle guerre della prima metà del XX secolo. Essi non hanno cercato di trasmettere ciò che avevano lasciato dietro di sé, adoperandosi, al contrario, a cancellarne le tracce nella loro vita, tutti i loro ricordi. Questa origine storica, o piuttosto astorica, della globalizzazione le dà una sfumatura di violenza, tanto più che gli Stati Uniti sono divenuti, per qualche tempo ancora, l'unica potenza capace di intromettersi in tutto ciò che avviene nel mondo. La globalizzazione lascia così apparire una forma particolare di potere su quanti le sono assoggettati. Non tutti gli assoggettamenti sono violenti, come avviene ad esempio quando una persona ha bisogno di un'altra per la sua propria crescita, o per vedere più chiaro nella sua vita. L'assoggettamento diviene però violento quando il potente approfitta della debolezza o della ingenuità dell'assoggettato, o della sua forza minore, per impossessarsi dei suoi gusti, per rimodellare la sua storia, per manipolare la sua libertà. Quando si proviene da un mondo nuovo senza storia, c'è da essere sicuri che non verrà presa in considerazione la storia dei paesi invasi. Vediamo qui presentarsi come fenomeno la definizione della violenza che abbiamo proposto nel III capitolo di questo libro.

In un'opera recente, *La Pace con mezzi pacifici*, John Galtung distingue tre tipi di violenza: la violenza culturale degli intellettuali, la violenza strutturale dei commercianti e la violenza diretta dei militari. Ogni volta, il popolo dei senza voce si assoggetta e fa le spese dell'operazione. La globalizzazione propriamente detta non è evidentemente diretta o militare (sebbene la presenza degli eserciti americani ovunque non fa che influenzare i suoi sviluppi), e neppure culturale o intellettuale; essa si impone piuttosto in maniera deculturata e sorniona; il che è proprio della violenza strutturale. Essa si prende gioco dell'anima dei popoli esacerbando i desideri più comuni a tutta l'umanità, quei desideri naturali che sono la ricchezza, il potere e gli onori. I decisori che si preoccupano di estendere la globalizzazione per meglio ricavarne il massimo di benefici si collocano a questo livello dei desideri di base, che analizzano e manipolano con modalità tecnica, lontano dai controlli politici e dalle strutture democratiche. Gli oggetti che essi cercano di imporre al commercio risponderanno a quei desideri elementari, buoni per tutto il mondo, ossia senza essere configurati in funzione delle opzioni originali degli uni e degli altri; essi si indirizzano a un uomo povero in umanità e in valori spirituali, all'uomo comune nel senso di banale. I decisori influenzano i desideri elementari; i loro innegabili successi attirano allora nuovi potenti, per esempio banchieri capaci di stanziare crediti che demoltiplicano la potenza delle economie redditizie di produzione di beni, essenzialmente superficiali. A beneficio però di chi[7]?

La globalizzazione non è culturale o intellettuale ma strutturale diceva Galtung. Con ciò si intende significare che essa nasce dalle tensioni interne alle società. O piuttosto si dovrebbe dire che le rispecchia, essendo le prime tensioni tra i gruppi dei ricchi e dei poveri. La globalizzazione accentua l'appartenenza dei ricchi ai gruppi dei decisori ma resta problematica sul piano dei poveri e delle libertà, che spesso divengono ancora più poveri e meno libere. Le ricchezze, per esempio in competenza tecnica di alto livello, si trasferiranno dai paesi meno ricchi o meno fecondi verso i paesi più ricchi e più fecondi, i quali svolgerebbero il ruolo di veri e propri distributori delle intelligenze se la comunità delle nazioni non vi prestasse attenzione. La divaricazione tra i paesi poveri e i paesi ricchi non cessa di fatto di aumentare. Si parla oggi meno di sviluppo del terzo mondo che del suo impoverimento crescente. Non ci fu forse bisogno di inventare il concetto di 'sviluppo durevole' all'epoca della riunione convocata dalle Nazioni Unite a Johannesburg nell'agosto-settembre 2002, poiché si era riconosciuta la necessità di attribuire allo sviluppo un significato nuovo affinché la sua idea fosse consistente? Finora, l'assistenza generosa ma ingenua ai paesi poveri non ha dato risultati molto soddisfacenti. Lo sviluppo esige oggi più intelligenza e responsabilità da parte di quelli che possono parteciparvi, soprattutto da parte dei paesi poveri.

---

[7] È legittimo chiedersi se il modo contemporaneo di produzione dei mezzi di comunicazione, di cui si conoscono le avventure in giochi irritanti e in *spams*, non stia abbrutendo maggiormente quelli che sono già propensi a non cercare nulla che vada in profondità nella conoscenza dell'umanità, che si condannano così a restare indietro rispetto ad un umanesimo profondo, il che non mancherà di produrre clienti sprovveduti per nuovi potenti, i quali non si lasciano attrarre dai miraggi di decotti dati in pasto al «popolo».

La globalizzazione risponde nondimeno a una disposizione spirituale naturale, alla ricerca dell'uno, benché questo sia riportato alla generalità che abbiamo caratterizzato più sopra; la globalizzazione non è una vera universalizzazione. La presa di coscienza dell'imposizione astratta, ossia necessaria per tutti, delle leggi dell'economia di mercato è stata all'origine della creazione del termine 'globalizzazione' verso il 1980. Si voleva denominare con ciò uno stato nuovo dell'economia mondiale. Evidenziamo tuttavia che si è dovuta inventare una parola nuova, come se le espressioni «internazionalizzazione dei mercati» o «universalizzazione dei mercati» fossero incapaci di esprimere ciò che accadeva effettivamente, realmente, tra le nazioni. Sembrerebbe che il *logos* trovi nella nuova espressione una chiave che dà intelligibilità a un fenomeno relativamente nuovo, ma il fatto di aver dovuto elaborare questa nuova parola indica un aspetto nuovo, originale agli occhi della ragione, della situazione presente. Ciò che seduce le menti nella globalizzazione, non è tanto l'uno come tale quanto la sua forma astratta che permette di accrescere, se si valuta correttamente, il potere e la ricchezza. L'economia ha scoperto recentemente che l'uno ha una forma utile e seducente, attraente, capace di arricchire l'umanità. Dal semplice punto di vista economico, si può così osservare che «in 50 anni, il commercio mondiale si è moltiplicato 17 volte»[8]. Ciò significa che la ragione tecnica ha permesso al commercio di fare un salto quantitativo straordinario globalizzandosi, e ciò grazie soprattutto alla fluidità della finanza. Quel che unisce i popoli della nostra terra, è ora una misura comune di cui nessuna moneta particolare rappresenta chiaramente il campione di riferimento; la finanza[9], simbolo di una ragione i cui limiti sembrano scomparire, è in realtà l'espressione di una ragione che si è ripiegata su una generalità imponente.

La neutralità della generalità finanziaria presenta tuttavia dei vantaggi. I flussi economici vi trovano il loro motore. Infatti, alcuni paesi escono dalla povertà grazie ad essa; se sono ben gestiti, affidabili nel sistema unico della globalizzazione finanziaria, essi divengono attori

---

[8] Vedi É. HERR, «La Mondialisation», p. 51.

[9] Occorre ricordare qui lo statuto che Marx attribuiva alla moneta, forma astratta che permette gli scambi dei prodotti materiali alienandoli nel suo modo di mediazione?

importanti sulla scena internazionale. Il lavoro è ora ripartito in un modo nuovo, ma anche, riconosciamolo, con tendenze ad una schiavitù più affinata che autorità morali, subentrate nelle ONG, denunciano. Progressi tecnici sono anche favoriti dalla globalizzazione, che permette di ridurre i costi di produzione di uno stesso prodotto e quindi di venderlo in tutto il mondo, con un profitto relativo del produttore, e si fa credere anche del mondo intero, con introiti che comunque possono essere reinvestiti nella ricerca. La globalizzazione non è dunque priva di vantaggi.

Amartya Sen ne calcola tutta una serie. Anzitutto mediante un *argomentum ad hominem*. Egli sottolinea che la protesta antiglobale è essa stessa globale e utilizza la globalizzazione dei mezzi di informazione e di comunicazione per procurarsi un massimo di influsso. Poi un argomento di tradizione. La globalizzazione è di vecchia data, grazie ai viaggi, al commercio, alle migrazioni. Da sempre, le culture si sono compenetrate; intorno all'anno 1000, l'Europa ha assimilato con grande vantaggio il sistema decimale che le offriva la cultura araba e la sua scienza matematica. Non critichiamo quindi troppo facilmente la globalizzazione (sebbene converrebbe tener conto della differenza tra le sue forme culturali ed economiche). Da un punto di vista economico e in linea di massima, la globalizzazione reca vantaggi per tutti. «Quello di cui c'è bisogno è [tuttavia] una distribuzione più equa dei frutti della globalizzazione»[10].

La questione che pone la globalizzazione nasce così da una sensibilità e da un'attenzione alla giustizia, alla uguaglianza relativa di tutti sui piani dell'economia, del livello sociale, ecc. È allora che l'uno, forma essenziale della ragione, acquisisce una estensione pratica che le concede il suo significato completo. Amartya Sen risplende di ottimismo umanista: la globalizzazione economica dovrebbe generare più giustizia. Essa offrirebbe effettivamente, grazie ai profitti che rende possibili, di che correggere le disuguaglianze sociali. Se però il neoliberalismo che la promuove non manca di carte etiche vincenti a questo proposito, occorre riconoscere che esso produce abitualmente fratture sociali, ciò che la maggior parte dei sistemi socialisteggianti europei cercavano ancora

---

[10] AMARTYA SEN, *Globalizzazione e libertà*, p. 5.

recentemente di evitare con più o meno successo. Ad ogni modo, non si può negare che gli accordi di Bretton Wood, che hanno organizzato il commercio mondiale per la prima volta nel 1944, hanno cambiato la faccia del mondo. Amartya Sen sottolinea dunque i suoi motivi in favore della globalizzazione, affidando tuttavia ai decisori politici l'incarico di gestire con giustizia il commercio globale per il bene di tutti. Di fatto, a questo punto della sua argomentazione, l'autore riconosce che gli economisti devono dare il cambio ad altre competenze perché in realtà, queste altre competenze hanno come impegno delle esigenze che precedono le norme economiche stesse. Vi è negli scritti di Amartya Sen l'idea che la globalizzazione può condurre verso un'autentica democrazia. L'appello finale ai politici pone nondimeno la questione, certamente legittima, di sapere se una democrazia apportata ad un popolo mediante la globalizzazione economica e senza nascere dal cuore di questo popolo, non sarà violenta.

La globalizzazione è un fenomeno ambiguo. Serge Latouche vi ha insistito. Il modello della globalizzazione è, infatti, occidentale; produce verosimilmente una uniformità planetaria e la speranza di un benessere comune, ma che immette dappertutto la razionalità occidentale e la volontà spesso violenta dell'affermazione di sé. L'opera *L'Occidentalizzazione del mondo* fa proprie tesi abbastanza comuni tra gli intellettuali europei da più di un secolo. L'essenza dell'Occidente sarebbe venuta dal monoteismo, il quale si sviluppa per sua propria dinamica interna in «proselitismo attivo»[11]. Questo monoteismo è stato tuttavia reso originale dalla sua interpretazione nel cristianesimo. Il cristianesimo insiste, infatti, sul legame di ciascuno con Dio, ciascuno essendo in questo assolutamente unico. Certamente, questo legame è di tutti, ma in primo luogo di ciascuno. Anche se il rapporto con Dio è uguale per tutti, sarà vissuto da ciascuno in modo unico. Il monoteismo produce così l'individualismo. È l'idea della presenza immediata e identica di ciascuno in Dio che darà luogo al neoliberalismo, e renderà così possibile la globalizzazione in cui gli individui sopravanzano le persone e le loro relazioni.

---

[11] S. Latouche, *L'Occidentalizzazione del mondo*, p. 37.

Svolgendosi la vita spirituale interamente in un rapporto immediato tra l'anima e Dio, tutto il resto, natura e società, si trova sottomesso alla volontà o alla libertà di ciascuno; così si secolarizzano le strutture della fede cristiana. Questa tesi è già stata proposta e sviluppata da Max Weber[12], e Latouche l'assume come tale. Il protestantesimo, la cui origine nominalista è conosciuta da molto tempo, «darà all'Occidente un nuovo impulso. L'individualismo spinto all'estremo suscita una morale radicalmente profana ed economica: l'*utilitarismo*»[13]. I rapporti diversi dall'intimità individuale con Dio perdono ogni significato religioso. Il mondo e l'altro, il commercio e la scienza sono per l'anima materiali su cui essa eserciterà la sua eccellenza. Viene allora dato spazio alla tecnica, poiché ogni oggettività sulla quale essa si applica è liberata da qualche valore immanente che esigerebbe il rispetto. L'innegabile successo della tecnica ha arricchito il mondo, ma a quale prezzo, anche dal punto di vista ecologico? Certamente, l'Occidente non vuole depredare il resto del mondo, almeno non è evidentemente questa una delle sue intenzioni esplicite, ma ciò non toglie che è «difficile dissociare il versante emancipatore, quello dei Diritti dell'uomo, dal versante spoliatore, quello della lotta per il profitto»[14]. L'Occidente economico, che pensa di essere libero da ogni cultura e da ogni riferimento trascendente, mostra così la sua anticulturalità; non riesce più a distinguere il valore dell'individuo da un controvalore: la presenza dell'individuo nella società non può sfociare che nella concorrenza «e la ricerca della *performance*»[15], in cui ciascuno è abbandonato alle sue proprie forze, diventando il sociale lo spazio degli scambi litigiosi delle nostre forze economiche, un mercato fatto affinché ne traggano vantaggio gli individui più forti.

Qualcuno ne approfitterà, ma sicuramente non tutti. Anzi, secondo Latouche, l'Occidente ha fatto in modo che «la solidarietà e la sicurezza [siano] distrutte per tutti»[16]. Nel mondo occidentale, l'altro di-

---

[12] Su tutto ciò, si vedrà il famoso libro di M. WEBER, *L'etica protestante e lo spirito del capitalismo*.
[13] S. LATOUCHE, p. 39.
[14] *Ibid.*, p. 44.
[15] *Ibid.*, p. 54.
[16] *Ibid.*, p. 56.

venta colui che minaccia, il possibile concorrente. Per gestire la situazione o per sopravvivere in essa – Latouche riprende qui un'argomentazione degna di Hobbes –, gli Occidentali si affidano ora a una mano invisibile, alla tecnica amministrativa, burocratica. Ma anche questo accelera il processo di decomposizione del tessuto sociale occidentale producendo effetti di esclusione: quelli che sono i meno capaci di muoversi negli arcani dell'amministrazione restano al di fuori delle relazioni di solidarietà. La cultura occidentale si è così ridotta ad anticultura, la cui origine sarebbe il monoteismo interpretato a partire dall'appartenenza immediata di ciascuno a Dio, ciascun individuo ritenendosi un piccolo dio, soprattutto quando il successo della sua potenza sembra confermare la veracità di questa idea. Chi non è capace di essere potente come un dio, ossia semplicemente potente sugli altri, venga allontanato dal tessuto sociale.

Latouche mette così in evidenza le conseguenze più nefaste della globalizzazione. Questa sottopone gli individui a norme di comportamento e di pensiero che si impongono a ciascuno senza considerazione per ciò che egli ha di unico o di proprio, ossia la sua cultura, la sua tradizione, la sua storia sociale e personale, il suo mondo mentale e di lavoro. L'economia concepita secondo il modello occidentale della globalizzazione trae il suo senso dall'opposizione che essa instaura tra i concorrenti esacerbando le loro energie individuali in modo che ci sia sempre un vincitore, ma anche un vinto. *Vae victis*.

Da un punto di vista filosofico, ossia attento alla totalità delle condizioni umane, si riconoscerà facilmente qui un impoverimento dell'essere semplicemente uomo. Questo impoverimento è drammatico. Per esempio, nelle riflessioni esposte, abbiamo supposto una distinzione tra da una parte la tradizione e tutto ciò che costituisce il peso del passato, il dato storico di ciascuno nel suo gruppo sociale, e dall'altra l'invenzione del futuro, la realizzazione dei progetti, i beni da produrre tecnicamente. Si potrebbe sostenere che il termine 'persona' integra i valori del passato, delle origini, del fondamento, mentre il vocabolo 'individuo' conviene maggiormente ai valori dell'avvenire, dei progetti, in conformità al nominalismo che sostiene la nostra cultura globalizzata. Ecco perché si può affermare che attualmente l'uomo occidentale è nello stesso tempo globalizzato e individualizzato, ma anche spersonalizzato e deculturato. La frattura tra la persona e l'individuo è uno dei drammi più profondi dell'Occidente. La globalizzazione si realizza imponendosi al di sopra di tutte le culture, eliminando le tradizioni, il mondo personale di ciascuno, mettendo in campo dei comportamenti comuni e un'unica lingua, ciò che in realtà favorirà i progetti dei soli individui che avranno le capacità intellettuali, fisiche e sociali di ostentare i loro doni e di realizzare i loro sogni sottostando alle condizioni di sviluppo del futuro. La globalizzazione sembra così costruire una nuova sorta di mondo della potenza che, senza cultura, espelle il peso della storia – si sa peraltro che la storia tende a scomparire dai programmi scolastici, sostituita spesso con delle storie, dei racconti che si pretendono meno sottoposti al rischio dell'ideologia, come se la narratività, che si rivolge all'immaginazione, potesse sfuggire all'ideologia per la sola ragione di essere narratività. L'individuo occidentale esercita così la sua forza in un mondo deculturato, letteralmente nuovo, libero da ogni freno, profondamente sprovveduto e incosciente, e inizia pericolosamente a realizzare i suoi sogni.

L'immediato e la violenza

Si potrebbe supporre tuttavia che questa deculturazione permetterà l'emergere di una nuova cultura sulle rovine della storia e della durata del mondo? Sarà però allora una cultura necessariamente proiettiva, e quindi una cultura di violenza. La forza proiettiva è, infatti, violenta, poiché elimina la costanza dello studio approfondito dalle mediazioni disponibili. L'aveva già notato Platone. La violenza è il frutto della potenza, della forza libera, con il pretestuoso equivoco che la natura stessa avrebbe creato uomini più forti di altri e che dunque la disuguaglianza sarebbe naturale. L'assenza di mediazione si mimetizza dietro questa ideologia della natura. La nuova cultura dovrà sottoporsi a questa evidenza, sembrano sostenere certi sofisti. Secondo Callicle, un valente predarwiniano: «la stessa natura [...] rivela esser giusto che il migliore prevalga sul peggiore, il più capace sul meno capace [...], che tale sia il criterio del giusto, che il più forte comandi e prevalga sul più debole, ovunque la natura lo mostra, tra gli animali e tra gli uomini, nei complessi cittadini e nelle famiglie»[17]. Questo discorso di Callicle identifica giustizia, forza e natura, una confusione che manifesta appunto la volontà di ridurre la realtà e la sua intelligibilità al servizio della potenza delle parole e dei loro giochi, cari ai sofisti. Per i sofisti, il fondamento della legge, o la legge superiore, è quella «di tutti regina, la legge dei mortali e degli immortali; [...] essa, con mano sovrana, giustificando muove ogni violenza»[18]. Si giunge così a concludere che ciò che è il più vantaggioso e il più utile per il più potente è il più giusto in sé. Trasimaco asserisce similmente che «ciascun governo legifera per il proprio utile, la democrazia con leggi democratiche, la tirannide con leggi tiranniche, e gli altri governi allo stesso modo»; si definisce allora la giustizia come «l'utile del potere costituito»[19]. Lo si riconosce, queste definizioni sofistiche del governo e della morale utilitaria rientrano nella definizione della violenza che aveva proposto H. Arendt: l'etica non è più che un mezzo, uno strumento per la potenza, ed è valida solo con questa intenzione.

Le tesi riportate da Platone possono essere verificate ancora oggi. Non sempre si sa con molta correttezza se i nostri governi, democratici o no, gestiscono il bene pubblico in vista del bene comune, o anche (o soprattutto?) in vista di qualche bene privato, e ciò impunemente nella misura esatta in cui un controllo democratico è reso realmente impossibile a causa della complessità tecnica delle situazioni. Non è dunque il potere come forza che è capace di mediare le persone, tanto più che è inevitabilmente esercitato da persone che devono discernere i possibili effettivamente realizzabili e scegliere prendendo una risoluzione. La discussione parlamentare è oggi più che mai necessaria, e pertanto è anche necessario che gli ambiti si determinino e si riconoscano reciprocamente – il che non sempre accade nelle nostre democrazie spesso inefficienti. Occorrerebbe anche che sia riconosciuta una mediazione al di sopra degli avversari affinché le loro discussioni non degenerino in opposizioni sterili. Da qui l'idea di Socrate: è somma-

---

[17] PLATONE, *Gorgia*, 483d.
[18] *Ibid.*, 484b.
[19] PLATONE, *La Repubblica*, 339a.

La ragione globalizzante

mente importante formare i governanti, educarli, insegnare loro i principi capaci di scovare i trabocchetti dei sofisti che, in nome di principi da essi ritenuti naturali, approvano la violenza dei più forti o dei più scaltri, ossia di quelli che sanno distogliere meglio l'attenzione degli altri per manipolarli.

Ritorneremo nella terza parte di questo libro sulla dibattuta questione della priorità della natura sulla cultura, o di una priorità inversa. Questa questione è stata posta attraverso i secoli, a partire dai sofisti e dalle reazioni indignate di Socrate e di Platone. La natura è attraversata da una violenza che la cultura tenta di convogliare creando propriamente degli spazi di mediazione. Per Hobbes, l'uomo è un lupo per l'uomo; l'istituzione sociale ha come funzione di ostacolare le sue pulsioni di annientamento dell'altro. L'uomo conosce i pericoli che sono in lui, e accetta volentieri, per la sua propria sopravvivenza, di sottomettere la sua naturalità violenta allo Stato, di cui tuttavia non si dice perché non sarebbe anch'esso violento. La ragione moderna, idealizzata nello Stato mediatore, dovrebbe salvare l'uomo dalla sua natura malvagia. Divinizzando questo Stato, essa riconduce al mondo sociale le aspirazioni umane ad una salvezza. L'idea di una salvezza della natura violenta mediante la cultura e mediante le sue forme politiche è costante nella storia dell'umanità.

É però impossibile, in una prospettiva evolutiva, sapere dove finisce l'età naturale e dove comincia un'età culturale, ossia il momento in cui l'umanità passa dal biologico al sociale. In realtà, l'innato e l'acquisito si mescolano incessantemente nell'uomo. Da qui, la diversità dei popoli; ciascuna cultura ha le sue forme di base. Abbiamo visto in questo capitolo che la ragione formale, greca in origine, affascinata dall'uno, si è sviluppata senza deviazione (ma venendo precisata, e forse impoverita) dal pensiero occidentale nel corso della sua storia moderna; la nostra cultura attuale, globalizzante, innanzitutto non si preoccupa più di riconoscere l'alterità dei diversi, ma si sofferma piuttosto su ciò che unisce i molteplici, a rischio di confonderli e di ridurne le rispettive specificità. La pretesa di costituire una cultura comune, mondiale o globale, che farebbe astrazione da tutte le storie umane e da tutte le loro tradizioni, una pretesa interamente occidentale, è in realtà molto astratta. Ciò che manca alla pratica contemporanea dell'uno ad opera della globalizzazione, è l'idea di una mediazione tra i singoli, le prime mediazioni essenziali essendo di ordine storico e sociale, e non già finanziario – la moneta, neutra, non è una mediazione, ma un eccellente intermediario. La globalizzazione, ignorando tutto ciò, costituisce il fenomeno più evidente in cui l'Occidente manifesta la potenza della sua essenza razionale e del suo influsso sul mondo. Le mediazioni permettono, al contrario, di mantenere la diversità delle persone, pur unificandole in modo che non si minaccino vicendevolmente. Senza le mediazioni storiche e concrete, e non soltanto economiche e astratte, le persone e i popoli differenti non potranno che annientarsi, lottare senza tregua gli uni contro gli altri per imporre le loro idee e i loro sogni, la loro forza e la loro potenza.

Il quadro che abbiamo delineato potrà tuttavia sembrare troppo tetro, ingiusto. La ragione occidentale, fonte splendida di scienza, non è soltanto riduttrice di tutte le differenze. Essa contiene anche in sé di che contrastare queste tentazioni. È quello che vedremo nel capitolo seguente.

CAPITOLO VI

LA PRATICA DELLA RAGIONE

I due capitoli precedenti hanno mostrato che certe prospettive nelle quali la ragione prende coscienza della sua essenza possono volgersi in violenza, o anche esprimere una tendenza che le è intrinseca. Ci si potrebbe tuttavia chiedere se questa è una evenienza che si impone necessariamente ad essa in conseguenza della sua propria essenza, o se può evitarla e correggerla al pari di tutto ciò che costituisce oggetto del suo studio. In effetti, se la violenza appartiene alla ragione come una delle sue possibilità realizzate dalle sue astrazioni nozionali, la ragione è del tutto capace di prenderne le distanze e di dissociarsi. La propensione della ragione alla violenza non è che una delle sue tendenze possibili, suscettibile eventualmente di essere attualizzata come uno dei suoi momenti di svolgimento, senza però necessità assoluta, o almeno essendo controllata, sorvegliata. Se però occorre dire che la ragione diventa violenta accidentalmente, se essa non lo è necessariamente da sempre e per sempre, il problema è di sapere da dove proviene il suo slittamento verso una sospensione delle sue esigenze più essenziali e verso le sue pratiche di violenza. Di fatto, la ragione non esiste «in sé» ma in una pratica. Il presente capitolo ne mostrerà differenti sfaccettature. Indubbiamente è una pratica incompiuta della ragione, o definita troppo presto, che genera la sua violenza.

Vedremo ora, innanzitutto, che la ragione più che una facoltà compiuta in se stessa è una capacità di azioni specifiche, di procedure; in questo senso, la sua analisi filosofica potrebbe assumere gli aspetti di una pragmatica; noi preferiamo tuttavia orientare la riflessione in direzione di una certa performatività. È evidente nondimeno che l'azione scientifica dipende da numerosi fattori di vita concreta, che gli scienziati molto spesso ignorano; ne parleremo nella seconda sezione di questo capitolo, che concluderemo esaminando il tema di una ragione che sarebbe scomparsa perché avrebbe rinunciato all'"uno" affidandosi, con la postmodernità, ai soli molteplici.

La ragione e le sue procedure

La pace è concorde. Essa è quindi razionale, poiché la ragione costituisce una potenza spirituale la cui intenzione è precisamente di scoprire e di enunciare ciò che è comune tra gli essenti. Dovrebbe dunque esservi una sintonia di principio tra l'ideale della pace e la pratica della ragione. La ragione dovrebbe essere naturalmente capace di favorire la pace, di ricercarla, di costruirla e di mantenerla. Questa possibilità della scoperta e della salvaguardia della pace, costitutiva (per non dire costituente) della ragione, si trova tuttavia in pericolo quando la ragione si ferma nella posizione di una forma comune che essa impone agli essenti non degnandosi di considerare l'originalità che ciascuno di essi rivendica per sé poiché il suo atto fa che sia esso e non un altro.

Questo rischio viene corso fin dal primo passo del processo di astrazione, dal momento in cui, secondo le esposizioni scolastiche di questo processo[1], la memoria trattiene le apparenze in cui gli essenti in sé differenti si rassomigliano impedendo nello stesso tempo la considerazione delle loro differenze in quanto esistenti reali. Se l'astrazione così concepita costituisce non soltanto il primo sorgere del processo di conoscenza ma la sua totalità, il sapere non potrà che abbandonare i singoli reali a ciò che giudicherà insignificante da questo punto di vista, e costringerli a entrare in qualche comunanza di nozioni generali. Il processo di astrazione è stato del resto criticato nel corso di tutta la storia del pensiero per questa ragione. In realtà esso impoverisce il sapere. Non si mette tuttavia in questione l'eccellenza relativa di questo processo, la nozione astratta e generale, ma l'esclusività che gli si attribuisce come anche il suo modo di giungervi. La ragione astratta non è in ogni caso una potenza spirituale capace di condurre da sé sola alla

---

[1] Si vedrà, per esempio, l'ultimo capitolo dei *Secondi Analitici* di ARISTOTELE, o la prima pagina della sua *Metafisica*.

La pratica della ragione

concordia dei diversi esistenti, facendosi, al contrario, una potenza di dimenticanza della loro singolarità reale. Si tratterà dunque di correggerla completando i risultati del suo processo, modificando la generalità delle sue nozioni in concetti autenticamente universali.

I filosofi dell'*Aufklärung* hanno cercato la pace, ma non senza promuovere anche una reale violenza. Questa forse non aveva altra origine che l'esaltazione, in quegli autori, della potenza formalizzante della ragione. I migliori filosofi, i più attenti alle condizioni effettive della pratica della ragione, sono stati tuttavia capaci di correggere il loro formalismo completando il razionalismo del loro ambito con pensieri che ne sfumavano e modificavano realmente la portata. Alla violenza della ragione formale, di cui Wolff sembra essere il promotore più tipico, risponde già la riflessione messa in opera da Kant fin dalla *Critica della ragion pura*, l'imposizione di un limite al sapere determinante, ma soprattutto le prospettive della ragione pratica di cui il filosofo tedesco non poteva dispiegare tutte le possibilità e tutte le implicazioni antropologiche senza rimodellare profondamente gli elementi costitutivi della filosofia tradizionale. Da qui, le differenze e i progressi che vanno dalle *Critiche* e dai *Fondamenti della metafisica dei costumi* fino alle opere più direttamente antropologiche, quelle per esempio che trattano della storia[2]. Analogamente, alla violenza dello Stato prussiano, pretesa rappresentazione in questo mondo del compimento del pensiero riflessivo, risponde la pedagogia hegeliana, almeno secondo quanto afferma Éric Weil. La ragione può dunque essere diversamente che violenta, altrimenti strutturata che mediante la sua sola capacità di costruire sistemi nozionali che finiscono col bistrattare la singolarità degli essenti.

Jürgen Habermas ha ripreso recentemente le intenzioni dell'*Aufklärung* insistendo sui diritti della razionalità, ma purificandoli dalle illusioni di una ragione che si immaginerebbe troppo facilmente vittoriosa e padrona di tutta la realtà. La ragione è divenuta oggi più modesta che due secoli fa e, al tempo stesso, più attenta alle condizioni reali del suo dispiegamento. Si è garantita con ciò un maggiore successo, confermando così che il suo essere più che una sostanza è un metodo, un processo, un atto. Si è così resa conto che i suoi successi le derivano

---

[2] Vedi Fr. MARTY, *L'Homme, habitant du monde*; J. LACROIX, *Histoire et mystère*.

dalla sua attenzione metodica e prudente nei confronti della realtà. La ragione non è dunque soltanto formale. La sua attività, basata sulla sperimentazione e da questa corroborata, la induce a sventare le astuzie dell'attrazione per i principi generali e unicamente *a priori*. A questo proposito Habermas mette in evidenza la situazione più elementare dell'uso della ragione. Questa lavora o si esercita effettivamente nel mondo del linguaggio e grazie ad esso, e dunque in seno ad una possibile comunicazione tra differenti locutori.

Un contesto comunicativo e plurimo condiziona intrinsecamente l'attività della ragione ad opera di ciascuno di noi. In qualsiasi momento della storia, la ragione si è sempre riconosciuta desta o presente a se stessa comprendendosi impegnata in una discussione, dinamizzata da dibattiti di opinione. Persino quando conclude un argomento giudicandolo a partire dalla sua sola necessità immanente, ad esempio un sillogismo perfettamente costruito, la ragione attende il consenso di quelli che partecipano allo stesso «gioco linguistico». Essa si acquieta e conclude la sua attesa al momento di questo consenso dell'altro[3]. La ragione è incapace di lavorare se non richiede nello stesso tempo, esplicitamente o tacitamente, l'attenzione e l'adesione dei 'colleghi', o almeno la sicurezza che essi risponderanno o corrisponderanno a questo richiamo. Non vi è alcuna ragione che possa esercitare ciò che essa è senza implicare *in actu* la speranza di qualche reciprocità delle coscienze, di qualche intersoggettività, di qualche comprensione dell'altro, con la pazienza che richiederà la formazione del suo giudizio.

Si può facilmente riconoscere in ciò che abbiamo esposto alcune tesi che hanno dato alla filosofia della fine del XX secolo una fisionomia tutta nuova. Ma la filosofia dell'intersoggettività si fa troppo spesso anticoncettuale rapportandosi con l'irrazionalismo. Essa consacrerebbe così lo scacco della ragione moderna e uniformizzante, determinando però la possibilità di nuove violenze. Se, infatti, la ragione stabilisce relazioni e riunisce cose differenti assicurando la loro armonia in un sistema di mediazioni, il rigetto di questa stessa ragione eliminerà im-

---

[3] Il consenso o l'assenso costituisce un momento essenziale, di ispirazione tomista, dell'avvento della verità. Vedi A. FOREST, *Du consentement à l'être*; B. LONERGAN, *Insight*, p. 879-880.

mancabilmente queste mediazioni, in modo che ci troveremo in presenza dell'immediatezza degli avvenimenti e degli individui restituiti ciascuno alla loro solitudine. Tuttavia, non è vero che le mediazioni razionali possono anche estinguere ciò che esse uniscono, per esempio quando non sono che nozionali? Non è pure perché possono imporsi duramente a ciò che esse mediano e distruggerne le originalità che si devono rigettarle. Il rischio di un tale diniego sta nel fatto che il rimedio alla violenza delle mediazioni nozionali genererà una violenza ancora peggiore. L'esistenzialismo spesso ha preso una piega retorica e teatrale, manifestando così che dei principi possono ispirare la ragione provenendo d'altrove che dagli argomenti della logica formale, da un altro ordine di quello della prova con A più B, quindi metaforici nel senso letterale del termine, ma rigorosamente speculativi. Come non è ragionevole dire che l'espressione teatrale sia irrazionale, occorre riconoscere che la ragione retorica è ragione, sebbene di un altro ordine che non la ragione sillogistica.

Habermas intende certamente tutelare i diritti della ragione pura; egli insiste pertanto sulla preminenza della ragione. Ma questa sarà intesa altrimenti che come una ragione puramente formale e astratta. Non è più unicamente quella funzione scientifica che costringe le realtà mettendovi ordine, il suo ordine, scomponendole e ricomponendole a seconda delle sue analisi e delle sue sintesi, una ragione stabilita sull'ideale degli elementi semplici e delle idee chiare e distinte[4], ma è una ragione operativa. Ciò che costituisce l'essenza della ragione, è il suo svolgersi, vale a dire il suo metodo progressivo, e innanzitutto il suo linguaggio capace di elaborare e criticare ipotesi e conclusioni. La ragione intersoggettiva che si esercita effettivamente nella comunicazione è una ragione che spiega e organizza le procedure scientifiche in seno ad una comunità in cui i soggetti discutono tra loro e si costituiscono reciprocamente come possibili protagonisti nella ricerca e nella costruzione del sapere universale.

La Scuola di Francoforte ha dato origine, almeno in parte[5], alla po-

---

[4] Vedi R. CARTESIO, *Discorso sul metodo*, IV parte.
[5] L'opera più famosa da questo punto di vista è certamente quella di H. MARCUSE, *L'uomo a una dimensione*.

stmodernità. Infatti, ha messo in evidenza ciò a partire da cui l'idea di modernità, ossia della onnipotenza della ragione formale, ha avuto compimento. Essa ha fatto riconoscere la disgregazione della pratica razionale contemporanea, l'impossibilità per la ragione di perseguire il sogno di una sistematica interamente inglobante, di una filosofia del tutto centrata e senza vuoto logico. Al tempo di Leibniz, e ancora del Kant della *Critica della ragion pura*, si poteva pensare che tutti i campi di applicazione della ragione fossero suscettibili di essere unificati e articolati sotto una idea, forse con modalità diverse, ma sotto un costrutto almeno minimale[6]. Ma il sapere è esploso oggi in numerosi ambiti che si presentano tutti impenetrabili gli uni agli altri, il che non impedisce ma, al contrario, favorisce il loro svolgimento con sempre maggiore rigore. L'unidimensionalità moderna, matematica o *more geometrico*, non appaga più i ricercatori scientifici.

I tentativi per uscire dalla modernità, o per attestare che ne siamo già usciti da molto tempo, si moltiplicano oggi, proprio come si moltiplicano parimenti le riflessioni sull'essenza della verità[7]. Questa non è più intesa come un dato tematico, né come il risultato ultimo di una ricerca particolare, né come un criterio certo alla luce del quale si potrebbe discernere il falso, almeno a un certo livello di complessità del sapere. La verità non è neppure un ideale da perseguire al quale si potrebbe immaginare di giungere terminando un giorno, in una conclusione definitiva, la ricerca scientifica. Quale sarebbe d'altronde l'uomo di scienza o di cultura che potrebbe pretendere di scoprire un giorno la verità tutta intera, quella che renderà vana ogni nuova ricerca eliminando ogni oggetto perché essa l'avrà posseduto da sempre, *a priori* e interamente? La verità è riconosciuta oggi come un orizzonte per la ricerca intellettuale. Questo orizzonte non è riguardato al termine di una intenzione che vi si compirà, ma come ciò in cui ci troviamo e muoviamo, che spostiamo al tempo stesso che noi ci spostiamo, tuttavia con alcune regole per non uscirne illudendoci. La ricerca intellettuale

---

[6] Si vedranno le pagine di Kant sull'architettonica nella *Critica della ragion pura*, al cap. III della «Teoria trascendentale del metodo» (A832/B860).
[7] La conferenza di M. HEIDEGGER, «Dell'essenza della verità» è uno dei testi più importanti sulla questione.

La pratica della ragione

si colloca nell'orizzonte del vero, all'interno del quale si muovono e discutono gli interlocutori. Essa non va dunque in direzione della verità come se ne fosse separata sin dall'inizio[8]. La verità non risulta dalla ricerca, ma la ricerca si svolge nella verità, come sua esplicitazione. L'esplicitazione della verità è tuttavia condizionata dalle procedure della ragione, dai suoi brancolamenti, dai suoi tentativi e dai suoi errori. L'errare e gli ostacoli appartengono anch'essi alla verità, ma in modo evidentemente diverso dalla falsità. Karl Popper, che ha elaborato la teoria della falsificazione (denominata a volte «fallibilismo»[9]), espone ciò in una maniera che è divenuta quasi canonica. La sua teoria, sviluppata nell'atmosfera dell'empirismo inglese, non intende essere positiva, nel senso che 'porrebbe' delle verità definitive. Essa delinea piuttosto l'orizzonte in cui gli scienziati possono riconoscere la qualità del loro lavoro. È vero ciò che non fuoriesce dall'orizzonte della verità. La limitazione del discorso e dell'esperienza non è dunque la causa dei nostri errori, lo è piuttosto superare i suoi limiti.

L'errore sospinge tuttavia in direzione della falsità. Distinguiamo errore e falsità. Si potrebbe dire che la falsità si allontana semplicemente dall'orizzonte del vero, restando l'errore nell'orizzonte della ricerca del vero, ma senza la perfetta accortezza che richiede la limitazione del sapere. La falsità oltrepassa l'orizzonte del vero come una minaccia. L'errore può essere, invece, mutato in opportunità. Pervenuto al sapere, esso induce a correggere i discorsi precedentemente tenuti. Favorisce in tal modo il progresso della conoscenza. Si pone allora in rilievo che il sapere cade nella falsità quando rigetta il fatto della sua particolarità, che è comunque limitato. La falsificazione consiste quindi nel precisare dove sono i limiti del sapere, ossia a stabilirsi fermamente nell'orizzonte del vero. L'idea del limite è immanente a quella della verità scientifica. La verità come orizzonte del sapere si fa così manifesta quando una teoria scientifica scopre a partire da dove essa non è più valida e si imbatte nella falsità. Non vi è dunque verità assoluta

---

[8] L'espressione di Paul Ricoeur: «Spero di essere nella Verità», ha qui tutta la sua importanza e la sua bellezza. Vedi P. RICOEUR, *Storia e verità*, p. 50.
[9] K. POPPER, *Logica della scoperta scientifica*.

per Popper, se non l'"idea", di ordine riflessivo a nostro avviso, che guida nel porre determinazioni limitate del vero accessibile. Questa idea 'assoluta', ossia valida in tutti i casi, è più un programma indefinito che una definizione[10].

In Gadamer, 'orizzonte' e 'mondo' sono sinonimi; a ciascun gioco linguistico, il suo mondo o il suo orizzonte[11]. Gadamer parla tuttavia di una fusione degli orizzonti, che condiziona o rende possibile il passaggio da una lingua ad un'altra, da un mondo mentale ad un altro, poiché essi possono tutti compenetrarsi come manifestano i lavori di traduzione[12], come anche il semplice sforzo che noi facciamo per ascoltarci bene e intenderci tra persone di culture differenti. I nostri orizzonti o mondi non sono quindi chiusi in se stessi, ma aperti. I loro possibili incroci non costituiscono tuttavia un 'super' o 'meta'-orizzonte. Possiamo allora riprendere l'idea di Popper: la restrizione di un campo del sapere mediante la falsificazione non nega la penetrabilità mutua dei differenti settori così delimitati nell'orizzonte della verità. La loro specificità sempre più precisa non impedisce che essi possano congiungersi «più in alto», un «più in alto» che non può tuttavia essere delimitato dalla falsificazione restrittiva dei campi di applicazione di una scienza particolare. Un nuovo metodo diventa necessario per accostare un tale orizzonte inglobante, proprio di questo «più in alto» e richiesto riflessivamente non appena si viene a conoscere che la falsificazione ridurrà lo spazio di una scienza per renderla ragionevole e possibile nel suo ordine e in seno al vero. La 'falsificazione', che è al servizio della verità ma nel contesto delle scienze determinanti, non è valida per accostarsi al 'luogo' in cui gli orizzonti si fondono senza confondersi.

La verità rende possibili i programmi di studio e le loro procedure. Risiede pertanto già in essi, animando i gruppi di ricercatori che la-

---

[10] Ciò che, conseguentemente, rende fragile la posizione di Popper. Come infatti ridurre ogni sapere a un sapere limitato, e al tempo stesso pretendere che questo sia un sapere senza limite? Ma si supera agevolmente questa difficoltà non appena si riconosce una differenza di livelli tra i generi del discorso, in questo caso scientifici e filosoficamente critici.
[11] H.G. GADAMER, *Verità e metodo*.
[12] Si vedranno a questo proposito le conferenze di P. RICOEUR, *Sulla traduzione*; l'autore mette in evidenza che l'opera del traduttore è più una ricerca di equivalenza tra sistemi linguistici che di identità punto per punto.

vorano badando a non oltrepassare i campi che avranno delimitato in maniera critica. Le affermazioni di un gruppo di studiosi sono valide solo per essi, ossia nei loro rapporti intersoggettivi in cui discutono di proposizioni espresse e costituite nel loro linguaggio tecnico, e dunque critico, ossia cercando di rispettare i limiti in cui esse hanno validità. Di fatto, le procedure impongono da se stesse dei limiti al sapere. Questi limiti sono di due ordini, orizzontale e verticale. Orizzontalmente, essi dividono una scienza in settori distinti gli uni dagli altri in uno stesso insieme, e dunque riferiti gli uni agli altri per mezzo della loro differenziazione. Per esempio, lo studio dei virus non è quello dei batteri, ma appartengono tutti e due alla biologia[13]. Questa ripartizione delle scienze si riferisce alla modalità di elaborare una definizione nominale come intendeva Porfirio: le scienze si separano le une dalle altre per mezzo della loro differenza specifica in seno ad uno stesso genere astratto.

Dal punto di vista della verticalità, la situazione è più complessa. Uno specialista in una scienza 'superiore' potrebbe pretendere di ricoprire il ruolo di colui che guida o controlla le scienze che gli sono 'inferiori', al modo di un sapere architettonico; il metodo della scienza 'superiore' sarebbe in questo caso ritenuto suscettibile di essere unito a quello delle scienze 'inferiori' imponendo loro tuttavia la sua trascendenza e dunque rendendosi inaccessibile alle critiche di queste scienze inferiori. Ma questa pretesa è illusoria. Essa è senza aggancio reale con i procedimenti delle scienze. Per esempio, l'insieme delle scienze umane dev'essere distinto dall'insieme delle scienze della natura. Vi è, in effetti, una specificità delle scienze umane (il salto dalla 'natura' all'umano e alla sua essenza culturale) che rende impossibile la loro riduzione alle norme delle scienze della natura. Certamente, tutte partecipano all'idea di scienza, ma questa è totalmente generica. Il metodo scientifico comincia ad organizzarsi dopo che si sono distinti i campi della natura e della cultura. Ma si dirà che le scienze umane hanno tutte uno stesso criterio metodologico? E che avviene lo stesso

---

[13] «Le osservazioni di Jenner poi i lavori di Pasteur hanno contrassegnato una prima tappa nel corso della quale la virologia è divenuta una scienza che si differenzia poco a poco dalla batteriologia» (M. Barme, «Virologie», p. 681).

per le scienze della natura? È poco probabile. Sembra più verosimile dire che i metodi particolari permettono, con approcci successivi, di immaginare uno schema globale che si ritroverebbe in tutte le scienze cosiddette umane o naturali. Ma questo schema globale non avrà alcun influsso sul lavoro di ciascuna scienza particolare. Tuttavia, non si potrebbe pensare che le scienze 'superiori' influiscano necessariamente sulle condizioni metodologiche di ciascuna scienza 'inferiore', altrimenti queste scienze particolari non sarebbero portate direttamente in seno all'orizzonte del vero di cui si preoccupano specificamente le scienze superiori? Le scienze architettoniche non possono tuttavia sostituirsi alle scienze inferiori. Ciascuna scienza 'inferiore' ha legittimamente il suo proprio metodo.

La credulità scientifica

La scienza, si sostiene spesso senza critica, dovrebbe includere tutte le realtà. Ma è questa una intenzione fantasiosa più che una possibilità concreta, una pretesa fondata in maniera equivoca sull'intenzione insufficientemente analizzata della ragione. Questa riguarda di fatto l'universale, ma nessuna scienza particolare, soprattutto al punto in cui sono arrivate oggi, è capace di portare al suo compimento questo obiettivo universale. Occorre tuttavia dire che le scienze si sviluppano sullo sfondo di una precomprensione del mondo, della coerenza, della verità; ma le chiavi di interpretazione di questa precomprensione non si trovano tra gli elementi che rendono disponibili i loro giochi linguistici. Si sa che i filosofi sono mossi tradizionalmente da questa constatazione per ricercare successivamente in che modo costituire una scienza 'superiore' che sarebbe 'prima' o 'metafisica'. Questa prospettiva non è ignorata dai filosofi postmoderni, che ammettono molto difficilmente che i loro principi hanno una portata universale mentre questa tuttavia è la loro pretesa. La cultura contemporanea affronta inevitabilmente la questione dell'universale suscettibile di tutto includere, sebbene in prospettive che i metafisici classici giudicherebbero riduttrici, per esempio quelle della critica economica e sociale che si incontra nel marxismo. Ci metteremo ora all'ascolto di un sociologo marxista, Pierre Bourdieu, che si colloca in questo luogo di riflessione fondamentale.

In un testo intitolato *Critica della ragione scolastica*, Bourdieu inizia col discernere fino a che punto può giungere lo sforzo scientifico portato avanti dalla scienza moderna. Secondo la tradizione cartesiana, ogni conoscenza valida mira a prendere coscienza di idee chiare e distinte, compreso quanto si riferisce alla coscienza stessa. Ma essa rende anche possibile, secondo l'autore, un processo di oggettivazione che la riflessione dello spirito su se stesso, confusa da numerosi autori con l'introspezione psicologica, porta al suo culmine. Cartesio sarebbe così all'origine della filosofia riflessiva nonché del positivismo dell'antropologia contemporanea. «Nella tradizione tipicamente positivista della critica dell'introspezione, [...] la riflessione più efficace è quella che consiste nell'oggettivare il soggetto dell'oggettivazione; la riflessione cioè che, sottraendo al soggetto conoscente il privilegio che egli normalmente si concede, fa tesoro di tutti gli strumenti di oggettivazione disponibili (inchiesta statistica, osservazione etnografica, ricerca storica ecc.) per portare alla luce i presupposti che trae dalla sua inclusione nell'oggetto di conoscenza»[14]. La sociologia di Bourdieu non intende uscire da questa opzione positivista che se la prende con la spiritualità specifica dell'atto di conoscere.

I presupposti dei nostri giudizi sono di ordini diversi, e ad essi devono corrispondere tattiche di approccio differenti. Vi sono in primo luogo alcuni presupposti che dipendono dalla persona, dalla sua qualità intellettuale, dalla sua situazione psicologica, ecc., poi quelli che provengono dal gruppo sociale in cui ciascuno si trova assumendone necessariamente il linguaggio, la sua *forma mentis*, la sua cultura; vi sono infine i presupposti «costitutivi della *doxa* genericamente associata alla *scholé*, al *loisir*, all'*otium*, che è la condizione dell'esistenza di tutti i campi conoscitivi e scientifici»[15]. I primi due presupposti sono abbastanza facilmente e più o meno tranquillamente criticabili; se ne occupano altre persone (primi presupposti) così come il confronto con

---

[14] P. BOURDIEU, *Meditazioni pascaliane*, p. 18.
[15] *Ibid.*

altri gruppi sociali, altre culture (secondi presupposti). La terza critica è più difficile da esercitare; l'implicito da oggettivare è qui «ciò che implica il fatto di esser presi nel gioco, cioè l'*illusio* come credenza fondamentale nell'interesse del gioco e nel valore delle poste inerente a questa appartenenza»[16].

Bourdieu inizia allora la sua critica della 'scolastica', termine da intendere in maniera estensiva, senza limitarlo alla scolastica che veniva insegnata nei seminari cattolici e altro: «L'ingresso in un universo scolastico presuppone una messa tra parentesi dei presupposti del senso comune e un'adesione *para-dossale* a un insieme più o meno radicalmente nuovo di presupposti, nonché, correlativamente, la scoperta di poste e di urgenze sconosciute e non comprese dall'esperienza comune»[17]. In ciascun campo particolare di conoscenza, nota l'autore, gli studiosi investono il loro desiderio in una maniera assoluta, ossia svincolato da ogni riferimento che non provenga dal loro stesso sapere. Da qui, l'illusione scolastica che produce la *libido sciendi* nei campi scientifici come pure in quelli letterari e filosofici, non appena lo studioso considera esclusiva la logica del discorso che assume. La logica di un 'gioco' linguistico particolare, talvolta viene linguisticamente chiamata 'spirito' o 'senso', come si dice in italiano lo 'spirito filosofico', il 'senso letterario', il 'senso artistico', ecc. È questo stesso gioco che permette l'invenzione di questioni probabilmente oziose (gli scolastici, tomisti o altri, ne hanno conosciuto un certo numero), ma molto utili per cimentarsi in qualche problema formalmente importante. I discorsi scientifici, preoccupati di se stessi e della loro propria razionalità, sono dunque assimilabili a discorsi 'scolastici'.

Per entrare però in questi 'giochi' secondo il loro 'senso' e per giocarli correttamente, occorre averne le disposizioni naturali; nessuno è artista o scienziato senza essere provvisto di certe capacità. Queste capacità devono appartenere per così dire naturalmente, anche prima che vi si applichi, a colui che si impegna in un'opera artistica, letteraria, scientifica o filosofica; in caso contrario, il suo tentativo finirà per forza maggiore. Le disposizioni naturali devono essere tuttavia plasmate da

---

[16] *Ibid.*, p. 19.
[17] *Ibid.*

discipline che le definiranno o ricentralizzeranno e che, specializzandole, faranno loro perdere nello stesso tempo qualcosa del senso comune. La scienza, collegata necessariamente alla σχολή con l'idea di 'scolastica', esula inevitabilmente dal linguaggio comune per rinchiudersi in qualche discorso particolare intelligibile ai soli adepti. I suoi successi le daranno tuttavia pretesto per ignorare sdegnosamente questa nuova situazione, per allontanarsi volontariamente dalla complessità dell'esistenza concreta.

Lo studioso eviterà così di prendere coscienza «con le condizioni economiche e sociali che [...] rendono possibile»[18] il suo lavoro astratto, nella stessa misura in cui ignorerà le sue proprie condizioni di esistenza reale. La scolastica ritirandosi dal mondo trascura superbamente il fatto che in questo vive. Essa si limita, come afferma, per concentrarsi senza distrazione sul suo oggetto trascendente, ma vivendo lo stesso del mondo, da cui intende separarsi. Questa pietosa bugia non manca di vantaggi per l'elaborazione delle scienze particolari. Per esempio, «l'apprendistato scolastico, che, in quanto affrancato dalla sanzione diretta del reale, può proporre varie sfide, prove, problemi, al pari delle situazioni reali, ma lasciando la possibilità di cercare e di tentare soluzioni in condizioni di rischio minimo, costituisce l'occasione di acquisire in sovrappiù, con l'assuefazione, la disposizione permanente a operare la messa a distanza del reale direttamente percepito, condizione della maggior parte delle costruzioni simboliche»[19] e scientifiche. Ma ciò è comunque possibile solo a partire da una base economica e sociale di cui non si parlerà mai, che si respingerà per non vederla e legittimare che non viene presa in considerazione, per esserne liberato in favore della ricerca specialistica.

La parcellizzazione delle scienze e della produzione costituisce una opportunità per l'economia e la società. Essa ha permesso i progressi evidenti del sapere e della cultura. Consideriamo il caso dell'arte. «La rimozione delle determinazioni materiali delle pratiche simboliche è particolarmente visibile nei primi momenti del processo di autonomizzazione del campo artistico: attraverso il confronto permanente tra

---

[18] *Ibid.*, p. 25.
[19] *Ibid.*, p. 26.

artisti e committenti, l'attività pittorica si afferma a poco a poco come attività specifica, irriducibile a un semplice lavoro di produzione materiale suscettibile di essere valutato secondo il semplice valore del tempo impiegato e dei colori utilizzati, e pronta a rivendicare, in quanto tale, lo statuto attribuito alle attività intellettuali più nobili»[20]. L'arte sostenuta dai mecenati, lungi dalle preoccupazioni di questo mondo inferiore, può realmente partecipare alla tendenza moderna alla specializzazione.

Ciò si mette anzi in evidenza, fin dalla modernità: «La prospettiva, nella sua definizione storica, è probabilmente la realizzazione più compiuta della visione scolastica: la prospettiva presuppone infatti un punto di vista unico e fisso – quindi l'adozione di una postura di spettatore immobile in un punto (di vista) – nonché l'adozione di una cornice che taglia, racchiude e astrae lo spettacolo con un limite rigido e immobile»[21]. La parcellizzazione del punto di vista è tuttavia individuabile per chi la vive nella vita reale, quindi in movimento; è lo spostamento laterale che fa vedere la verità della prospettiva. L'astrazione pittorica risulta dal rifiuto di vedere che essa non è che un punto di vista, che una prospettiva parziale. Il superamento di questa parzialità e la sua denuncia verranno, secondo Bourdieu, dalla considerazione delle condizioni empiriche e positive anche della produzione delle astrazioni. «Il potere di appropriazione simbolica del mondo, che la visione prospettica conferisce riconducendo il diverso sensibile all'unità ordinata di una sintesi di cui la prospettiva lineare definisce le condizioni di realizzazione, poggia, come su uno zoccolo invisibile, sul privilegio sociale – condizione dell'emergenza degli universi scolastici come dell'acquisizione e dell'esercizio delle disposizioni corrispondenti»[22].

Il disprezzo (borghese, a dire dei marxisti) degli scolastici per il popolo, quale il disprezzo di *Essere e tempo* per il 'si' dichiarato 'inautentico', o per la 'chiacchiera', si immagina dare un valore a ciò che, agli

---

[20] *Ibid.*, p. 29.
[21] *Ibid.*, p. 30.
[22] *Ibid.*, p. 32-33.

occhi di Bourdieu, non è tutt'al più che una forma sottile di deviazione dalla finitezza[23]. Al termine della sua esposizione, il sociologo francese propone nuovamente una modalità di metafisica marxista, con l'affermazione di un principio primo unico, olistico, che sarebbe capace di darci la chiave esplicativa della totalità di ciò che è. Questa chiave è evidentemente, nella sua prospettiva, di ordine essenzialmente economico e sociale[24]. «La critica sociologica [...] porta piuttosto al fondamento della 'filosofia' della filosofia, tacitamente impegnata nella pratica sociale, che si designa in un luogo e in un tempo determinati come filosofica»[25]. Secondo Bourdieu, appare così la fine della scolastica e di ogni filosofia, in seguito alla messa allo scoperto del loro fondamento reale, empiricamente economico e sociale.

La ragione disintegrata

Che il sapere si legittimi limitandosi (Popper) o specializzandosi (Bourdieu), gli si devono riconoscere comunque presupposti metafisici, ricondotti all'ordine dell'epistemologico da un lato o dell'economia e del sociale dall'altro. Per Popper, la procedura della 'falsificazione' non ha senso che sullo sfondo di verità, sebbene questa debba praticarsi in maniera ogni volta appropriata. Per Bourdieu, il presupposto deriva dallo sfondo economico e sociale della vita comune, di una vita senza sostanza, senza 'io'. Noi restiamo dunque con questi due autori in un mondo inevitabilmente globalizzato, unito in una forma astratta o una struttura generale, in ogni caso senza possibilità di discernimento delle circostanze particolari.

I postmoderni si sono posti a distanza da questa prospettiva accogliendo le tesi più estreme della scuola di Francoforte, soprattutto le attestazioni di Marcuse contro il mondo unidimensionale. Essi hanno accolto tuttavia in un certo qualche modo la mentalità della 'falsificazione' di Popper e del sospetto molto sessantottesco di Bourdieu, ma rinunciando con vigore ad ogni sistemazione di un nuovo principio

---

[23] Vedi P. BOURDIEU, *L'Ontologie politique de Martin Heidegger*.
[24] Vedi J.-V. CALVEZ, *Il pensiero di Karl Marx*.
[25] P. BOURDIEU, *Meditazioni pascaliane*, p. 39.

generale, poiché questo sarebbe comunque 'finito' nel senso di 'terminato' o di totalizzante. Essi insistono piuttosto sulla 'differenza' o, per meglio dirlo con Derrida, sull'attività di «differire»[26]. Alcuni hanno nondimeno pensato che appariva qui di nuovo 'un' principio metafisico. La 'differenza' non offre tuttavia, nel pensiero dei postmoderni, alcun punto di partenza per una costruzione assiomatica o per una dotta deduzione. Più negativa che positiva, essa non permette di sostenere un'affermazione che potrebbe essere utilizzata come riferimento per una ermeneutica che pretendesse di elevare il sospetto sul piano del sapere critico, come un principio scientifico primo. Essa induce piuttosto a un atto mentale di spostamento continuo, mai 'finito', 'terminato', e dunque sempre sfuggente.

Lo stile dei postmoderni si rifiuta perciò di essere tetico, 'positivo'; si farà protestatario, un discorso per l'azione più che per il pensiero sistematico. Si tratta per essi di eliminare l'idea che la storia abbia un senso determinabile perché previamente determinato, che essa possa essere rischiarata alla luce di una fine escatologica necessaria e universalmente riconciliatrice. Essi auspicano piuttosto di ritornare all'*hic et nunc*, alla terra e all'istante, secondo le espressioni di Nietzsche. I discorsi postmoderni decostruiscono le pretese delle scienze sociali che uniformano o globalizzano le mediazioni della nostra vita comune, che riducono le nostre conciliazioni sociali a non essere che strumenti per la gestione delle nostre società, come se noi dovessimo riceverle soltanto passivamente, come un destino obbligatorio per essere giusti. La critica postmoderna richiama a un nuovo orientamento delle interpretazioni che le scienze umane, oggi ancora troppo sottomesse alla modernità, ci danno di noi stessi. Ma rinunciando alle mediazioni razionali tradizionalmente fondatrici del sapere scientifico applicato ai fatti umani, i postmoderni rischiano di prestare il fianco ad un individualismo sfrenato, senza mediazione consistente, e senza rendersi conto che susciteranno conseguentemente nuove violenze, le quali scaturiranno inevitabilmente da questa assenza di mediazioni.

Per Jean-François Lyotard, che introdusse il termine 'postmoderno'[27]

---

[26] Vedi J. DERRIDA, «La Différance», p. 35-36.
[27] J.-Fr. LYOTARD, *La condizione postmoderna. Rapporto sul sapere.*

e ispirò quelli che fanno di questo termine il loro vessillo, i nostri giochi linguistici hanno talmente 'gioco' tra loro che permettono tutte le infedeltà, tutte le divaricazioni, e quindi anche tutte le modalità di compenetrazione. Tutti i tipi di comunicazione sono così possibili senza ordine prevedibile, il futuro essendo da abbandonare all'imprevisto dei loro intrecci. Non potremo mai affermare che vi è uno schema unico valido universalmente per ogni linguaggio. Nessun linguaggio potrà mai essere fondato al di là della sua particolarità funzionale, ossia fondato su un asse sicuro e stabile.

Habermas ha tuttavia contestato una tale visione. Secondo lui, un fondamento è possibile al linguaggio specializzato e al sapere a partire dal linguaggio ordinario in quanto luogo o sfondo di ogni pratica comunicativa. Questo linguaggio mediatore non è tecnico, erudito, sofisticato, suscettibile di diventare uno strumento. Esso è continuamente presente e inventivo. Quantunque esercitato da tutti, è veramente 'razionale', in un senso ampio. «Adoperiamo il termine 'razionale' non soltanto in connessione con espressioni che possono essere vere o false, efficaci o non efficaci. La razionalità che inerisce alla prassi comunicativa abbraccia un arco più ampio. Essa rimanda a varie forme dell'argomentazione come altrettante possibilità di proseguire l'agire comunicativo con mezzi riflessivi»[28]. Il linguaggio comune non è stabilito. Vi sono in esso tensioni, spazi che la vita percorre. «La logica dell'argomentazione non si riferisce, come quella formale, a nessi consequenziali fra unità semantiche (proposizioni), bensì a relazioni interne, anche non deduttive, fra unità pragmatiche (azioni linguistiche), di cui si compongono gli argomenti»[29].

Il criterio diventa qui quello di una esattezza che si esprime in norme morali, in valutazione estetica, o ancora in apprezzamento dell'efficacia delle proposizioni teoriche che servono a organizzare le nostre differenti azioni. Non si tratta dei criteri economici e sociali proposti da Bourdieu. La linguistica performativa di Austin o di Searle ispira probabilmente in parte il filosofo di Francoforte; essa manifesta la vitalità che è interna al linguaggio, alle nostre espressioni. Non vi

---

[28] J. HABERMAS, *Teoria dell'agire comunicativo*, t. I, p. 64.
[29] *Ibid.*, t. I, p. 81.

sono quindi da cercare narrazioni fondatrici del linguaggio, il cui fondamento si trova nella circolazione del senso all'interno stesso dello scambio effettivo delle nostre parole. Se il mondo e le nostre parole sono largamente disincantati rispetto alla nostra cultura contemporanea, non siamo per questo condannati allo scetticismo. La ragione in circolo nella pluralità delle nostre relazioni personali in seno alla comunicazione linguistica non è messa in rotta. Essa è, al contrario, chiamata ad effettuarsi nella pluralità stessa, la quale le garantisce uno spazio di vita. Habermas potrebbe agevolmente correggere le affermazioni di Bourdieu: la vita culturale non è riducibile alle condizioni economiche e sociali che la globalizzano, poiché è propria delle persone individuali che vivono di valori esprimendoli in modi tanto privati che pubblici. La sfera privata o personale appartiene anche alla razionalità, che si dispone ad accogliere e intendere ogni senso, qualunque esso sia.

Le nostre relazioni economiche conoscono un conflitto immanente tra lo scopo finale perseguito, molto generale, e il privato o il personale che impone di correggere continuamente questo scopo finale in funzione del presente dei bisogni e dei desideri di ciascuno. L'universale si impone verosimilmente al privato, ma anche agli atti comuni perché essi non divengano astratti. La ricerca sfrenata del profitto economico, difficilmente determinabile da ciascuno di noi e neutralizzante le nostre personalità, è mitigata dai movimenti sociali regolatori in cui emergono le proteste delle persone reali. La razionalità comunicativa è qui, nella prospettiva di qualche equilibrio tra le forme economiche future, oggi ancora lontane e a stento rappresentabili persino in sogno, e l'uomo sociale concretamente impegnato nel suo presente.

Le riflessioni contemporanee sulla dinamica della scienza mostrano con evidenza che la ragione, che espone le sue ragioni in proposizioni logicamente ben formate, non ha in queste proposizioni la ragione della verità. Il sapere non si basa su conoscenze formali, ma su una pratica. Questa pratica è fondamentalmente 'intenzionale' nel senso di una ricerca di una causa finale? La filosofia di solito l'ha pensato. Non sarebbe però più fondamentalmente un'etica che anima dall'interno il desiderio di conoscere ogni cosa, compresa la causa finale universale? L'universalità della ragione integra allora tutte le differenti scienze concretamente esercitate, e ancor più perché essa non può appagarsi delle pratiche scientifiche. Essa deve assumere tutte le forme dell'agire personale, le quali restano inesauribili per le scienze. Non è d'altronde la scienza che costituisce l'orizzonte originario del linguaggio, ma ciò che con Blondel si potrebbe definire una «normativa»[30]. Una sorta di diritto, che non deriva dalla necessità delle scienze, sembra così costituire l'autentico *ethos*, la vera dimora della ragione.

Conclusione

La riflessione fondamentale è da sempre alla ricerca delle sue proprie possibilità, come se fosse inevitabilmente problematica, come se noi fossimo privi della capacità di raggiungere il 'fondamento' in una maniera che corrisponda alla sua idea. Il concetto del fondamento porta, infatti, con sé quello dell'originario. L'originario però non si presenta mai se non immediatamente, nell'origine. All'inizio della prima parte del nostro studio, avevamo detto che l'atto di libertà costituiva la sorgente della riflessione filosofica fondamentale. Le tradizioni classiche dicono anche, o invece, che il punto universalmente più originario è l'atto di essere. Per molti dei nostri contemporanei, la libertà sarebbe 'soggettiva' e l'atto di essere 'oggettivo'. Per il momento però poco importa questa disputa; né l'atto di essere né la libertà si donano, infatti, immediatamente. L'originario non appare che immediatamente. La libertà si manifesta impegnandosi nel mondo per crearvi nuove serie di eventi. L'atto di essere, nel momento in cui appare, già non è più l'atto di essere in atto ma un'apparenza, una determinazione distinta e relativa. Mai dunque possiamo accedere all'originario in una maniera che sia degna della sua essenza semplice. Come possiamo però averne conoscenza noi che ne siamo incapaci se non avessimo già qualche sapere nascosto? E come far accedere al linguaggio questo sapere definitivamente occultato senza cadere in inevitabili illusioni? Peraltro, sarebbe insensato pensare che l'accecamento dinanzi al mistero dell'originario o per quanto riguarda il suo ritrarsi essenziale, l'im-

---

[30] Vedi I. MALAGUTI, *Per una «ontologia drammatica»*.

possibilità di stabilirci in maniera definitiva vicino ad esso, sia proprio al principio della violenza?

La seconda parte del nostro studio ha preso in considerazione il lavoro della ragione. Il nostro punto di vista non è stato quello dell'epistemologia. Infatti, la ragione non è soltanto una struttura funzionale di cui potremmo descrivere i diversi elementi distinguendoli dapprima analiticamente, poi articolandoli insieme sinteticamente affinché essi compongano una sorta di vettore intenzionale e finalizzato. Una ragione che non lavora effettivamente facendo appello a tutte le sue potenzialità connesse non è una ragione. Noi abbiamo considerato la ragione come una pratica piuttosto che come un insieme di capacità mentali; le sue capacità non si mostrano d'altronde al di fuori della sua pratica unificata. La riflessione contemporanea è più che tutt'altro attenta a questa 'condizione', come diceva Éric Weil, della ragione. La pratica della ragione mostra la sua natura, l'essenza del suo atto. L'idea della ragione comporta certamente quella di un orizzonte della sua intenzione, che è l'"uno', l'ordine, il sistema. La totalità della ragione non viene però definita così. L'orizzonte intenzionale della ragione non è la sua sola condizione. La condizione prima della ragione appartiene al linguaggio. Kant ed Hegel l'hanno misconosciuto, a meno che essi abbiano creduto di poter padroneggiare questa condizione nelle loro proprie espressioni, il che sarebbe un circolo vizioso, e una pretesa così ingenua come insopportabile.

La stessa pretesa è all'origine di troppe chiacchiere in questi tempi di internet e di globalizzazione, ciò che trascina il pensiero verso discorsi generici e verso la futilità, l'accessorio da cui dovremmo liberarci per acuire la nostra attenzione alla saggezza e alla ricchezza profonda degli esistenti che comunicano veramente. La violenza così immessa furtivamente nelle nostre vite attuali rende evidente un rifiuto comune dell'essenziale, un ritrarsi dell'origine, il suo silenzio, il che provoca la riduzione degli universali nelle generalità, dell'individuo nella conformità alle immagini che le nostre società senza volto trasudano da se stesse e che ci impongono.

Il sapere che la ragione ha di sé è probabilmente molto spesso ad immagine delle società che ne traggono vantaggio. La ragione però non è soltanto un'immagine, una funzione sociale che potremmo utilizzare

La pratica della ragione

a modo nostro. La riflessione trascendentale l'ha sempre pensato, ma non sempre mostrato con sufficiente verità. La ragione è in realtà una pratica e un impegno, una maniera di porsi in relazione con l'altro prima di essere una interpretazione del mondo; è un atto di relazione tra le persone che si parlano e che cercano insieme un accordo, o più che un accordo, l'intesa nel cuore delle loro differenze. Si pone così la questione di sapere come possa accadere che la ragione diventi violenta. Non sarebbe perché rifiuta la sua condizione essenziale di interlocuzione, perché si ritiene capace di costruire un sapere unificato piuttosto che un atto di interlocuzione plurima, capace di determinare e di stabilire l'originario piuttosto che accostare insieme ciò che è, il vero che si dona in bontà a quelli che se ne preoccupano?

TERZA PARTE
I DIBATTITI DELL'AZIONE

INTRODUZIONE

La ragione è ragione quando viene adoperata. Una ragione che non si esercita come ragione non è una ragione. È una pratica effettiva o non è. Da questo punto di vista, alcuni hanno pensato che essa costituisca una potenza o una facoltà che, nell'uomo, corrisponde a una necessità vitale. La ragione ha di fatto una funzione vitale. La povertà organica e psichica dell'uomo è compensata dalla sua ricchezza spirituale e razionale, di cui non si trova l'eguale nel mondo[1]. Se ci si pone nella prospettiva bio-fisiologica per la quale un organo risulta da un adattamento del vivente alle circostanze della sua esistenza, si potrà affermare che tutte le funzioni biologiche naturali sono stabilite per rispondere alle sollecitazioni della vita affinché questa possa raggiungere quanto di meglio è possibile. Se tutte le nostre funzioni derivano da un bisogno della vita, avverrà lo stesso per la ragione.

Vi sono tuttavia nell'esercizio di questa alcune possibilità che non sono determinate dalle sole evenienze della vita. La ragione è, infatti, capace di interessarsi a ciò che non serve immediatamente alla per-

---

[1] Che la ragione sia un effetto della natura è una tesi comune in filosofia. «La tendenza di servirsi di questa facoltà per *ragionare erroneamente*, e poi, a poco a poco, per ragionare con metodo ed invero solo per concetti, ossia per *filosofare*; e, andando avanti, anche per scontrarsi polemicamente con altri con l'aiuto della propria filosofia, ossia per *disputare*; e, visto che difficilmente ciò si volge senza che s'eccitino gli animi, per *litigare* a difesa della propria filosofia; e, da ultimo, raccoltisi gli schieramenti l'uno contro l'altro (scuola contro scuola, come milizie contrapposte), per *condurre una guerra* aperta; – questa tendenza, io dico, o piuttosto quest'*impulso*, dovrebbe essere riguardata come una delle disposizioni benefiche e sagge della natura, la quale se ne serve per tentar de distogliere l'uomo della grande infelicità causata dalla decomposizione del suo corpo vivente» (E. Kant, «Annuncio», p. 278). «Lo sforzo creatore è passato con successo solo sulla linea di evoluzione che è approdata all'uomo. Attraverso la materia, la coscienza ha preso in questo caso, come in uno stampo, la forma dell'intelligenza costruttiva. E l'invenzione, che porta in sé la riflessione, è approdata nella libertà [...]. L'arresto stesso dello slancio creatore, che si è manifestato nell'apparizione della nostra specie, ha dato, con l'intelligenza umana, la funzione fabulatrice che elabora le religioni» (H. Bergson, *Le due fonti della morale e della religione*, pp. 161-162).

manenza dell'esistenza. Il concetto di vita, connesso a quello di ragione, non è univoco; l'esercizio gratuito della ragione teorica ne è un segno evidente. Per di più, la ragione sovrasta talmente la vita che è capace di rivolgerla contro se stessa e di andare così radicalmente contro di essa. Se pertanto la ragione costituisce una funzione della vita, è libera al pari di essa. Si potrà dire tuttavia che la ragione cerca abitualmente di fare proprio lo slancio della sua sorgente vitale, ma controllando per quanto possibile ciò che potrà proteggerla dalle potenze minacciose che sono presenti in essa e che causano l'evoluzione della vita stessa. Se è vero che la ragione trascende la vita, è anche vero che mette in opera tutte le capacità che trae dalla vita per lottare contro gli aspetti propriamente mortiferi che in essa sono intrinsecamente presenti.

La ricerca della ragione è tesa, ambigua. Per l'Antichità, ma anche per noi e con diverse modalità, essa non si accontenta del sapere scientifico, che trascende la vita analizzandola, giudicandola, manipolandola, avendo anche in vista progetti ben determinati che non hanno granché a vedere con la spontaneità del βίος. La pratica della ragione che trascende la vita rivolgendosi contro di essa esprime la sua essenza originaria in modo paradossale. Questa essenza si comprenderebbe meglio là dove la ragione viene in aiuto alla vita, salva la vita! Se la ragione trascende però la vita, dev'essere necessariamente e sempre al suo servizio? Essere contro la vita, non è una possibilità costitutiva della ragione, una manifestazione della sua dignità?

Occorre riconoscere che la pratica della ragione risulta in massima parte dai sentimenti, dagli influssi sociali, dai desideri di successo che nascono da movimenti affettivi che la superano e la impegnano nella ricerca. I lavori contemporanei in biologia ne sono una testimonianza molto evidente. Questi influssi stimolano lo sviluppo scientifico, lo spingono a oltrepassare i limiti che la ragione si era precedentemente data, gli fanno adottare ipotesi libere e che contrastano con altre ipotesi che sembravano più vicine ad una razionalità naturale ma troppo piena di sé. Le discussioni attuali sulle cellule staminali e sull'identità della persona non si esauriscono in argomentazioni strettamente scientifiche, ma secondo opzioni etiche in cui l'idea della vita, divenuta indistinta, non serve più come riferimento di base.

Da dove viene questa inventiva della ragione, delle sue imprese che

Introduzione

si impongono al di là dei limiti della natura? Le relazioni interpersonali e le loro ricchezze stimolano evidentemente le invenzioni scientifiche. Non è però nelle teorie psicologiche e sociali delle motivazioni scientifiche che si troveranno le spiegazioni più convincenti per quanto riguarda l'essenza della ragione e le sue modalità creative di espressione. Queste teorie sono d'altronde molteplici e incerte. La ragione non può decidere per motivi puramente logici o scientifici in quale teoria esprimerà adeguatamente la sua essenza e accederà a sé, né quale teoria la sprofonderà nelle tesi che essa trascende comunque per giudicarle. La ragione, anche quando si raffigura in forme psicologiche o sociali, ha così una intelligenza senza fondamento e drammatica di sé.

Ecco perché la ragione non può apprendere ciò che essa è senza interpretare le sue azioni. Occorre che essa possa ritrovare nelle sue differenti opere raffigurazioni della sua essenza piuttosto che gli oggetti disponibili per nuove analisi. La ragione è una pratica. Non disdegniamo con ciò le filosofie che si soffermano sulla sua struttura formale e sulle modalità della sua potenza di determinazione; l'intelligenza della ragione non è tuttavia esaurita da ciò, e neppure considerata in maniera radicale. L'essenza della pratica razionale è di procedere verso l'uno senza ignorare i molteplici. Da qui la sua tensione fondamentale, un dramma che umilia la volontà di tutto comprendere riconducendo tutto sotto l'uno.

La tensione immanente della ragione si manifesta fin dal livello del sapere; si evidenzia anche nella sua azione pratica in cui non tende soltanto a conclusioni erudite, ma all'unità con se stessa e alla pace. La terza parte del presente saggio prenderà in considerazione questa situazione. Essa esaminerà in primo luogo in che modo è stato chiarito in maniera mitica o razionale la fondazione delle nostre città in cui noi cerchiamo di realizzare una maggiore unità concreta delle nostre esistenze; queste esplicazioni rievocano molto spesso storie di omicidi. La vita comune è difficile, poiché deve integrare le nostre volontà particolari di potenza e il principio razionale di unità. Ora, vi è un conflitto inevitabile tra le nostre individualità e il desiderio di comunione con l'altro. L'esperienza sociale è in questo senso simile all'esperienza intellettuale; da una parte e dall'altra è in gioco la tensione o la relazione reciproca dell'uno e dei molteplici. Ci interrogheremo successivamente sull'essenza del diritto e della giustizia in cui la ragione, rischiarata dall'uso dei contratti, tenta di articolare e di acquietare le tensioni immanenti alla pratica sociale. Concluderemo la nostra esposizione insistendo sulle aporie che la giustizia incontra continuamente anche quando essa è fedele alla sua intenzione di uguaglianza per tutti, ossia al desiderio più radicale della ragione stessa.

CAPITOLO VII

LA CITTÀ E I MALVAGI

La ragione umana non si limita a interpretare e a cambiare il mondo. Non è soltanto oggettiva. Essa impegna tutto l'uomo. Ne esprime l'essenza in molteplici modi, ma tutti in quanto l'uomo è in atto e agisce. La ragione oggettiva o scientifica, come è stato evidenziato da un secolo di storia del pensiero, non è senza un contesto che renda possibile il suo impegno. È innanzitutto nella storia, essa ha una storia. La successione delle categorie che si presentano nel corso del tempo agli scienziati, le loro evoluzioni, le loro scomparse anche di tempo in tempo per lasciare il posto a nuovi strumenti più potenti di comprensione, tutto ciò mostra che la scienza è nella storia, e non al di sopra di essa, che è l'opera di un atto umano. La storicità della ricerca scientifica mette in luce l'essenza della ragione la cui realtà non è senza un'autogenerazione progressiva. La ragione è attiva, anche prima di essere descrittiva delle cose; le sue analisi delle cose esprimono la sua essenza. La sua azione si svolge tuttavia in un mondo di comunicazione e secondo gli scambi che vi si producono. Si potrà riconoscere a partire da queste considerazioni che l'esigenza della ragione scientifica nasce al di qua del sapere determinante e procede al di là dei risultati che la scienza può produrre, che essa nasce in realtà dal cuore delle relazioni umane dispiegate sul piano del linguaggio. Si deve quindi affermare che la scienza nasce da un desiderio il cui luogo appropriato è più che la solitudine di un laboratorio.

Lo schema classico che collocava la cultura dopo la natura è allora messo in crisi. Probabilmente non è più valido. La natura della ragione, dell'uomo ragionevole, è la sua cultura. Uno schema classico esaltava l'emergere della scienza e della sua trascendenza sulle cose oggettive, identificate con la natura. La ragione umana esponeva in questo modo i suoi titoli di gloria, la sua grandezza. Il concetto di natura non è però costruito in questo caso essendo deprezzato, ossia in funzione di qualche passione della ragione e della coscienza della sua elevatezza? In realtà, la natura dell'uomo non è altro che la sua capacità di creare delle relazioni, ciò che significa d'altronde l'origine etimologia del vocabolo 'ragione'. Essere razionale non consiste in primo luogo nel sapere, ma nello stabilire relazioni. Ora, ogni uomo è nel centro di un insieme indefinito di relazioni. Il suo lavoro intellettuale esprime in maniera specifica ma non unica la sua natura capace di relazioni e che si vive originariamente sul piano delle libertà. Queste, che si impegnano le une nei confronti delle altre, unendosi sul piano della società senza confondersi, esercitano così l'essenza stessa della ragione.

Esporremo pertanto in questo capitolo alcuni aspetti inerenti alla vita delle società. Queste non sono senza violenza; la fondazione delle città è d'altronde spesso narrata nei miti e nei libri di storia dove sono menzionati atti di estrema violenza, degli omicidi; l'intersoggettività si apre nelle città spazi che la proteggono ripetendo o interiorizzando queste violenze in sacrifici preliminari; ricorderemo alcune tradizioni per le quali le città sono effettivamente fondate in connessione con violenze poco degne dell'umanità. Presenteremo quindi alcune tesi politiche della modernità; quest'epoca era alla ricerca di un nuovo equilibrio in Occidente perché la mediazione religiosa della vita politica non era più sicura mentre si incrementava l'intelligenza laica della società; ci soffermeremo successivamente sugli scritti che Hobbes e Rousseau hanno lasciato sulle relazioni tra natura e cultura. La nostra riflessione proseguirà così evidenziando le modalità di pratica effettiva che la ragione umana assume quando viene messa a raffronto con le condizioni temporali e storiche dell'intersoggettività.

La fondazione delle città

Secondo Girard, ciò che cementa la società è l'omicidio, o perlomeno l'espulsione del capro espiatorio, un atto di violenza che finisce comunque col provocare la morte della vittima, una persona abitualmente vicina a quelli che la uccidono. Infatti, il capro espiatorio non è generalmente un estraneo al gruppo. Questa del resto è una condizione perché il suo sacrificio possa rendere più saldi i legami tra gli assassini. Girard si ispira probabilmente qui a Freud che, in *Totem e tabù*, afferma

La città e i malvagi

che la violenza (l'omicidio del padre, del fratello o dei figli) è originaria perché dà appunto origine alla società e dunque ad una vita propriamente umana. È bene ricordare il racconto biblico di Caino e di Abele, su cui ritorneremo tra breve. Caino sarà chiamato «fondatore di città»[1]. Si conoscono anche i racconti che narrano come Romolo e Remo diedero origine alla città di Roma[2]. Molte altre città hanno un'origine simile, ugualmente drammatica. Le città si costruiscono il più delle volte sul sangue del fratello, ossia sulla rottura dell'alleanza naturale con colui che è il più vicino. La cultura e l'umanità nascono dall'omicidio.

Secondo la Genesi 4, 2-16, la storia dell'uomo, dopo la cacciata dal paradiso, inizia con la generazione di Caino e di Abele, i due figli di Eva e con l'assassinio di Abele a opera di Caino. Caino è stato anche il fondatore della prima città della storia dell'umanità, poco dopo aver assassinato suo fratello minore. Le ragioni di questo omicidio sono semplici. Caino il coltivatore e Abele il pastore avevano offerto ciascuno un sacrificio a Dio, ed è quello di Abele che era stato preferito da Dio. Caino ne è stato molto geloso. La sua gelosia poggiava tuttavia più sulla scelta libera di Dio che su suo fratello Abele. La gelosia o la paura di essere stato disprezzato da Dio è stata all'origine dell'odio per Abele e del suo assassinio. La gelosia di Caino, o il suo rapporto con Dio, era molto più profonda che l'odio per suo fratello. È la sua gelosia verticale che è stata la causa della sua azione assassina, e non un odio con dimensione puramente orizzontale. L'odio di Caino manifestava la sua diffidenza radicale nei confronti di Dio che aveva liberamente scelto di accettare il sacrificio di Abele piuttosto che il suo. Con diffidenza, Caino si mise dunque a giudicare Dio. Giudicò che poteva innalzarsi lui stesso sul piano della trascendenza per farsi uguale a Dio, a meno che, al contrario, non abbassasse Dio al suo livello. Ad ogni modo, ecco perché rifiutò di rispondere alla domanda divina: «Dov'è tuo fratello?». È così che «il male ha spalancato la porta del nulla»[3], all'unidimensionalità, definitivamente, fin dall'alba dell'umanità.

---

[1] Gn 4,17.
[2] Vedi AGOSTINO, *La Città di Dio*, XV, iv-v.
[3] M. NICOLETTI, *La politica e il male*, p. 28. L'insieme della nostra riflessione sulla fondazione delle città si ispira ampiamente a questa opera.

Caino si mostrò apparentemente indifferente verso suo fratello perché era divenuto in realtà indifferente o pieno di risentimento verso Dio che non aveva corrisposto ai suoi desideri. Dio doveva essere suo pari, e Caino rifiutò per questo di assumersi la responsabilità di suo fratello. Il risultato è che Caino, il coltivatore che godeva di una dimora fissa, è stato condannato a restare senza terra, poiché l'aveva infangata versando il sangue di suo fratello, il pastore continuamente in viaggio. Dovrà dunque rinunciare alla sua casa ed errare, un po' alla maniera di suo fratello ma senza gregge. Ricevette un segno che Dio impresse sul suo corpo perché non fosse a sua volta assassinato e perché il circuito infernale della violenza fosse bloccato, «la violenza vendicatrice rischia di essere peggiore della prima violenza»[4]. Dio riprese così lui stesso il potere di vita e di morte che l'uomo si era attribuito[5]. Ma Caino non si fidò. Errò fino a fondare una città e vi costruì di che difendersi contro ipotetici nemici. Volle proteggersi lui stesso. Edificò delle mura all'interno delle quali rinserrò la sua città, ossia la sua terra e il suo paradiso.

Caino mostrava così di rifiutarsi ancora di dare fiducia a Dio e al suo segno destinato a proteggerlo. Preferiva proteggere se stesso passando dal vagabondare allo stato di cittadino. Si può interpretare questa fondazione della città come la manifestazione del suo desiderio di ritrovare qualche cosa del paradiso perduto. Questa storia di Caino ha valore universale. Essa è confermata dalle feste celebrate in tante parti del mondo al momento della fondazione delle città e del loro anniversario, con la sequenza di celebrazioni rituali, di sacrifici generalmente simbolici, ma talvolta anche cruenti. L'atto di fondazione di una città esprime così il duplice tentativo di darsi uno spazio protetto e un luogo in cui nascondere la propria colpa inconfessata, l'assassinio di Abele. Il nome della città di Caino è quello del suo proprio figlio Enoch, nome che potrebbe significare 'consacrazione'. Questa denominazione rende manifesta la diffidenza e l'orgoglio di Caino. La nostalgia del paradiso perduto si trasforma in certezza che l'uomo è capace di darsi da se stesso la sua patria, la sua dimora, la sua discendenza, che le mura delle sue proprietà gli assicurano. La città sostituisce e secolarizza il

---

[4] M. Nicoletti, *La politica e il male*, p. 31.

[5] Si conosce l'espressione degli avversari della pena di morte: «Nessuno tocchi Caino».

paradiso, riportandolo alla misura dell'uomo. La città terrestre va così ad erigersi sempre più chiaramente contro la città di Dio, in vista di farla scomparire, di renderla inutile, fino a disinteressarsi totalmente della bontà divina. Secondo la *Città di Dio* di Agostino[6], l'uomo fedele a Dio non ha bisogno di città perché la città divina gli dona tutto ciò che occorre per realizzare il suo bisogno di identità, di comunione e di protezione. Al contrario, i peccatori, che rigettano ogni speranza in Dio, ripongono il loro auspicio nella loro città, nel regno e nella felicità che essi circondano di fossati per meglio proteggerli da questo mondo pericoloso. Non avendo più alcuna fede né alcuna speranza, non hanno più alcun bene da sperare al di là di se stessi. Non hanno più alcun grande desiderio capace di animarli. Per Kierkegaard, la politica secolare e cittadina è in questo «una maledetta caricatura della religione»[7].

Il peccatore, condannato da Dio ad errare portando suo malgrado il segno della protezione divina sulla fronte, respinge il senso di questo segno e rifiuta l'errare installandosi nella città che egli stesso ha costruito. Poiché diffida di Dio, della sua capacità di proteggerlo con un semplice segno, si crede sempre in pericolo. Preferisce dunque fare affidamento solo su di sé. Ecco perché Caino diede alla città il nome della sua propria potenza umana, della sua paternità, il nome di suo figlio[8]. Si glorificò così e si diede un avvenire generato da lui solo, dalla sua sola certezza. La città che dà accoglienza fa nondimeno poggiare su tutti i cittadini il bisogno di proteggersi insieme. Gli abitanti della città credono tutti di aver bisogno di una salvezza in questo mondo pericoloso ma non l'attendono più da Dio. Dovranno proteggersi da se stessi e darsi risorse umane per questo fine. In realtà, essi partecipano la loro condizione di peccatori, la loro diffidenza nei confronti di Dio.

Si riconosce uno scenario simile nella storia di Babele descritta nel capitolo 11 della Genesi. Ogni città forma una unità. Secondo la Bibbia, prima ancora di rinchiudersi in una città, tutti gli uomini parlavano un'unica lingua[9]; vivevano dunque una unità senza l'accerchiamento

---

[6] Agostino, *La Città di Dio*, XV, xviii-xix.
[7] Citato da M. Nicoletti, *La politica e il male*, p. 33.
[8] Gn 4,17.
[9] Gn 11,1-9.

delle mura protettive. Babele, ossia ogni raggruppamento umano, rappresenta la volontà che hanno gli uomini di non perdere il loro valore sacro, che essi intendono tuttavia riservare a se stessi. Tale è il significato della torre che essi vogliono far ascendere fino al cielo, in un atto di fondazione che muove all'assalto delle altezze, un gesto che manifesta una intenzione esplicitamente contraria a quella di Dio[10]. Babele, nome ebraico per Babilonia, risponde alla necessità di autoglorificarsi in corrispondenza così alla paura di disperdersi, fino a rendere però impossibile qualunque reciproca comprensione[11]. La città è costruita a partire dai soli tentativi dell'uomo, grazie alla sua competenza nella tecnica di costruzione. Tutto ciò manifesta la volontà degli abitanti di prendere essi stessi in mano il loro destino, ossia di allontanarsi da Dio, il quale risponde loro pertanto distruggendo la torre e la città, facendoli di nuovo errare affinché la moltiplicazione delle lingue nella città non sia più la causa della loro incomprensione mutua. Ciascuno quindi se ne va per il suo proprio cammino con la sua propria lingua, una dispersione che è una modalità di salvezza.

La violenza si esprime qui in maniera obliqua, allorché si manifesta la paura viscerale degli uomini che si costruiscono una torre con lo scopo di autodivinizzarsi e per il fatto che i cittadini si connettono definitivamente a un pezzo di terra chiuso da mura senza avere in se stessi le qualità sufficienti per intendersi correttamente. La violenza della paura contro la bontà di Dio ha come conseguenza immediata la violenza degli uomini che hanno paura gli uni degli altri e che non sanno più accordare la loro fiducia a chiunque sembri loro estraneo. Gli uomini rendono allora manifesta la loro incapacità a comprendersi al di là dei loro gruppi omogenei e rinchiusi nei loro codici. La difficoltà di tradurre le molteplici lingue, l'impossibilità di farne traduzioni definitive e del tutto corrette, manifesta con evidenza questa violenza. La Scrittura sostiene tuttavia la speranza della fondazione di una città ad opera di Dio stesso, la città della pace, la Gerusalemme che non sarà costruita da mani di uomini[12] ma la cui fondazione e co-

---

[10] Vedi M. Nicoletti, *La politica e il male*, p. 39.
[11] Secondo Gn11,9, la parola Babele significa «confusione».
[12] Ap 21,2.

struzione saranno da ricevere, una città che verrà dall'alto poiché la Gerusalemme costruita dai re degli uomini «continua ad assassinare i suoi profeti»[13].

Hobbes

Per Aristotele, l'uomo è un animale politico. Ma che cos'è la politica? Il termine 'politica' rinvia al greco πόλις che significa 'metropoli', 'città'. L'uomo sarebbe per natura un cittadino, che partecipa attivamente alla vita della città. La definizione dello Stagirita è tuttavia, nel suo tempo, una promessa più che una realtà. Essa dev'essere sfumata, e limitata. Non può ignorare la realtà storica delle strutture sociali di un'epoca di cui Hannah Arendt ha messo in evidenza le ambiguità[14]: se l'uomo aristotelico è politico, erano in realtà poco numerosi, al tempo di Aristotele, gli uomini così identificabili! Si potrebbe persino escogitare questa formula: quelli che possono fare politica, secondo i codici sociali del tempo, sono essi, gli uomini. La città, la πόλις, non ripartiva in eguale misura i diritti e i doveri tra tutti gli abitanti. Soltanto alcuni uomini erano cittadini, abilitati a prendere la parola nell'ἀγορά; tutti gli altri abitanti della città, le donne, i bambini, gli schiavi, dovevano tacere. Le società dei Tempi moderni non sono maggiormente rispettose dei diritti e dei doveri che appartengono in linea di massima a tutti i loro membri. Esse sono derivate dai poteri borghesi e cittadini che sostenevano lo sviluppo del commercio e delle università. Sono state favorite anche dal protestantesimo che, privilegiando l'atto individuale libero, negava ad ogni autorità gerarchica la capacità di fare assegnamento sulla sola superiorità del proprio potere. I Tempi moderni solo gradualmente si sono resi attenti alla democrazia in quanto struttura politica che si avvale dell'impegno fiducioso di tutti i suoi membri, senza eccezione.

La società politica, che vede nella democrazia la migliore manifestazione del suo sentire, è un sistema dalle mille sfaccettature. Il suo solo

---

[13] Mt 23,37.
[14] H. ARENDT, *Vita attiva. La condizione umana.*

criterio universale è territoriale. Le sue modalità particolari (nessuna democrazia è uguale a un'altra) sono determinate dai cittadini che si trovano là perché quello è il loro luogo di nascita. Poiché essi nascono su questo o quel territorio, i cittadini fanno parte di questa o di quella società politica – il cui contenuto gode dunque di questo solo criterio oggettivo contro il quale gli individui non possono opporsi. Vi sono certamente evoluzioni interne ai regimi politici, passaggi dall'uno all'altro. Platone ha già messo in evidenza la logica di queste trasformazioni[15]. Le democrazie conoscono esse stesse delle evoluzioni. Esse eliminano lentamente, le une dopo le altre, i criteri che non corrispondono alla forma pura della definizione astratta dalla loro essenza, per esempio il criterio discriminatorio dell'origine familiare o delle classi sociali – questa eliminazione essendo tuttavia sempre da rifare, mai acquisita veramente. Il criterio territoriale si mantiene tuttavia come il solo possibile, grazie alla sua neutralità oggettiva. Tuttavia anche questo criterio dovrà essere precisato. Il luogo di nascita perderà di fatto progressivamente la sua forza specifica a vantaggio della considerazione del territorio occupato *hic et nunc*, divenuto l'unico criterio di appartenenza alla società democratica, indipendentemente dalla partecipazione alla sua storia particolare, alle sue antiche tradizioni; si esigerà dagli stranieri che vengono ad installarsi in un nuovo paese una conoscenza davvero minima della lingua locale e dei suoi costumi, dei suoi radicamenti ancestrali, della sua costituzione. Dei ghetti etnici sembreranno contrari all'idea della democrazia. La neutralità geografica richeggia la neutralità della definizione classica dell'uomo in quanto animale razionale. Con i Tempi moderni e la nascita degli Stati centralizzati, l'uomo inizierà a dare allo spazio la forma della sua propria definizione, la razionalità essendo divenuta puramente quantitativa, matematica, geometrica.

L'esperienza politica dei Tempi moderni non costituisce che una tappa verso l'oggi della democrazia. Questi tempi, in quanto tali, non sono tuttavia quelli di un'epoca meno bellicosa di un'altra, proprio al contrario. La divisione del mondo europeo sembra più evidente che mai. Le guerre di religione sono orribili. Gli Stati moderni fanno

---

[15] Vedi PLATONE, *La Repubblica*, libro VIII.

grandi sforzi per acquisire la loro identità per mezzo della centralizzazione degli organi necessari al funzionamento della società. Thomas Hobbes ha assistito alle lotte degli Stuart e di Cromwell, alle volontà di assolutismo che si scontravano contro gli organi di uno Stato costituzionale che si andava costituendo. Lotte simili tra gli assolutisti e i costituzionalisti nascevano un po' dappertutto in Europa. I conflitti erano acuiti dalle trascrizioni politiche della religione, per esempio con Bellarmino e quelli che vedevano nella pretesa dei Sovrani al potere assoluto una concorrenza a un altro potere assoluto, il potere pontificio. Ma Hobbes, come altri autori dell'epoca, non ragiona a partire dalle difficoltà storico-religiose del suo tempo. Aspira a mostrare le ragioni puramente teoriche, e quindi universali, delle sue vedute politiche[16]. Egli promuove una tesi che, pur opponendosi ai poteri effettivi del tempo, riconosce malgrado tutto l'importanza di un'autorità politica forte. «L'obbedienza alle leggi di cui il Leviatano è, per la sua generazione, solo abilitato a determinare l'esistenza e il contenuto, non è né il risultato di una pressione della storia – questa non è suscettibile di insegnamento in materia di diritto politico – né il segno della potenza *de jure divino* di un monarca – il dispotismo teologico-taumaturgico è estraneo alla ragione che filosofeggia. Pure Hobbes afferma una rigorosa logica giuridica con la quale prende le distanze dalle teorie dell'obbedienza passiva»[17]. Si mette così in contrapposizione agli Stuart che difendevano questa teoria al servizio del loro dispotismo.

In definitiva, la questione posta da Hobbes è radicalmente questa: che cos'è l'uomo nella città? L'autore inglese muove da una posizione verosimilmente nominalista. Ciascun uomo è una monade che perse-

---

[16] Vedi Y.-Ch. ZARKA, *La décision métaphysique de Hobbes*.

[17] S. GOYARD-FABRE, «Loi civile et obéissance dans l'État Léviathan», p. 293. La stessa idea in Y.-Ch. ZARKA, *La décision métaphysique de Hobbes*, p. 23: «È quindi proprio la fondazione di un sapere che riguarda [...] la nozione di *fondazione* ripresa tre volte in alcune righe. Conferire alla politica lo statuto di scienza, è farla uscire dal conflitto delle opinioni di cui essa è stata fin qui l'oggetto. Ora, questo compito non può essere condotto a buon fine in assenza "di un chiaro e retto metodo". Fondare una scienza politica, è dunque ricondurla ai principi e all'ordine che la *mathesis* costituisce»; o ancora, p. 25: «La fondazione politica di un codice giuridico dello Stato si sostituisce all'ordine ontologico perduto».

gue le proprie necessità, e che può trovarsi per questa ragione in opposizione a tutti gli altri uomini. L'uomo è un lupo per l'uomo. *Homo homini lupus*, dice il *De cive*[18], intendendo designare con ciò lo stato di natura dell'uomo. Il fatto è che la monade umana, ricca della sua volontà di vivere, del suo *conatus*, del suo sforzo di essere sul quale la modernità ha tanto insistito, cerca di svilupparsi da se stessa. Tale è d'altronde la definizione che Hobbes dava della libertà: «Il diritto di natura, che gli scrittori comunemente chiamano *jus naturale*, è la libertà che ogni uomo ha di usare il suo potere, come egli vuole, per la preservazione della propria natura, vale a dire, della propria vita, e per conseguenza, di fare qualunque cosa nel suo giudizio e nella sua ragione egli concepirà essere il mezzo più atto a ciò»[19].

Una tale libertà monadologica non è tuttavia praticabile. Se dei correttivi non vengono introdotti, lo stato di natura sprofonderà necessariamente in lotte fratricide. In ogni uomo, che è animato dallo sforzo di essere, risiedono, in effetti, desideri che sono aperti senza termini compiutamente precisi sul mondo, che non conoscono fini determinabili, mentre i beni suscettibili di partecipare fino a un certo punto alla loro soddisfazione sono, a loro volta, limitati. La non limitazione del desiderio e la limitazione dei beni realmente disponibili per soddisfarlo fanno allora emergere l'idea che un'associazione delle libertà sarebbe benefica per tutti. Per evitare il permanere di una lotta fratricida (*bellum omnium contra omnes*) o di una condizione in cui ciascun individuo arriverebbe a negare tutti gli altri (e quindi ad essere negato da essi, a meno che egli stesso non si uccida), gli individui firmeranno dei contratti in cui formalizzano un accordo: dichiarano così di voler limitare le loro pretese e i loro desideri, ma delegando a un potere superiore la realizzazione al meglio, in una maniera che sfugge tuttavia agli individui, dei desideri che ciascuno di essi continua a recare in sé. La ragione di essere dello Stato è dunque di sostituirsi agli individui per assicurare loro, a volte malgrado essi stessi, la più grande felicità possibile. Gli individui, conseguentemente, devono obbedirgli affinché la vita e i desideri di ciascuno siano assicurati, benché non spetti ad al-

---

[18] Th. Hobbes, *De cive*, «Lettera-dedica».
[19] Th. Hobbes, *Leviatano*, cap. XIV.

La città e i malvagi

cuno di essi di preoccuparsi del suo vicino, provvedendovi lo Stato, ciascuno prendendo cura di sé all'interno dei dati che il contratto avrà precisato. Ciascuno rimane così nemico di ciascuno – su questo punto il contratto non apporta alcun cambiamento per ciò che concerne la situazione precedente.

Uno dei doveri dello Stato è allora di incutere paura per limitare i desideri dei contraenti. Per fare ciò, gli è necessaria la forza. I contraenti stessi gli attribuiranno questa forza delegandogli la loro affinché assolva la sua missione e renda possibile la vita comune, mentre tutti sono dei nemici potenziali. Si potrebbe parlare qui di alienazione allo Stato da parte degli individui di ciò che appartiene intrinsecamente a ciascuno ma che, lasciato ad essi, li condurrebbe a distruggersi reciprocamente con qualche modalità di guerra. L'autorità dello Stato pesa dunque su ciascuno come una costrizione esterna ma salvifica, che si legittima mediante il calcolo utilitaristico di un male minore da assicurare a ciascuno. Lo Stato è così riconosciuto all'origine di una nuova moralità, culturale e non più naturale, senza riferimento ai desideri egoistici degli individui ma puramente convenzionale, interessata, laica e secolare. Il cittadino o il soggetto che rinuncia al suo diritto di vivere secondo il suo essere naturale di desideri non abbandona tuttavia questi stessi desideri, ma rifiuta di attualizzarli se lo Stato non lo consente. La legalità giuridica si identifica e riassorbe allora in sé la norma morale che si imporrà a ciascuno dall'esterno della sua libertà. Una tale etica convenzionalistica non ha alcun significato ontologico, secondo Hobbes. La sola realtà ontologica riconoscibile è, infatti, quella, moderna, del desiderio.

Queste vedute vanno collocate nella continuità dell'atomismo antico, integrate però dall'idea che occorre sorvegliare l'uomo e mantenere nei limiti il suo essere di desideri affinché possa desiderare in maniera ragionevole. Energico e autonomo[20], l'uomo è buono quando è da solo, non in società. È precisamente su questo punto che la modernità porta innovazioni. Si tratta per Hobbes di proporre una sorta di fenomenologia della politica, ma non come risulta dalla *Politica* di Aristotele che

---

[20] Vedi Y.-Ch. ZARKA, *L'autre voie de la subjectivité*, p. 35s. Vedi anche ID., *Hobbes et la pensée politique moderne*.

teneva conto delle costituzioni dell'epoca. Aristotele cercava probabilmente di «salvare i fenomeni»; ma quali fenomeni? Per la modernità, il male che colpisce l'uomo che vive in società costituisce un fenomeno cruciale ma insolubile. Si allontana immediatamente l'ottimismo finalistico e pacato dell'aristotelismo classico. Il male dell'uomo, che è uomo, la sua violenza in società, ecco il primo fenomeno con il quale occorrerà trattare.

Hobbes è moderno, in quanto pone la sua ricerca sulle orme di una scienza deduttiva, *a priori*, formale, senza essere per questo meno attento alla realtà bruta delle nostre vite. La sua costruzione è deduttiva. Essa muove da due assiomi: libertà monadica e assolutismo dello Stato, e cerca in seguito il loro accordo. Questi assiomi, derivati dal riconoscimento della violenza che alberga nella città, conducono alle tesi sul contratto alienante e salvifico, termine apparentemente mediatore di questi assiomi e luogo dello sviluppo della storia umana.

Rousseau

Per Jean-Jacques Rousseau, l'uomo non è un lupo per l'uomo. Al contrario, egli è naturalmente un buon selvaggio. Hobbes pertanto sembra rappresentare così il suo opposto più perfetto. Rousseau non intende neppure difendere lo Stato autoritario del filosofo inglese, ma una democrazia in un senso quasi contemporaneo della parola. La riflessione di Rousseau è tuttavia altrettanto deduttiva di quella di Hobbes. Le sue differenti conclusioni attestano la grande diversità dei principi. Per Hobbes, l'uomo non è un essere razionale, ma un essere di desideri avidi e pericolosi per l'altro. Per Rousseau, l'uomo non è neppure un essere fedele alla sua sola ragione, che del resto è diversamente assegnata agli uni e agli altri (per Cartesio il buon senso è la cosa più comune, ma non già il suo esercizio secondo la ragione; peraltro, il buon senso è esso stesso molto spesso pervertito[21]). Ma non è neppure un essere dai desideri avidi. Per Rousseau, la ragione che non ha mai soltanto buone ragioni è una fonte di insicurezza, di menzogne, di deca-

---

[21] Vedi R. DESCARTES, *Discorso sul metodo*, I parte, inizio.

La città e i malvagi

denza per l'umanità. Essa non giova che ai più scaltri. La facoltà di desiderare, che la sostiene, non sarebbe migliore, poiché è egoista. Al contrario, il sentimento induce ciascuno, qualunque sia il suo livello di ragione, ad agire spontaneamente nei confronti dell'altro e con lui, senza calcolo e con sincerità. Rousseau sembra così collocarsi alle radici dell'anticartesianismo romantico. Ma in realtà si opporrebbe piuttosto ai Lumi della sua epoca. Per lui, la cultura e la civilizzazione non costituiscono fattori di progresso per l'uomo. Essi favoriscono soltanto quelli che ne sono capaci, e che meglio ragionano, i più brillanti, i più ricchi anche perché la ricchezza dà accesso a ciò che è esclusivo, alla cultura. L'uso della ragione nella cultura e nella civiltà accentua il vantaggio di quelli che hanno già più degli altri. La ragione stimola le passioni della gelosia, i contrasti e le cattiverie.

Lo stato di natura, al contrario, è sommamente buono. È tuttavia inutile sognare di ritornare all'Antichità, di regredire verso uno stato che avrebbe preceduto ogni cultura. Non si può ripercorrere la storia all'indietro. Tuttavia, chiede Rousseau, che si cerchi almeno di preservare ciò che è il più essenziale nell'uomo, la sua bontà originaria, che si vigili affinché questa non sia corrotta dalla società. In che modo? L'autore parla spesso di ritorno alla natura, ma non occorre intendere questa espressione alla maniera astorica e ingenua degli hippies. Non si tratta di spogliarsi di tutte le sovrastrutture della civiltà, ma di realizzare oggi una vita perfettamente equilibrata che assicuri l'armonia tra i bisogni delle persone e la loro capacità di soddisfarli, tra ciò che l'uomo sente e ciò che fa, tra il suo istinto di conservazione e la sua azione.

'Ritornare alla natura' vuole quindi dire attenersi alla sincerità e alla semplicità della vita. Non si tratta soltanto di ritrovare e di salvaguardare ciò che sarebbe stato perduto e che la cultura e la civiltà avrebbero distrutto; la gentilezza non è l'appannaggio del selvaggio dei tempi passati di cui occorrerebbe riaccendere la freschezza. È inutile voler regredire a un'età precultura. Le culture offrono comunque un progresso e un benessere all'uomo. Il privilegio dello stato di natura o del buon selvaggio deriva dal fatto che egli ignora il male, mentre la cultura e la civiltà lo producono confrontandosi continuamente con esso. Lo stato sociale non è cattivo in sé, ma non si può ignorare che vi regna molto spesso una ragione che abusa delle forze di ciascuno, che produce gli egoismi e dunque l'anarchia. Una società retta è quella in cui regnano la sincerità e la semplicità, e non le sole potenze razionali che esacerbano i desideri egoistici degli individui. La semplicità è, infatti, possibile nella cultura. La questione è di sapere come viverla.

A partire da lì, le riflessioni di Rousseau prenderanno due orientamenti complementari, l'uno in direzione del contratto sociale e l'altro verso l'educazione. Ne *Il contratto sociale*, il problema preso in esame è quello stesso di Hobbes, un problema tipico dell'epoca moderna: come avviene che l'uomo, individuo libero, debba e possa riunirsi in associazioni? Mettersi in associazione implica, infatti, inevitabilmente che si obbedisca a qualche autorità, con il rischio di dover negare la propria libertà individuale e quindi di cadere in schiavitù. La libertà che si associa ad altre potrebbe pervenire così a contraddirsi in se stessa, ad annichilirsi. La tesi di Rousseau sarebbe che il contratto sociale permette di creare associazioni particolari in cui i diritti di ciascuno non sono negati ma, al contrario, conservati, difesi, protetti, di modo che, in fin dei conti, ciascuno, unito agli altri, obbedisce a se stesso.

Il contratto sociale non appartiene ad alcun settore particolare delle nostre vite, e non è esclusivo di altri. È a fondamento della società come tale e ingloba quindi tutta la nostra esistenza e tutte le sue potenzialità. Ecco perché ha una sola clausola, che Rousseau enuncia così: «L'alienazione totale di ogni associato, con tutti i suoi diritti, in favore di tutta la comunità»[22]. Un tale contratto, che sembra a prima vista alienante – e lo è, letteralmente –, esercita tuttavia una funzione di protezione. Lo prova un semplice calcolo: «Ciascuno si dà tutto intero, la condizione è eguale per tutti; e poiché la condizione è eguale per tutti, nessuno ha interesse a renderla onerosa per gli altri»[23]. Questo perfetto e compiacente scambio, in cui nessuno è o vale più di un altro, in cui ciascuno dà tanto quanto riceve, assicura la libertà perfetta ed egualitaria di tutti poiché nessuno avrà nulla da reclamare all'altro per se stesso. La sua individualità è così perfettamente protetta. Inoltre, la messa in comune rinforza ciascuno offrendo a ciascuno una potenza nuova: «Infine, chi

---

[22] J.-J. ROUSSEAU, *Il contratto sociale*, libro I, cap. VI.
[23] *Ibid.*

si dà a tutti non si dà a nessuno; e siccome non vi è associato sul quale ciascuno non acquisti lo stesso diritto che gli cede su se stesso, si guadagna l'equivalente di tutto ciò che si perde, e maggior forza per conservare ciò che si ha»[24]. Da qui la definizione del contratto per Rousseau: «Ciascuno di noi mette in comune la propria persona e ogni proprio potere sotto la suprema direzione della volontà generale; e noi in quanto corpo politico riceviamo ciascun membro come parte indivisibile del tutto»[25].

In definitiva, emerge un assioma parallelo a quello che abbiamo riconosciuto in Hobbes. Il contratto sociale configura una persona 'pubblica' che ha quella unità di vita e di volontà che Rousseau denomina la volontà generale, ciascuno avendole lasciato ciò che gli appartiene in proprio, avendo rinunciato a ogni bene strettamente personale. Questa persona pubblica, che un tempo veniva chiamata 'città', è detta oggi 'repubblica'. Punti di vista attivi e passivi si intrecciano in essa e articolano il vocabolario politico della città. Essa è lo Stato dal punto di vista passivo di quelli che ad essa obbediscono ma sovrano dal punto di vista attivo di quelli, gli stessi, che la costituiscono consegnandole i loro diritti. Essa è una potenza internazionale a paragone delle sue consimili. Quelli che si associano in essa costituiscono il popolo, si chiameranno cittadini in quanto partecipano alla sovranità attiva della persona pubblica, o soggetto in quanto si sottomettono semplicemente alle leggi dello Stato.

Per quanto riguarda il sentimento, l'*Emilio* ne esplicita il concetto articolandolo sulla ragione. La visione di Rousseau è completamente positiva. Non vi è alcun male nell'uomo finché la ragione non interviene esasperando l'egoismo delle sue passioni, trasformando così sentimenti buoni e originari in pulsioni dell'*ego*. La forma del contratto sociale autentica e veritiera, quella che dà origine all'umanità, si descrive considerando l'innocenza originaria, pretemporale, dell'uomo in una vita prerazionale. Là, il sentimento non è ciò che significherebbe oggi la parola 'sentimentale'. Il sentimento costituisce, infatti, nello stato di natura una vera e propria potenza di conoscenza,

---

[24] *Ibid.*
[25] *Ibid.*

ma in una sorta di immediatezza, anteriormente alle nostre prese di coscienza che mettono a distanza, che oggettivano e analizzano, che generano le scienze. Il sentimento fa conoscere per affinità, per connaturalità, per spirito di finezza direbbe Pascal, per una via interiore, per una rivelazione immediata dell'essere umano, delle sue forze e delle sue possibilità, delle sue debolezze e dei suoi bisogni. La ragione umana non ha nulla da fare qui. Soltanto il sentimento conosce correttamente il sentimento, che la ragione corromperà proponendo un modo oggettivo di trattare ciò che sarà stato sentito in comunione umana. L'educazione si preoccuperà dunque interamente dei sentimenti dei bambini per restituire loro la vivacità originale. Essa non avrà nulla da imporre a partire dalla ragione, che non potrà intervenire in maniera essenziale nel processo educativo.

Ecco dunque due modelli di società, che danno l'impressione di una totale contrapposizione. Hobbes contro Rousseau. Hobbes tiene conto della violenza naturale dell'uomo, e finisce col dedurre uno Stato violento. Rousseau non vede che il buon selvaggio e conclude la sua riflessione proponendo una educazione senza ragione che oggettiva, che distingue, una educazione dunque senza nerbo, irrealistica. Presso il filosofo di Ginevra, lo Stato reale è così poco consistente che *Il contratto sociale* lo ignora nei suoi titoli; ne parlerà per vie traverse, a proposito di altre cose. Il cap. 7 del libro I, che segue il capitolo in cui abbiamo letto le definizioni di popolo, cittadini, ecc., sviluppa il concetto di sovrano senza soffermarsi su quello di repubblica o di Stato; pertanto le cose si mettono successivamente male: «Il corpo sovrano, essendo formato soltanto dai singoli che lo costituiscono, non ha né può avere interessi contrari ai loro; di conseguenza, il potere sovrano non ha alcun bisogno di dare garanzie ai sudditi, perché è impossibile che il corpo voglia nuocere [...] ad alcuno di essi in particolare». Può tuttavia accadere che la volontà particolare si eriga contro la volontà comune. Rousseau non può non vedere o saperlo! La sua soluzione è però aspra, persino brutale, poco in rapporto con la gentilezza del buon selvaggio. «Ogni individuo può, come uomo, avere una volontà particolare contraria o diversa dalla volontà generale che ha come cittadino. Il suo interesse particolare può parlargli in modo del tutto diverso dall'interesse comune». In questo caso, «affinché il patto sociale non

La città e i malvagi

sia dunque una vana formula, esso implica tacitamente questo impegno, che solo può dare forza agli altri: che chiunque rifiuterà di obbedire alla volontà generale, vi sarà costretto da tutto il corpo; ciò non significa altro se non che lo si obbligherà ad essere libero»[26]. È così lontano da Hobbes? E da Hegel? Di fatto, il buon selvaggio, per Rousseau, è una categoria trascendentale alla quale non corrisponde nulla di reale, se non una esigenza della ragione stessa, che non accetta la realtà originaria del male. Sforzo puramente teorico ma inutile per rendere conto della struttura effettiva delle nostre società.

Riassumiamo. Per le antiche narrazioni, il male è già lì, sulla soglia della vita sedentaria delle nostre città. I nomadi lo conoscono ugualmente, presente intrinsecamente nella loro esistenza; fuggono dinanzi ad esso, il che significa tuttavia che non è per essi un destino interiore e necessario; è per questa ragione che l'andatura del pellegrinaggio, nella misura in cui imita il nomadismo, è compresa universalmente come una purificazione, un abbandono di una condizione inautentica per entrare in una vita più pura. Il pellegrinaggio ha tuttavia una fine definitiva, mentre il nomadismo non ne ha. Caino è condannato ad errare da oasi ad oasi, senza uno scopo riposante, senza interruzione, senza speranza, «lontano da colui che fa vivere»[27]. Per quanto riguarda il cittadino sedentario, egli ha paura delle altre città. Ne è geloso. Sperimenta inoltre continuamente lo scontro delle libertà le une contro le

---

[26] *Ibid.*, cap. VII. «Anziché considerare la società come l'opera di un istinto di simpatia, noi dobbiamo vederla come il prodotto del mero istinto di potenza. Essa è fondata sulla potenza, ed è soltanto mediante questa che può essere salvaguardata. Rousseau è anche arrivato, nella sua polemica con Grotius e gli Enciclopedisti, a vedere in Hobbes un alleato. [...] Uno dei tratti più considerevoli del pensiero di Rousseau [...] è il fatto che lui, l'avvocato sincero del sentimento e dei diritti del cuore, abbia rifiutato con tanto vigore e chiarezza il primato del sentimento nella sua concezione della legge e dello Stato. Gli occorre cercare un altro fondamento alle istituzioni politiche e giuridiche, poiché, ai suoi occhi, queste sono costruzioni della volontà e sono, conseguentemente, soggette a una legge che è loro propria, a una modalità *sui generis* della legge. È nella vera natura dello Stato cercare, non già di fondare i sentimenti in una sola unità, ma di unificare le volontà e di dare loro uno scopo comune. Esso non assolve la sua funzione che se perviene a questa unificazione, in altri termini se tutto ciò che esige dall'individuo è preso in considerazione da quest'ultimo e accettato da lui come l'espressione della volontà comune» (E. Cassirer, *Rousseau, Goethe. Deux essais*, p. 59-60).

[27] A. Wenin, *Pas seulement de pain. Violence et alliance dans la Bible. Essai*, p. 76.

altre, senza poter uscire dalle mura che le rinchiudono. In ogni momento, deve affrontare la libertà dell'altro, la sua differenza, le sue incomprensioni, la difficoltà di trovare mediazioni efficaci per ben intendersi.

Secondo Hobbes, l'uomo rimedia in qualche modo alla paura di subire la violenza e la morte sottoscrivendo contratti in cui ciascuno accetta di essere limitato dall'altro, a condizione che gli permetta la prosecuzione dell'esistenza. Rousseau, al contrario, sembra non voler conoscere alcun male originale; il contratto nasce dunque dal desiderio di amplificare i mezzi della bontà naturale; l'intelligenza verrebbe tuttavia a perturbare la buona tenuta di questo desiderio esacerbando le passioni. Ci sarebbero quindi condizioni venute d'altrove che dal desiderio e dal contratto che sarebbero all'origine della violenza dell'uomo, che pervertirebbero i suoi desideri e i suoi contratti. Il contratto non è però un'opera della ragione che, come sottolineava Hobbes, conosce la malvagità umana e vuole proteggersi? Il buon senso si schiererebbe nella posizione di Hobbes contro Rousseau. Tuttavia, il contratto e il terzo che lo garantisce non confermano i pericoli che i contraenti *sono a priori* gli uni per gli altri? Eppure, se l'uomo non è buono originariamente, perché tentare di mettersi d'accordo nonostante tutto? Rousseau avrebbe dunque ragione contro Hobbes. Ritorna così, lancinante, la nostra questione: la ragione sarebbe oppure no contrassegnata intrinsecamente dalla cattiveria umana?

CAPITOLO VIII

IL CONTRATTO, IL DIRITTO, LA GIUSTIZIA

Abbiamo detto all'inizio della nostra ricerca che la prima parola dello spirito umano è di protesta contro ciò che è ma che non deve essere, contro l'ingiustizia, il male. Ora, la prima ingiustizia potrebbe essere interna all'uomo, che pertanto sarebbe intrinsecamente cattivo. Il capitolo precedente ha mostrato la verosimiglianza di questa tesi. Allo stesso tempo però, l'uomo non è mai soddisfatto della sua cattiveria. Come potrebbe allora uscirne? Non si tratta, per noi, di scoprire qualche metodica capace di renderci buoni, ma di riconoscere che ci anima l'idea che nonostante tutto è possibile divenire effettivamente migliori.

Uno degli obiettivi della seconda parte di questo libro era stato di valutare la pertinenza del progetto della ragione che intende cogliere il mondo in una prospettiva unificata. Abbiamo visto che non è qualsiasi procedura della ragione che è capace di rispettare una tale intenzione, che la ragione lo sa bene, che le trascende tutte, che non è quindi definita dalla sua capacità di stabilire dei metodi che riducono le cose differenti in qualche uniformità. L'essenza della ragione si esercita in alcune procedure, ma una intenzione spirituale, finalizzata dall'idea dell'uno, precede e supera tutte le sue modalità di ricerca[1]. Questa idea dell'uno non è a disposizione della ragione, che non può quindi determinarla, ma soltanto viverne e praticarla. Le scienze esercitano l'idea dell'uno, senza aver appiglio su di essa. La filosofia non ne ha maggiormente padronanza, ma le appartiene propriamente meditare su questa assenza di maestria, di renderla evidente e normativa. Essa mostra in che cosa il sapere scientifico è intrinsecamente limitato, la sua inadattabilità a rendere conto della tensione della ragione verso l'uno.

---

[1] Vedi E. KANT, *Critica della ragion pura*, A645/B673.

Mette in atto in tal modo una investigazione nuova, metafisica, sull'essenza della ragione.

L'uno non è rappresentabile. Non si lascia accostare dalle tecniche razionali che oggettivano o pongono come tema ciò di cui esse trattano. Esso si esercita. Il suo approccio può essere assunto dalla ragione solo in modo riflessivo, rappresentando in un discorso secondo, ermeneutico, la sua maniera performativa di sorgere come evento. L'avvenimento dell'uno si diffonde nelle pratiche umane di cui le nostre scienze descrittive ignorano l'essenza vera, attiva. Il contratto, il diritto e la giustizia esprimono, invece, la pratica dell'uno senza alcuna riduzione alla sua nozione. Essi avvengono anche là dove il male colpisce l'uomo contraddicendo la sua essenza razionale. È ciò che vedremo adesso.

Il contratto

La vita errante può essere una fuga dinanzi al male, al tempo stesso al di fuori di un luogo che si possa condividere con altri e al di fuori di un ritmo temporale stagionale o cosmico al quale tutti dovrebbero piegarsi. La vita cittadina prescrive un luogo e un tempo che trascendono le scelte delle libertà nomadi, che le costringono a uno spazio e a un tempo sociale e che fanno loro male. Si può precisare questa costrizione dicendo che lo spazio comune comporta la determinazione di un tempo comune. Noi firmiamo, infatti, un contratto sociale perché dobbiamo dividere il nostro spazio per concedere a ciascuno di viverci in pace quantunque sfiorato in ogni istante dagli altri. La realtà che crea il contratto non è tuttavia soltanto spaziale. È anzitutto temporale. Solo fissando una durata comune il contratto ci permette di vivere fianco a fianco. La determinazione dell'ambito di ciascuno nello spazio comune è dunque la causa del contratto sociale, la cui realizzazione implica tuttavia costruzioni temporali.

Il contratto crea un prima e un dopo, una interruzione nella serie omogenea o continua degli istanti del tempo di ciascuno. È la fissazione in comune, al momento della firma del contratto, di un nuovo ritmo della temporalità in cui tutti si coinvolgono reciprocamente che

Il contratto, il diritto, la giustizia

permette di vivere insieme. La vita in uno spazio comune impone di accettare regole comuni di condotta. Questa situazione non provoca certo automaticamente un contratto. Una città può essere concepita come uno spazio comune in cui si vive senza contratto perché la sua disposizione è tale che essa non dà possibilità allo scontro delle libertà, alla loro inventiva, e dunque alla necessità di comporre un tempo comune ma originale, diverso da quello sottoposto al ritmo naturale delle cose. Il quartiere San Basilio di Roma ha un altro ritmo di vita dei Parioli! Lo spazio cittadino contemporaneo, per esempio nei fabbricati immensi delle nostre periferie, porta spesso all'indifferenza di ciascuno nei riguardi di tutti. È particolarmente quando le libertà umane e la loro creatività si scontrano in uno spazio cittadino ristretto che si richiedono un contratto e la programmazione di una nuova definizione di un tempo comune.

Diversi elementi sono evidentemente implicati nella tesi che stiamo presentando, innanzitutto la responsabilità dei contraenti gli uni nei confronti degli altri. Il contratto nasce dalla coscienza di essere libero e nello stesso tempo responsabile dei propri atti vivendo in uno spazio e in una durata comuni. Esso non ha senso senza l'accettazione di connettersi liberamente all'altro in un istante a partire dal quale la durata di ciascuno assumerà un orientamento nuovo e in unione con la durata[2] degli uni e degli altri. Le libertà che, a seguito della firma del contratto, prendono coscienza di se stesse e dei loro limiti responsabili fanno allora sorgere ciò che è veramente un tempo umano, il tempo di una creatività progressiva che si realizza grazie all'appoggio mutuo dei contraenti. Questo tempo umano costituisce un tratto ontologico del contratto.

Il diritto nasce allora dalla libertà di cui costituisce la prima espressione in un ordine che sembrava essere di necessità. L'idea di necessità si unisce, infatti, a quella della stabilità del tempo che è la sua durata continua. Per 'necessità' intendiamo una relazione stabile tra una causa e un effetto, una continuità dall'una all'altro. Senza una relazione di

---

[2] Distinguiamo 'temporalità' e 'durata'. Questa è continua, quella discontinua. Per maggior precisione, vedi P. GILBERT, *Corso di metafisica*, p. 47-53.

causalità fisica, non si potrebbe mai mostrare che un tale avvenimento è da collegare ad una tale causa. Senza la necessità, non si potrà mai dire che i nostri differenti momenti di vita conoscono una continuità, che la linea del tempo di ciascuno non è scritta in maniera punteggiata. La necessità fisica costituisce il modello di tutte le relazioni continue, il loro concetto più attraente per la ragione orientata verso l'uno. La causalità ha degli aspetti di ordine sintetico poiché suppone una continuità dalla causa fino al suo effetto. È tale continuità che permette di affermare che questo è la causa di quello, il suo effetto, e reciprocamente. Se non vi fosse alcuna continuità o sintesi causale, si potrebbe dire legittimamente che ogni effetto proviene da qualunque causa. Il discorso razionale crollerebbe per ciò stesso. La continuità nella quale le libertà contraenti si impegnano è la fonte del diritto.

La libertà che sottoscrive un contratto manifesta che vuole sottomettersi a qualche necessità in un diritto condiviso con il suo contraente, imponendosi tuttavia per ciò stesso una interruzione della propria temporalità. Il contratto fa nascere una continuità nuova che il tempo precedente non conosceva. Esso vuole che il futuro non si realizzi in un modo qualsiasi, ma che sia riferito a una determinazione liberamente accettata in comune, la determinazione di fare insieme questo o quello, in questa o in quella maniera, passando per fasi cronologiche scrupolosamente precisate. Sottoscrivendo un contratto, le libertà accettano di entrare in un futuro che sfuggirà alla loro sola creatività individuale, un futuro che sarà come un effetto che il contratto avrà prodotto quale conseguenza di una causa accettata da tutti i contraenti. Questa causa o questa determinazione comune definirà gli obblighi e i limiti delle libertà in se stesse inventive imponendo ad esse le condizioni della loro azione. La libertà che sottoscrive un contratto non è più libera di fare qualsiasi cosa comunque, in qualunque momento. Potendo tuttavia operare con altri contraenti, essa potrà agire più che se restasse sola. La libertà si incarna allora e si dona una figura sociale che la demoltiplica, una visibilità a cui l'altro potrà riferirsi senza alienarsi malgrado essa, dandosi al contrario, anch'egli, nuove opportunità di vita.

La libertà personale si riconosce rinnovata in questa figura sociale. Vi libera una ricchezza che è in essa ma che altrimenti non potrebbe sviluppare. Il contratto, pur limitando le libertà, dà loro una visibilità, un corpo che, nella durata, potrà realizzare il loro essere nello stesso tempo che esse vi demoltiplicheranno le loro potenzialità. La limitazione delle libertà è la condizione del loro futuro comune, ma anche personale, in una costruzione che la libertà isolata non potrebbe né immaginare per sé né realizzare in sé. Le limitazioni contrattuali non sopprimono in alcun modo le libertà personali. Offrono loro, al contrario, il contesto o la cornice in cui esse potranno spalleggiarsi e agire insieme, amplificare la loro potenza. Senza una tale cornice, le libertà non potranno mai impegnare il loro futuro con realismo. Questo resterebbe rischioso per ciascuno, sempre minacciato dall'arbitrio dell'altro, e anche da se stesso. Sottoscrivendo un contratto, le libertà rinunciano a minacciarsi arbitrariamente l'un l'altra.

Esse non rinunciano però a ogni violenza. Ecco perché ogni contratto stipula delle sanzioni che saranno inflitte in caso di tradimento o di violazione della parola data. La sanzione non è tuttavia arbitraria. Ciò che sarebbe arbitrario, e di fatto lasciato alla decisione delle libertà, è il mancato rispetto del contratto. La sanzione conferma la trascendenza, su tutti i contraenti, della durata nuova e comune accordata dalla loro firma del contratto. Essa evidenzia il fatto che il tradimento sarebbe una negazione di essere, un rifiuto di impegnare un avvenire nuovo e a misura delle libertà umane concrete, una scelta della libertà individuale per se stessa e in violazione della socialità, e dunque una scelta contro se stessa e contro la ragione. Le libertà che si impegnano nel contratto sottomettendosi ad esso si salvano dalla loro solitudine e si rendono al tempo stesso reali e razionali perché capaci di costruire con l'altro un avvenire in una durata che avrà una necessità propriamente umana, originata da una scelta libera piuttosto che da un destino cosmico. È limitandosi mediante il contratto e accettando di lasciarsi determinare dall'altro che le libertà si rendono libere, che rinunciano ai loro sogni di erranza, di fuga in avanti, a favore di un'azione reale, effettiva e arricchita dalla coazione dei contraenti. Il contratto dà un corpo e un tempo reale alle libertà.

La libertà si accosta nel contratto alle condizioni che assicurano al sé una efficacia concreta. Essa perviene alla coscienza di un sé che non è soltanto asintotico. La coscienza umana non accede a sé, dicono i filosofi, che in modo riflesso, ossia ritornando verso di sé a partire da ciò che essa non è ma che riconosce come una figura di sé, posta fuori di sé. Prendiamo coscienza di noi nella sofferenza che ci rinvia a noi stessi più che nella gioia o nell'impeto estatico della festa. Se la coscienza si è risvegliata in sé nella festa non è perché la festa si celebra con l'altro, ma per il prevalere di una sorta di incoscienza o di indifferenza, nella mancata distinzione o nella confusione. La sofferenza, al contrario, è tutta personale, al limite incomunicabile, una resistenza interiore che divide il sé da se stesso e lo separa dal mondo intero. Essa costituisce l'esperienza primaria della soggettività[3]. L'emozione improvvisa di una contrapposizione, certamente già esterna (il divieto della legge) ma soprattutto interna (la sofferenza), dà modo alla coscienza di risvegliarsi dal suo torpore o dal suo sonno, dall'identità confusa di sé a sé.

I filosofi l'hanno sempre riconosciuto attribuendo comunemente questo risveglio allo stupore che fa sorgere il desiderio di conoscere maggiormente, l'impresa scientifica. La distanza tra il sé e il mondo provocata dallo stupore, la consapevolezza che ogni cosa non procede da sé, è indispensabile perché scaturisca la coscienza di sé. La protesta, intrinseca alla sofferenza, risveglia e manifesta tuttavia questa distanza più dello stupore, il quale stimola solo la ragione scientifica. Essa impressiona tutto l'uomo, la sua intelligenza, la sua volontà e la sua affettività. La sofferenza può però rinchiudere il sé in sé e contro di sé. Essa costituisce una esperienza psicologica contraddittoria e irrazionale di sé. Al contrario, il diritto, che segue la coscienza della sofferenza e l'emergere della protesta tendendo a quel che deve essere o che incarna un valore, è ciò in cui le libertà si danno un corpo, una visibilità che non è più di ciascuna di esse rinviata alla sua solitudine, ma in cui ciascuna esercita tutta la sua potenza di libertà reale, capace di efficacia in una durata nuova da costruire con l'altro. Il contratto offre dunque l'opportunità di una esperienza spirituale radicale, che non può basarsi soltanto su aspetti semplicemente psicologici. Ecco perché entra qui in scena il diritto, che fonderà nella ragione le condizioni riflessive del contratto.

---

[3] Vedi E. Lévinas, «La sofferenza inutile».

Il diritto

Le libertà si costruiscono grazie al contratto. Questo costituisce un luogo strategico del diritto, e anche la sua espressione più essenziale. Il diritto è, infatti, ciò in cui le libertà accedono a se stesse limitando le loro pretese in vista di costruire un futuro reale e comune. Nel diritto, le libertà si danno un potere nel senso positivo del termine. Esse possono impegnare il loro futuro, elaborare la realtà delle loro esistenze, la loro durata. Il diritto di cui noi parliamo qui non è evidentemente soltanto, neanche essenzialmente, il diritto positivo. Non è il codice che fonda il diritto. Le leggi positive si appoggiano su una anteriorità che fa che le loro determinazioni positive abbiano forza di legge. Senza la volontà delle libertà di connettersi le une alle altre in un contratto che avrà una durata, le determinazioni positive o particolari del diritto saranno solo delle norme da tradire o da manipolare in qualunque modo. Se le relazioni umane non si preoccupano di darsi delle norme che le rendono necessarie ma se si stabiliscono soltanto in funzione di decisioni personali di un momento, le loro determinazioni, disattente alla durata dell'esistenza umana, non potranno accompagnare la costruzione della storia umana se non generando rapidamente solide opposizioni.

Il diritto positivo esige l'intesa preliminare del diritto come tale, del diritto naturale. Sono possibili diverse definizioni del diritto in quanto tale. Xavier Dijon propone questa: «Nel diritto, si tratta di istituire a favore dei membri di una società determinata le forme che permetteranno loro di riconoscersi reciprocamente per ciò che essi sono: cittadini, coniugi, cocontraenti, ecc.»[4]. Questa definizione sottolinea che il diritto distribuisce ruoli sociali, il che implica opere particolari da realizzare in comune, o tipi specifici di impegno delle libertà nel tempo. Non è tuttavia questo tipo di impegno che rende l'atto libero, ma l'atto libero che, da sé e in sé, si impegna necessariamente in questo o/e quel tipo di impegno.

Dovremmo prendere qui posizione nel dibattito sulla preminenza relativa del diritto positivo e della legge naturale. Si afferma spesso

---

[4] X. Dijon, *Droit naturel*, t. I, p. 21.

che il diritto anglosassone privilegia il diritto positivo o la giurisprudenza, e il diritto romano la legge naturale o le norme universali. Vi sarebbero certamente molte sfumature da apportare a questa distinzione, che non può in alcun caso essere intesa come una contrapposizione. Per 'diritto positivo', si intendono le «leggi scritte o le consuetudini passate in forza di legge»[5]. Al contrario, per legge naturale, si intende il diritto che risulta «dalla natura degli uomini e dai loro rapporti, indipendentemente da ogni convenzione o legislazione»[6]. A questa legge naturale, si ricollega classicamente il diritto delle genti che, presso i Romani, era legato all'equità e veniva applicato agli stranieri che non erano sottoposti al diritto dei cittadini. Lo *jus gentium* ha così una pretesa di ordine universale, naturale. La sua fonte non si colloca sul piano della gestione della giustizia, ossia della maniera di trattare le relazioni interne di un dato gruppo sociale, ma su quello dell'equità poiché considera coloro che si trovano al di là dei limiti del gruppo uniti da una legge particolare. Nel diritto romano, l'equità trascende la giustizia o gli enunciati positivi del diritto. La legge naturale implica in questo senso l'equità. Il diritto anglosassone è apparentemente meno fondato sulla legge naturale; l'*habeas corpus* vi è tuttavia essenziale, con la sua insistenza sul rispetto e l'uguaglianza delle opportunità di tutte le persone, qualunque esse siano, messe in causa in un processo.

È stata spesso dibattuta la questione di sapere se il senso o il valore del diritto positivo venisse prima o dopo la legge naturale. La legge positiva è all'origine della libertà? Oppure è il contrario? Ma spesso questo dibattito è troppo ridotto. Sul piano dei principi, la sua soluzione è evidente: un diritto positivo non trae la sua forza che da una legge superiore. La questione è di sapere quale sarebbe questa legge superiore. Essa potrebbe non essere che il rispetto dell'uguaglianza di opportunità per tutti, come nel diritto anglosassone. L'affermazione di un diritto naturale esplicito è problematica. Secondo la Dichiarazione dei diritti del 1793, «la libertà è il potere che appartiene all'uomo di fare tutto ciò che non nuoce al diritto dell'altro». Questa prospettiva pura-

---

[5] Definizione data nel *Vocabulaire technique et critique de la philosophie* diretto da A. LALANDE, p. 252.
[6] *Ibid*.

mente negativa colloca la libertà in uno spazio i cui limiti sono determinati solamente dall'espressione dei diritti dell'altro, i quali saranno conosciuti grazie alla promulgazione delle leggi positive che distribuiscono i ruoli e li limitano gli uni nei confronti e per mezzo degli altri. Per il resto, tutto è possibile per la libertà. La «Dichiarazione» del 1793 non implica dunque alcun diritto naturale. Essa richiede soltanto qualche positivismo giuridico. Kant combatterà questa posizione[7]. Per lui, il diritto è fondato sulle condizioni necessarie e trascendentali dell'accordo delle volontà che seguono fedelmente la legge della libertà. In altri termini, la libertà trova positivamente la possibilità di espandersi grazie al diritto. Questo dà alla libertà il modo di esercitarsi. Non è tuttavia il diritto che fa la libertà, ma la libertà che fa il diritto.

In realtà, la legge naturale e il diritto positivo non sono da contrapporre, ma da collegare dialetticamente, il che mostra una indagine fenomenologica. La libertà si fenomenizza generando il diritto positivo. Essa non può non comparire in fenomeni perché non sarebbe mai libera se non si impegnasse concretamente secondo forme in cui esprime la sua essenza. Non è tuttavia il fenomeno della libertà che è la sua ragione di essere. Ne consegue una diversità di linguaggio tra gli enunciati della legge naturale e quelli del diritto positivo. Questa diversità si manifesta soprattutto quando si considera la loro potenza di imposizione. La legge naturale non ha forza di legge allo stesso modo che il diritto positivo. La sua forza costrittiva non è simile a quella del diritto positivo. Da un altro livello del diritto positivo e comparata a questo, la legge naturale resta intrinsecamente indeterminata. La legge naturale è anche impotente poiché «non dispone di alcun potere»[8]. Il potere di imposizione giuridica appartiene al solo diritto positivo. La legge naturale rientra nell'ordine dei principi, filosofici o metafisici.

Si potrebbe pertanto chiedersi se il diritto positivo non contiene in sé una modalità di fondamento giuridico, rendendo così inutile, dal

---

[7] E. KANT, «Per la pace perpetua», p. 292.
[8] X. DIJON, *Droit naturel*, t. I, p. 23. La parola 'potere' non ha qui il senso che le dà Hannah Arendt (vedi qui, cap. III, p. 72-74); significa la capacità di esercitare la 'potenza' di cui parla la stessa filosofa.

punto di vista dell'imposizione, la legge naturale. Come però dichiara Dijon, il diritto positivo «non può chiamarsi diritto soltanto nel caso in cui in esso una istanza si distingue dalla sola positività della sanzione»[9]. In altri termini, se si riconosce che il diritto positivo si accompagna sempre a sanzioni che ne determinano la forza di imposizione e così lo confermano, se dunque il diritto positivo può essere identificato con un sistema di sanzioni circostanziate, occorre tuttavia ricorrere a una legge superiore per dare forza di diritto a questo stesso diritto positivo, altrimenti la potenza della sanzione potrebbe scatenarsi senza restrizioni. «La sola effettività delle decisioni del potere si mostra radicalmente impotente a pretendersi giuridica finché essa non ha incluso nei suoi enunciati le esigenze del diritto naturale stesso»[10]. Essa si consegnerebbe in caso contrario all'arbitrio del privilegio della sua forza punitiva, e dunque all'irrazionalità, il che non potrà e non vorrà essere accettato da alcuna persona libera.

Ma la legge naturale resta di per sé impotente ad assicurare la rettitudine giuridica del diritto positivo e, paradossalmente, la sua potenza. Il diritto positivo ha la potenza, la forza per essere applicato, ma se questa potenza gli dà il diritto per il solo fatto che fruisce della capacità di imporre sanzioni, misconoscerà l'essenza dell'umano e precipiterà nell'ingiustizia. «Priva di potere, [la legge naturale] sfugge al potere permettendo così a questo stesso potere di accedere al diritto. Inversamente, se si privasse di questa istanza naturale, il potere non organizzerebbe più i rapporti sociali che secondo le sue decisioni»[11], le quali verrebbero allora da libertà che non dovrebbero considerare alcun diritto positivo con la sua sequela di sanzioni determinate, che non avrebbero dunque alcun vero impegno nella storia, nella sua durata, nell'esperienza, libertà che non conoscerebbero altro al di fuori della loro autonomia e della loro indipendenza, libertà che sarebbero pertanto arbitrarie e sempre sull'orlo del baratro della cattiveria, a meno che esse non vi siano già sciaguratamente precipitate.

---

[9] X. Dijon, *La Question du droit*, p 24.
[10] *Ibid.*
[11] *Ibid.*

La questione della legge naturale è evidentemente resa complicata oggi dall'influsso che vi giocano i vari significati che la nostra cultura contemporanea accorda alla parola 'natura'. Un primo significato viene dalla distinzione fondamentale posta classicamente tra natura e cultura. Una contrapposizione puramente nominale tra questi due termini farebbe sì che il sintagma 'legge naturale' rimandasse immediatamente all'idea di qualche stato pre-culturale. Si potrebbe tuttavia elaborare altrettanto correttamente l'idea di un 'naturale' che fosse post-culturale. Questa idea di un post-culturale non è evidentemente molto presente all'epoca dei Lumi, ma un naturalismo ecologico che si pretendesse erede di Rousseau vi si troverebbe molto a suo agio. Evitiamo dunque di distinguere la natura e la cultura secondo una successione temporale e tentiamo di circoscrivere direttamente ciò di cui si tratta nella legge naturale.

Per fare questo, commenteremo alcune righe dell'articolo «Diritto» del *Vocabolario tecnico e critico della filosofia*, diretto da Lalande, là dove si distinguono tre significati della parola 'natura'. È naturale: 1. ciò che è universale senza eccezione, 2. l'ordine normale distinto dal mostruoso, 3. la vita spontanea e incosciente distinta dalla vita artificiale, riflessa, voluta. Il sintagma 'legge naturale' rinvia agevolmente ai primi due significati, che insistono sull'universale, ma anche al terzo, quando si evita tuttavia la riduzione introspettiva, psicologizzante della vita che gli fa perdere il segno razionale dell'universalità. Evidenziamo d'altronde che la libertà trascendentale non è visibile nell'introspezione; essa costituisce un dato di ordine propriamente riflessivo[12]. I dibattiti sulla parola 'natura' contrappongono inoltre, abitualmente, l'ordine normale che si considera caratteristico, alla luce della ragione, dell'universale, ossia i primi due significati della parola 'natura', e il terzo significato, quello della spontaneità. I primi due significati definiscono di fatto il campo delle scienze, queste cercando effettivamente di enunciare le leggi della causalità universale che inglobano e che si impongono ai casi particolari che esse analizzano. Quanto al terzo si-

---

[12] Distinguiamo il 'riflessivo' dal 'riflesso'. Ciò che è riflesso è in primo luogo percepito interamente dalla coscienza, in modo che possa essere tranquillamente analizzato; il riflessivo è, invece, incessantemente da conquistare, mai interamente conquistato o esposto in presenza della coscienza, come una condizione di esercizio che oltrepassa il suo esercizio effettivo.

gnificato, che potrebbe commentare i testi di Spinoza sul *conatus* o quelli di Heidegger sulla *physis*, sembra opporsi agli altri due nella misura in cui, dalla spontaneità, non si può trarre per definizione alcuna legge di causalità scientifica.

Non si dice, infatti, che lo studio della fisica deve lasciar da parte la profusione della natura, della vita, e che la biologia contemporanea, molto legata alla fisica, è in questo senso alquanto limitata poiché restringe il campo di per sé illimitato della realtà molteplice della vita? L'ambiguità attestata dalla varietà dei significati della parola 'natura' rende tuttavia omaggio alla tensione immanente al suo concetto. Lachelier, commentando la parola «Natura» del *Vocabolario* diretto da Lalande, scrive che «l'opposizione della libertà e della natura, compresa per la prima volta da Kant, è per me l'opposizione fondamentale della filosofia. Ciò che mi sembra importante per tutte le parole, ma per quella forse più che per ogni altra, è l'unità essenziale di significato, il senso che si fa predominare in un caso particolare avviluppando sempre, come un suono le sue armoniche, quello che si lascia momentaneamente da parte»[13].

In altri termini, in filosofia, non basta opporsi. Occorre anche vedere perché e come opporsi. D'altronde, gli opposti sono logicamente in relazione intrinseca l'uno con l'altro. Lo stesso Lachelier si rammaricava dunque che, poiché la parola 'natura' è ambigua e piena di significati opposti, la si abbandona: «l'impiego esclusivo di una parola più precisa, speciale in ciascuna accezione, farebbe svanire ciò che vi è di realmente unico, e nello stesso tempo di profondo e filosofico, in questo ampio significato. Forse non occorrerebbe neanche tanto distinguere e specificare i sensi, e lasciare una stessa parola evolversi liberamente dall'uno all'altro, purché si sentano, tra tutti questi sensi, rapporti di filiazione e una identità fondamentale. Le parole di una lingua non sono gettoni, e sono esse stesse una *physis*. Esse non hanno un numero determinato di sensi; vi è in esse come in tutto ciò che vive, qualcosa dell'infinito»[14].

I due significati, di universalità e di spontaneità, della natura sono così da unire in una prospettiva riflessiva.

---

[13] A. LALANDE (éd.), *Vocabulaire technique*, p. 668.
[14] *Ibid.*, p. 670.

La giustizia

La filosofia contemporanea può aiutare ad articolare, grazie alla sua modalità fenomenologica, questi due significati di universalità e di spontaneità della parola 'naturale'. La forma rigorosamente e classicamente trascendentale di riflessione mira a fondare gli avvenimenti delle nostre vite in qualche principio primo. Considerando che vi è un diritto positivo che ci è effettivamente dato, la filosofia trascendentale ne cercherà le condizioni di possibilità nell'attività dello spirito in cui essa riconosce il luogo più chiaro dell'avvenimento della legge naturale. Ciò non significa che la legge naturale sia commisurata dalla vita dello spirito. Si suppone soltanto che la vita dello spirito metta sicuramente in gioco la legge naturale. Concepito in questa prospettiva, il diritto positivo risulta dall'intervento della coscienza che, pur essendo radicata trascendentalmente, si impegna nella storia.

L'argomentazione che abbiamo esposto finora ha seguito questa prospettiva ed ha messo in evidenza gli elementi essenziali. La riflessione trascendentale classica è tuttavia poco attenta al carattere propriamente sociale o intersoggettivo della libertà effettiva. In realtà, la libertà si scopre sociale per necessità pratica o per la sua effettività stessa e in maniera immanente e non in modo accessorio come se vi dimostrasse un abbandono della sua purezza teorica. La libertà sovrana si impegna inevitabilmente nel contingente e con l'altro, il che comporta che dobbiamo purificare, come abbiamo già detto, le nostre rappresentazioni dalla sua sovranità in forma di indipendenza. La fenomenologia consente, contrariamente ai procedimenti della filosofia trascendentale, di non misconoscere questo carattere relazionale della libertà nella e fin dalla sua origine, il che permette di non creare un abisso tra la libertà trascendentale unita in sé e la libertà reale impegnata fuori di sé, un abisso che si interpreterebbe come una caduta.

Ricœur accompagnerà ora la nostra riflessione. Prendiamo in considerazione il suo articolo «Il socius e il prossimo», un testo in cui commenta Lc 10, 29-37, la parabola del Buon Samaritano. Il prossimo, in questa parabola, non è rappresentato da una classe sociale, fosse quella dei più poveri, ma da una pratica: «Il prossimo non è un oggetto sociale […] ma un comportamento in prima persona»[15]. Questo comportamento mette una persona in presenza di un'altra persona, senza considerazione per l'apparenza delle une e delle altre, per le loro forme distinte in una gerarchia sociale. Il fatto di tener conto di questa distinzione è precisamente all'origine dell'attitudine di quelli che, nella parabola, passano oltre. La parabola è un racconto che propone una «incatenazione di *avvenimenti*»[16]. Ogni avvenimento è così ricondotto alla sua verità etica. Non vi si descrive alcun dovere astratto. Al contrario, vi si denuncia l'attitudine astratta di coloro che si rifugiano dietro la loro gerarchia sociale. Ricœur chiarisce questo racconto del Samaritano alla luce di Mt 25, un testo escatologico che rivela quel che è realmente in gioco in Lc 10: il prossimo, è il Cristo stesso. Ricœur conclude che la sociologia del prossimo è inutile, se non impossibile, perché «il prossimo è il modo personale in cui io incontro l'altro, *al di là di ogni mediazione sociale*»[17]; «il significato di questo incontro non dipende da *nessun criterio immanente alla storia*»[18]. Siamo qui sul piano della pura libertà che si impegna con rispetto per le persone.

La relazione col prossimo è una relazione da persona a persona. Ma l'esistenza umana è talmente complessa e ricca che, generazione dopo generazione, nel corso delle nostre storie sociali, i nostri antenati e noi stessi abbiamo elaborato numerose mediazioni tra le persone. Queste mediazioni trasformano le relazioni dette 'brevi', quelle del faccia a faccia, dei legami immediatamente interpersonali, in relazioni 'lunghe', quelle delle istituzioni a cui Ricœur dedicherà più tardi numerose pagine, come ad esempio in *Sé come un altro*[19]. Queste relazioni lunghe sembrano allontanare le persone le une dalle altre, ma svincolano nello stesso tempo numerosi vantaggi a favore di queste stesse persone. Ricœur osserva così che «siamo […] divenuti più sensibili a questo pro-

---

[15] P. Ricœur, *Storia e verità*, p. 102.
[16] *Ibid.*
[17] *Ibid.*, p. 105.
[18] *Ibid.*
[19] P. Ricœur, *Sé come un altro*, p. 355-369.

gresso delle 'mediazioni' sociali, perché esso si è accelerato e l'improvvisa entrata delle masse nella storia ha provocato una domanda di beni, di benessere, di sicurezza e di cultura che, nella fase attuale, esige pianificazioni rigide e un tecnicismo sociale che, spesso, ricorda l'organizzazione anonima e inumana di un esercito in campagna»[20].
Relazioni brevi e relazioni lunghe emergono quindi, necessariamente insieme. Vi sono tuttavia tra loro delle tensioni che generano sofferenze. Nella realtà delle nostre vite, sono le relazioni brevi che animano le relazioni lunghe nel senso in cui esse danno loro un'anima, in cui le personalizzano, cosicché sono le loro qualità che servono, o dovrebbero servire, da modello o da fine alle relazioni lunghe. L'amministrazione pubblica, ad esempio, non è a servizio delle persone? La tentazione però è allora di escludere o di disconoscere la specificità e l'eventuale pesantezza al pari dell'eccellenza e della necessità delle mediazioni lunghe. È ciò che avviene quando la relazione breve, rifiutando ogni mediazione sociale e storica, si appiattisce in azioni immediate accanto all'altro che sarà inevitabilmente, quasi per definizione, un amico o una persona prescelta tra molte altre. Non è certo che una tale relazione breve sia capace di rispettare veramente l'altro. «Le relazioni personali sono anch'esse la preda delle passioni, forse le più feroci, le più dissimulate e le più perfide di tutte le passioni»[21]. La ricerca delle mediazioni, per esempio quelle del diritto, sorge da questa constatazione molto umana, con lo scopo di proteggere le relazioni brevi dal pericolo che esse recano nel loro interno. Quanto alle relazioni lunghe, spesso disattente alle persone singole, esse rischiano di imbattersi nell'amministrativo e di ignorare la giustizia o almeno l'equità sulla quale gli antichi erano soliti insistere. «La dismisura del sociale in quanto tale risiede in ciò che [chiamiamo...] 'l'oggettivazione' dell'uomo nelle relazioni astratte e anonime della vita economica, sociale e politica»[22]. L'attenzione alle relazioni brevi qualifica allora la pratica delle relazioni lunghe.
La distinzione dialettica dei due tipi di relazione è anche quella della

---

[20] P. RICŒUR, *Storia e verità*, p. 106.
[21] *Ibid.*, p. 115.
[22] *Ibid.*, p. 114.

carità (relazioni brevi) e della giustizia (relazioni lunghe). La carità può essere ingiusta se non si sottomette ad alcuna norma che la universalizzi. E la giustizia mancherebbe di carità se ignorasse le persone reali e il loro mistero ogni volta unico. A ciascun caso, corrisponde una sorta di violenza, quella della carità e quella della giustizia. Vi è una violenza della carità quando l'altro non è rispettato nella sua alterità e nel suo mistero, quando, per esempio, si pretende di conoscerlo meglio di lui stesso e imporgli ciò che si giudica necessario per lui ma di cui egli non ha realmente a che fare. La carità è anche ingiusta quando determina scelte preferenziali, ossia esclusive, senza i criteri della pura ragione. Ricœur medita tuttavia soprattutto sul secondo tipo di violenza, quella delle relazioni lunghe, delle mediazioni mutuate dallo Stato. I problemi sono qui molto difficili perché la violenza sembra appartenere intrinsecamente allo Stato, questo paradigma delle relazioni lunghe.

Nell'articolo intitolato «Stato e violenza», Ricœur sottolinea che «le molteplici funzioni dello Stato, il suo potere di legiferare, il suo potere di decidere e di eseguire, la sua funzione amministrativa, la sua funzione economica o la sua funzione educativa, tutte queste funzioni sono in ultima istanza sancite dal potere di costringere. Dire che lo Stato è un *potere* e che è un *potere di costringere*, è la stessa cosa»[23]. Lo Stato come Stato «si rivela così come la sintesi della legittimità e della violenza»[24]. Ricœur continua il suo articolo ricordando l'etica del Discorso della montagna, in cui il comandamento dell'amore del nemico «introduce una lacerazione più radicale che l'opposizione della contemplazione e dell'azione; è la "pratica" stessa che si trova divisa in se stessa; poiché il politico, come tale, non può essere pensato nell'ambito di questa etica della non-resistenza e del sacrificio»[25].

Ricœur non dice che l'etica delle relazioni brevi è tipicamente quella, rivelata, del Vangelo, né che l'etica delle relazioni lunghe è tipicamente quella, naturale, dello Stato. Anche se non si è lontani da questa distinzione dei termini, l'affermazione evangelica può comunque essere

---

[23] P. Ricœur, *Histoire et vérité*, p. 246-247. Anche qui, come più sopra, la parola «potere» implica ciò che Hannah Arendt riserva alla 'potenza'.
[24] *Ibid.*, p. 247.
[25] *Ibid.*, p. 248.

accettata filosoficamente (il che non vuol dire 'integralmente'). Che ogni persona sia un fine in sé, che pertanto il nemico sia per principio degno di essere amato, si trova nei Sinottici così come in Tommaso d'Aquino o in Kant. Il problema riguarda piuttosto lo Stato che, appunto, può trasgredire la morale per essere più efficace, anche in vista di una più grande moralità nel futuro. Siamo ignobilmente realisti: lo Stato «può restare Stato, senza trasgredire il divieto dell'omicidio né gli altri comandamenti concernenti l'ospitalità, il rispetto della parola, il rispetto filiale, il rispetto del bene dell'altro, ecc.?»[26] Questa era perlomeno la tesi di Ricœur nel corso della guerra di Algeria. La guerra, notava Emmanuel Lévinas, pone la moralità tra parentesi[27].

Lo Stato si colloca dunque al di là dell'etica dei mezzi proporzionati ai fini. Esso utilizza mezzi che sappiamo cattivi, come ad esempio la pena di morte, per un fine che esso suppone buono. Normalmente, in un'etica corretta, i fini precedono i mezzi sul piano del giudizio e della valutazione delle circostanze. In tal modo essi pongono limiti ai mezzi, li determinano con fermezza, essendo il fine primario di rispettare la persona come valore o fine in sé. Ma in pratica, le cose vanno molto diversamente. «Lo Stato si scopre come una grandezza inquietante che non si mantiene e non si è mai mantenuta nei *limiti* dell'Etica dei mezzi. Lo Stato è quella realtà che finora ha sempre incluso l'omicidio come condizione della sua esistenza, della sua sopravvivenza e in primo luogo della sua instaurazione: tale è la crudele verità da cui, nel *Principe*, Machiavelli ha tratto tutte le conseguenze, senza riguardo per una etica dei mezzi»[28]. La stato di guerra, che è probabilmente di eccezione, è in realtà così eccezionale? L'uomo è sufficientemente complesso (o tortuoso) da ritenere normale che si possa fare (normalmente) eccezione alla necessità del bene assoluto.

Se l'etica della carità restituisce il bene per il male, l'etica del magistrato o dello Stato restituisce il male per il male anche se in vista del bene, punendo. Vi è qui una discordanza, che Ricœur intende alla luce del «male radicale»[29]. Lo Stato si trova abitualmente in pieno confronto

---

[26] *Ibid.*, p. 255.
[27] E. Lévinas, *Totalità e infinito*, «Prefazione».
[28] P. Ricœur, *Histoire et vérité*, p. 255
[29] *Ibid.*, p. 259.

con il male radicale perché non può fermarsi all'etica dei mezzi conformi al fine, «la quale, vietando l'omicidio, renderebbe la coercizione compatibile con l'amore o almeno impedirebbe di esserne l'assoluto contrario. Ma lo Stato è quella realtà che non è rimasta e non rimane entro i confini della proibizione dell'omicidio. Lo Stato è quella realtà mantenuta e instaurata dalla violenza omicida[30]. Tra l'etica dei mezzi e quella dei fini, tra l'etica delle mediazioni e quella delle persone, vi sono forti tensioni, e anche incompatibilità. Da qui l'espressione che utilizza Ricœur per caratterizzare ciò che guida l'operare di uno Stato di diritto: un'«etica di sgomento». Etica di sgomento da parte dello Stato: «Il solo motivo di obbedire allo Stato in armi e in guerra, è che *esso continua ad esistere e così anche per il "magistrato"*; la mia obbedienza si sostiene sul terreno non etico dell'esistenza pura e semplice del mio Stato»[31]. Può tuttavia anche darsi che «il sacrificio del mio Stato divenga un dovere *politico*»[32]. Come è accaduto in Germania sotto i nazisti, così potrebbe anche accadere quando la disobbedienza civile si impone come attitudine politica. Ciò potrà implicare sacrifici individuali, e anche della propria persona, e senza impedire che si costituisca più tardi un nuovo Stato che potrà essere ancora, e forse più, ingiusto. L'etica personale non sembra avere molto peso dinanzi a tutte queste considerazioni, che non mancano di rievocare numerose realtà storiche recenti.

Procediamo così di violenza in violenza. Violenza dello sprovveduto che mantiene un mondo cattivo mediante la sua bontà ingenua. Violenza dello Stato che intende dare sostegno alla violenza dei magistrati e dei giudici giusti per rendere la nostra vita comune più amabile, così si dice...

Gli uomini, quindi, sono cattivi, ma non intendono lasciarsi travolgere da questo aspetto della loro natura, che vogliono superare. Essi sanno di non essere schiavi. Il presente capitolo ha posto in rilievo come essi hanno affrontato questa situazione di cattiveria per tentare di regolarla e di contenerla. Il contratto, il diritto e la giustizia costi-

---

[30] *Ibid.*
[31] *Ibid.*, p. 257.
[32] *Ibid.*, p. 258.

tuiscono per così dire tre tappe dello sviluppo di questo tentativo. Il contratto è in primo luogo da persona a persona, ma sotto l'autorità di un terzo, cosicché la temporalità di ciascuno viene ad esserne trasformata, diventando la durata di una vita comune in cui peraltro la vita di ciascuno diventa, più che semplicemente biologica, piena di senso. Il diritto inizia allora a funzionare; esso trascende le persone e i casi particolari mettendo in evidenza qualche intendimento di quel che concede un senso alla libertà, altrimenti inaccessibile a ciascuno nella sua solitaria individualità; la libertà è, infatti, identica alla nostra capacità di connetterci all'altro impegnandoci nel mondo; il diritto naturale manifesta le caratteristiche di questa capacità naturale, che noi esercitiamo tuttavia nelle situazioni concrete o particolari in cui possono prodursi conflitti tra norme trascendenti.

La giustizia, se la si distingue dalla carità limitandola al campo delle relazioni umane strutturate secondo il diritto, potrebbe accontentarsi di affermare principi generali, lasciando alla carità interpersonale l'onere di correggere ciò che verrebbe dai conflitti inevitabilmente generati; ma la carità, elettiva, non negherà la necessità universale della giustizia immaginandosi allora di poter correggere le sue manchevolezze sostituendosi ad essa? Gli organi della giustizia, lo Stato, le corti giudiziarie, non possono compiere il loro dovere senza imporsi e senza imporre alcuni atti violenti, una pena, per esempio, la prigione, che talvolta, o più che talvolta, sono ingiusti. La carità è dunque indispensabile, perché la giustizia rimanga retta. Ma, poiché avrà sempre delle preferenze, essa non potrà mai regolare il conflitto tra il diritto comune e l'eccellenza delle persone libere o degne per se stesse, tra l'universale e il singolare. È necessario, dunque, proseguire la riflessione sulla giustizia.

CAPITOLO IX

L'IMPROPORZIONALITÀ DELLA GIUSTIZIA

La libertà diviene visibile nel contratto. Questo può assumere diverse modalità. Non è necessario che sia scritto. In tutti i casi, secondo le culture ma soprattutto se è scritto, un contratto si accompagna ad una sanzione che si applicherà in caso di rottura o di non rispetto degli impegni. Questa minaccia di sanzione esprime la forza di costrizione che appartiene all'essenza di ogni contratto tra le libertà. La sanzione è esplicitamente esposta nel caso dei contratti stabiliti in seno alle relazioni lunghe, come ad esempio nei contratti stabiliti con amministrazioni, o nelle circostanze che rientrano nella competenza delle leggi civili. Sul piano interpersonale o delle relazioni brevi senza testimonianza di un terzo, a dire il vero, non c'è un contratto. La forza della sanzione nasce qui dalla fiducia che i contraenti si concedono reciprocamente. I contratti garantiti da un terzo, che è il più delle volte lo Stato, si stabiliscono perché la fiducia reciproca è spesso poco garantita quando si basa su rapporti tra individui liberi. Inoltre, i contratti delle relazioni lunghe sono, per forza di cose, poco garantiti a lungo termine, essendo la fragilità della vita (ζωή) quello che è, ma soprattutto le poste in gioco dei nostri accordi vanno oltre a ciò che nel mondo è realmente prevedibile e accessibile alle nostre singole libertà. Siccome le libertà sono nella storia proprio per essere effettivamente libere, benché impegnate in (e grazie ad) una serie di condizioni pratiche che sfuggono alle loro decisioni personali e autonome, i contratti di lunga durata sono tanto necessari quanto fragili.

La giustizia dagli occhi bendati appare come il terzo che dà consistenza alle relazioni lunghe tra i contraenti, qualunque sia il tipo del loro contratto. Irriducibile alla loro singolarità, essa evidenzia la loro propria reciproca irriducibilità. Tuttavia, la giustizia non ha ricevuto dalla tradizione la forma di una uguaglianza matematica? «Rendere a ciascuno ciò che gli è dovuto», è così complicato? Non è sufficiente calcolare «ciò che gli è dovuto» secondo la proporzionalità e i suoi criteri razionali? Ma che cosa potrebbero essere precisamente questi criteri razionali? Tale è il problema sollevato all'epoca della discussione delle tesi di Rawls ad opera di Ricoeur; ne parleremo nella prima sezione di questo capitolo. Nella seconda sezione la nostra riflessione procederà in direzione di un superamento necessario di ogni calcolo quando si tratta di una giustizia che tiene conto delle persone umane; ci saranno di aiuto alcuni scritti di Ricoeur sulla Regola d'oro. Infine, nella terza sezione, affronteremo il tema centrale dell'asimmetria intersoggettiva, che Emmanuel Lévinas ha sviluppato particolarmente in *Totalità e infinito*. Complessivamente in questo capitolo ci proponiamo di introdurre nell'essenza della giustizia l'idea di equità.

Il calcolo del giusto

La descrizione fenomenologica proposta da Ricoeur e ripresa nel nostro precedente capitolo pone in rilievo differenze, tensioni contraddittorie tra il privato e il pubblico, tra questi due modelli di relazioni entrambi ugualmente necessari per l'esistenza umana. È considerando queste tensioni che noi possiamo assistere a una sorta di genesi del contratto il cui significato antropologico appare allora più chiaramente. Abbiamo detto che la libertà non è il tutto di se stessa. Se essa è in linea di massima autonoma, non è indipendente. Il suo impegno nel quotidiano fa che sia essa ad assumere il mondo che la oltrepassa e che le dà i mezzi per rendersi concreta, effettiva. Tutte le relazioni brevi si appoggiano così naturalmente su relazioni lunghe, per es. il linguaggio, la cultura, ecc. Nessuna relazione breve è possibile senza fare proprie tradizioni espressive che i suoi attori non hanno inventato ma di cui sono gli eredi. Una storia anteriore e indipendente delle persone che entrano in rapporto costituisce una condizione minima perché questa relazione sia reale e forte. La libertà impegnata come libertà assume necessariamente dei mondi, il proprio e quello dell'altro, che essa non ha creato. Ma perché sia libera, essa deve prendersi carico di ciò che la precede, che trova già là e che le permette di esprimersi, di rendersi essa stessa attiva, creatrice. Ciò significa che prima di essere attiva, la

L'improporzionabilità della giustizia

libertà è volontariamente passiva nelle sue condizioni di espansione che sono le diverse istituzioni che formano le relazioni lunghe, e che questa passività è costitutiva della sua possibilità.

Non si può pensare che le condizioni di esercizio della libertà che sono le relazioni lunghe appartengano esclusivamente agli Stati, i soli organi che hanno, in ultima istanza, il potere di sanzione in caso di trasgressione da parte di un contraente dei termini del contratto stabilito sotto l'egida di una autorità che lo garantisce. Infatti, anche se gli Stati presentano una forma evidente di relazioni lunghe, essi non ne hanno la prerogativa. Non sono neppure all'origine della loro propria necessità. Essi stessi provengono da storie nel corso delle quali le libertà personali hanno fissato modelli vari di relazioni, riconoscendo che in ciascuna di queste si opera più che in ciascuna libertà isolata. Le relazioni brevi si sviluppano grazie alle relazioni lunghe. Queste non possono essere generate dalle relazioni brevi poiché esse costituiscono le condizioni del loro esercizio costante, fedele. Tuttavia, le relazioni lunghe sono incapaci di produrre da se stesse le relazioni brevi, ossia l'esercizio di ciò di cui esse non sono che le condizioni di possibilità. Ecco perché la giustizia (relazione lunga) non è nella linea retta della carità (relazione breve), sua amplificazione o suo semplice prolungamento. Giustizia e carità formano insieme una coppia di elementi che si richiamano dialetticamente l'un l'altro. Irriducibili l'uno all'altro, essi non possono generarsi reciprocamente. Nessuno, però, può giungere senza l'altro.

L'articolazione delle relazioni brevi e delle relazioni lunghe, della carità o della bontà e della giustizia, costituisce da sempre un punto difficile. Noi lo prenderemo di nuovo in considerazione con Ricoeur, ricordando innanzitutto il suo dibattito con Rawls[1]. Secondo Ricoeur, Rawls si colloca nella scia del kantismo per il quale il giusto prevale sul buono o sul caritatevole, in modo «tale che la giustizia assume il suo senso in un quadro *deontologico* di pensiero»[2]. In realtà, Kant diffida dei sentimenti personali. Egli accorda la sua preferenza alle strutture

---

[1] J. RAWLS, *Una teoria della giustizia*.
[2] P. RICŒUR, «È possibile una teoria», p. 57.

universali o razionali della giustizia, alla deontologia. Nondimeno, egli si colloca anche su un piano interpersonale e non soltanto formale poiché, dichiara, insieme con una lunga tradizione, che all'orizzonte di ogni etica, le persone sono «fine in sé»[3]. Rawls, il cui punto di vista è anche deontologico, si preoccupa tuttavia più che delle persone delle istituzioni in cui si riconosce la condizione dei contratti stipulati secondo le regole. La questione è dunque quella di sapere se esiste un legame stretto, e in che modo, tra la prospettiva deontologica e quella contrattuale (o istituzionale).

Dobbiamo spiegare anzitutto brevemente quel che occorre intendere qui per deontologia. Questa parola è stata molto utilizzata negli ultimi tempi. Essa ha a che vedere con la morale quando si considera questa o quella professione. 'La' deontologia non è quindi da intendere come se fosse universale, valida sempre e dappertutto. Vi è una deontologia per l'ospedale, per il laboratorio, per l'industria, per il professore universitario o per il maestro di scuola elementare, per l'avvocato e per il parlamentare. La determinazione della deontologia in funzione del suo contesto di applicazione fa sì che essa giunga il più delle volte a proporre delle procedure che diversificano principi morali generali in funzione di questo o quel procedimento intellettuale o di quella modalità di lavoro, proporzionando così le indicazioni date dall'etica alle condizioni effettive di una professione particolare. La deontologia, che rientra nell'ambito della morale applicata, dev'essere distinta in ciò dalla teleologia, la quale appartiene piuttosto all'etica[4]. L'etica ha, infatti, una pretesa universale e costante, contrariamente alla deontologia che si concepisce in relazione a contesti particolari e che dà luogo all'elaborazione della giurisprudenza.

Se la deontologia dipende dalle circostanze professionali e dai contratti sociali particolari, la teleologia, invece, rientra nel campo della struttura universale o semplicemente razionale di ogni uomo. Il suo modello è aristotelico. Ogni uomo desidera la felicità, notava l'*Etica Nicomachea*. Il τέλος della vita umana è la felicità, valore che unifica tutti gli altri nostri desideri orientandoli necessariamente. Al contrario, per

---

[3] E. KANT, *Fondazione della metafisica dei costumi*, p. 145.
[4] Sulla distinzione tra «etica» e «morale», vedi P. RICŒUR, *Sé come un altro*, p. 264.

Kant, riferimento tipico per la discussione della terminologia che stiamo analizzando, la morale non può essere teleologica in senso aristotelico poiché non può essere determinata da una qualche felicità quale che sia. Il τέλος eudemonico, vertice gerarchico dei fini delle nostre azioni umane, dipende in pratica, troppo spesso, dalle nostre inclinazioni e dalle passioni degli uni e degli altri ed è dunque senza universalità reale. L'universalità della ragione può essere, in compenso, riconosciuta in deontologia; essa le conferisce un'ampiezza di cui non gode di per sé, e di cui d'altronde neanche si preoccupa. La ragione impone, infatti, alla deontologia il rispetto assoluto delle persone. Oggi, si insiste molto sull'applicazione circostanziata delle norme morali. La prospettiva universale di Kant si presta parimenti alla deontologia, poiché essa espone alcuni imperativi che noi siamo tutti tenuti ad applicare al momento dell'esercizio effettivo delle nostre libertà in contesti differenti. Da questo punto di vista, Kant è più fecondo di Aristotele. La ricerca teleologica della felicità non darà mai modo di stabilire un codice del lavoro, contrariamente al rispetto dell'altro in qualsiasi circostanza.

Secondo la tesi di Rawls, deontologica e universale, così fedele a Kant, tuttavia ogni istituzione dipende unicamente dalla sua struttura umanamente immaginabile, e soltanto là si può parlare di giustizia. La giustizia non ha un senso teleologico. Nessuna considerazione preliminare sul bene universale in quanto fine dell'esistenza è necessaria, e nemmeno opportuna, per determinare in che modo rendere giustizia. Il bene e il giusto sono così da distinguere l'uno dall'altro. Il giusto è valido assolutamente nelle nostre società, anche se non è il bene. D'altronde, un bene può divenire ingiusto se non si presta attenzione al fatto che esso deve essere valutato con prudenza da un punto di vista deontologico universalizzabile.

La teleologia, come abbiamo appena detto, è aristotelica e fondatrice dell'etica della scolastica classica, aristotelico-tomista. La deontologia di Rawls non contrasta tuttavia con questa teleologia classica in cui si congiungono asintoticamente la felicità e la giustizia. Essa riguarda maggiormente la teleologia di infimo ordine che è l'utilitarismo della tradizione empirista, soprattutto anglosassone. Secondo questo utilitarismo, il bene è da ricercare scegliendo i mezzi che ad esso sono favorevoli, ma i mezzi hanno importanza maggiore del fine poiché sono essi che determinano concretamente il fine conseguito. Se tale strumento porta allo scopo voluto, al risultato ricercato, è utile e sarà compreso nella categoria del giusto. Il giusto stesso non è che un nome comune dato a ciò che assicura la massimizzazione di un bene o di uno scopo ricercato e ottenuto. Contro questa comprensione teleologica ma utilitaristica della morale, concezione che, a dire il vero, sconvolge il senso universale e trascendentale, normativo, del bene e lo disgiunge dal senso della giustizia, la concezione deontologica di Rawls fa della giustizia un elemento strettamente deontologico, ma sotto la forma di un'applicazione di procedure. Per Rawls, la giustizia è procedurale. Per l'utilitarismo empirista, è uno strumento per la felicità individuale.

Rawls considera, in questo conformemente all'utilitarismo empirista, che la metafisica teleologica del bene non porta nulla con sé che possa svolgere un ruolo preciso nel nostro giudizio pratico. L'etica teleologica classica è, in effetti, *a priori*. La morale teleologica dell'utilitarismo ritiene, al contrario, di poter costruire ciò che è effettivamente il bene. Essa conosce verosimilmente un'idea *a priori* del bene poiché è grazie alla predominanza di questa idea che può gerarchizzare diverse concezioni del giusto. Il bene, in sé *a priori*, deve invece essere determinato empiricamente per costituire per noi una vera ragione mediante la quale esso è capace di illuminare l'organizzazione gerarchica dei molteplici beni ricercati. La gerarchia è qui quella del successo, del profitto, difficilmente identificabile col bene che vale semplicemente di per sé. Per criticare questo utilitarismo empirista, Rawls lo mette a raffronto con le condizioni della morale deontologica.

La situazione è tuttavia ambigua. Rawls critica ogni teleologia e quindi anche l'utilitarismo teleologico, finalizzato alla felicità che ciascuno individua. Ad esso contrappone la prospettiva deontologica, procedurale, costruttivista in questo senso. In tal modo però, egli si riavvicina all'utilitarismo. Non prende dunque una posizione che gli sia del tutto opposta. Non si considera intuizionista del bene. Accetta una costruzione gerarchica supponendo pertanto che il giusto non sia immediatamente dato. Rigetta tuttavia l'utilitarismo empirista poiché l'idea del giusto deve essere commisurata alle nostre convinzioni morali profonde, non già a qualche idea di un bene empirico previamente determinato dalla coscienza e suscettibile di essere ricercato con successo.

Il rifiuto dell'utilitarismo ha una rilevante implicazione immediata. Per l'utilitarismo, la ricerca di un bene gerarchicamente più grande può dare luogo al sacrificio di un bene più piccolo. Sul piano sociale, questo fa sì che l'utilitarista definirà la giustizia «attraverso la massimizzazione del bene per il maggior numero»[5], a costo di sacrificare quelli che non seguono il movimento o che non rientrano in questo criterio. Vi sono purtroppo in ogni società persone condannate alla povertà per ogni sorta di ragioni, sociali, psicologiche, fisiche, ecc. Nell'utilitarismo (Girard potrebbe verificarvi facilmente le sue tesi), «la nozione di sacrificio prende un andamento temibile»[6]. Per Rawls al contrario, si tratta di «*massimizzare la parte minimale* in una situazione di divisione disuguale»[7]. Abbiamo qui ciò che si chiama la «regola del maximin», una regola diversa da quella della massimalizzazione utilitaristica.

La teoria del maximin, espressione centrale della giustizia procedurale proposta da Rawls, può sembrare molto formale. Essa esprime ciò che accade in un contratto, il che fa «derivare i contenuti dei principi di giustizia da una procedura equa, senza alcun impegno nei riguardi di qualche criterio oggettivo del giusto, pena, secondo Rawls, di reintrodurre ulteriormente alcune presupposizioni sul bene»[8]. L'espulsione dell'idea del bene al di fuori della prospettiva della giustizia spinge in direzione di una teoria semplicemente deontologica della giustizia. L'idea classica dell'equità sarà interpretata essa stessa in un contesto puramente procedurale. «L'*equità* caratterizza, in primo luogo, la procedura di deliberazione, che dovrebbe condurre alla scelta dei principi di giustizia preconizzati da Rawls»[9]. Il giusto non comportando alcuna forma da intuire, non dipendendo da alcun termine previamente dato

---

[5] P. RICŒUR, «È possibile una teoria», p. 59.
[6] *Ibid.*, p. 60.
[7] *Ibid.*, p. 59
[8] *Ibid.*, p. 60.
[9] *Ibid.*

a partire dal quale si potrebbero qualificare le nostre azioni, non abbiamo più che da costruirlo nelle nostre azioni stesse, ma diversamente che al modo degli utilitaristi. La deliberazione può mettere, infatti, in gioco altri valori che quelli dell'efficienza e del successo.

Rawls spiega la forma della giustizia immanente alle nostre azioni proponendo la metafora del velo di ignoranza[10]. Ecco di che cosa si tratta. All'origine della vita sociale, nessuno conosce né il posto che gli è stabilito nella società, né le sue caratteristiche personali come fortuna, intelligenza, gusto, né le sue inclinazioni particolari. Ciascuno si colloca quindi sul piano di una pura e semplice umanità. Questa posizione ideale si perpetua nell'elaborazione del diritto che rispetta il principio secondo cui «ogni persona ha un uguale diritto alla più estesa libertà fondamentale compatibilmente con una simile libertà per gli altri»[11]. Questo principio è evidentemente l'espressione di una volontà di uguaglianza che si crede perfetta. Vi è quindi un secondo principio, non più di uguaglianza ma di differenza, che completa il primo. Secondo questo secondo principio, la ripartizione al momento della distribuzione delle ricchezze non può essere uguale, altrimenti non sarebbe uno stimolante per il lavoro; Rawls non ignora le condizioni psicologiche elementari della nostra esistenza concreta! La ripartizione deve comunque «essere vantaggiosa per ciascuno»[12]. Un umorista, ma profondamente competente in realtà umane, potrebbe ricordare qui il famoso «principio di Peter», che la saggezza popolare esprime da sempre in questo modo: il meglio è il nemico del bene. Occorre dunque che tutti possano accedere a tutti i posti gerarchici (primo principio, quello dell'uguaglianza), ma in modo tale che ciascuno abbia nello stesso tempo il suo posto in vista del suo bene personale (secondo principio, di differenza). Le disuguaglianze devono dunque essere a servizio della collettività.

Questi due principi, secondo Rawls, sono in sequenza lessicale, nel senso in cui in un lessico, la prima lettera (A) resta invariata in tutto ciò che la segue (Abricot = Albicocca); la lettera B non vi può fare nulla, sembra, altrimenti non avrebbe più essa stessa un senso (Rawls non

---

[10] Vedi § 24 di J. RAWLS, *Una teoria della giustizia*.
[11] Citato da P. RICŒUR, «È possibile una teoria», p. 68.
[12] *Ibid.*, p. 69.

osserva tuttavia che una lettera successiva aggiunge alle lettere precedenti elementi del tutto imprevisti che ne modificano profondamente il significato). Il principio di differenza, il secondo principio, non dovrebbe cambiare nulla al principio di uguaglianza, il primo principio. Esso apporta però elementi nuovi, che concretizzano il primo principio. Nell'idea di Rawls, l'uguaglianza assolutamente relativa di tutti nella gerarchia sociale (primo principio), l'uguaglianza nella libertà, non può essere distrutta e neppure modificata dall'aumento delle disuguaglianze oggettive (secondo principio) di ordine economico. Per esempio, una massima riduzione delle disuguaglianze economiche non costituisce in alcun modo una condizione di uguaglianza sociale. In altri termini, la ricerca dell'uguaglianza economica per un maggior numero non può condurre a impoverire le libertà. «Nessuna perdita di libertà, quale che ne sia il grado, può essere compensata da un accrescimento di efficacia economica»[13].

Otteniamo così il principio del maximin: «il meno avvantaggiato [sa] che la sua posizione trae il massimo vantaggio dalle ineguaglianze [economiche] che egli percepisce. Ineguaglianze meno importanti finirebbero per vittimizzarlo anche in misura maggiore»[14]. Quanto al più favorito dal punto di vista economico, egli saprebbe che non essere maggiormente favorito in una distribuzione meno equa sarà «compensato dalla cooperazione dei loro partner, in mancanza della quale il loro relativo privilegio sarebbe minacciato»[15]. Una impresa che privasse i suoi collaboratori di un salario determinato in comune per arricchire i dirigenti a scapito degli operai e impiegati andrà rapidamente in rovina...

La Regola d'oro e il maius

Le relazioni tra i favoriti e gli sfavoriti da un punto di vista economico basano la loro tranquillità, secondo Rawls, sulla loro uguaglianza dal punto di vista della loro libertà. La metafora del velo di ignoranza

---

[13] Ibid.
[14] Ibid., p. 71.
[15] Ibid.

suppone che tutti ignorino il loro posto rispettivo e relativo nella società, come se tutti fossero uguali e quantunque una società conosca responsabilità inevitabilmente diversificate e gerarchizzate; ciascuno valuta quindi dove si trova la sua situazione personale migliore, la più confortevole a suo parere in questo insieme. Rawls non rinuncia dunque ai suoi principi di liberalismo, anche se vuole attenuarli. Si potrebbe tuttavia scegliere un ordine lessicale alternativo, dicendo per esempio che «i meno avvantaggiati in termini economici debbono essere ritenuti lessicalmente prioritari rispetto a tutti gli altri partner. Si tratta di quello che Jean-Pierre Dupuy designa come l'implicanza antisacrificale del principio di Rawls»[16].

La critica di Ricoeur all'affermazione di Rawls verte sul fatto che questi, malgrado le sue pretese, non può non tener conto del punto di vista della teleologia trascendentale per dare un senso alla procedura deontologica di cui presenta una modalità molto originale: l'idea di bene rimane fondamentale per legittimare l'eccellenza della procedura scelta tra altre possibili. La costruzione di Rawls risulta, infatti, da una intenzione euristica tanto evidente quanto recondita, quella di determinare il mezzo migliore per fare propri i tratti etici che devono essere rispettati nelle situazioni che non risultino immediatamente chiare. Il principio del maximin assume per esempio, in apparenza, l'esigenza non sacrificale di un ordine etico kantiano. Secondo questa etica, l'altro non è in alcun modo suscettibile di essere trattato soltanto come un mezzo, neanche in vista di un bene più grande per un più grande numero; non può mai essere considerato come tale. L'utilitarismo, secondo il quale alcuni individui devono essere sacrificati perché altri si arricchiscano, è da questo punto di vista rigorosamente immorale. La sua condanna si appoggia su un sapere etico.

Si potrebbe d'altronde contestare veramente l'utilitarismo se si rigetta ogni teleologia? Non vi è un legame necessario tra l'etico e il teleologico? L'attestazione di Rawls contro l'utilitarismo e la sua morale sacrificale ha un obiettivo più che deontologico, anche se l'autore in-

---

[16] *Ibid.*, p. 70. Vedi J.-P. DUPUY, *Le Sacrifice et l'Envie. Le libéralisme aux prises avec la justice sociale*.

L'improporzionabilità della giustizia

tende valorizzare i soli elementi della procedura che egli puntualizza aiutandosi con la metafora del velo di ignoranza. Ma in realtà, questa procedura deve permettere di concretizzare un fine etico essenziale. Rawls non si accontenta realmente della deontologia. Per determinare come assumere nella pratica la condizione etica che è essenzialmente, secondo Kant, il rispetto della persona, occorre tener conto della teleologia, del desiderio della felicità di ciascuno. La Regola d'oro riprende di fatto questa esigenza, che precisa in una formula negativa: «Non fare al tuo prossimo ciò che detesteresti che ti fosse fatto»[17]. Questo enunciato può essere completato da quest'altro, positivo: «Così, tutto ciò che vorreste che gli uomini facciano per voi, fatelo voi stessi per essi»[18]. Rawls resta così al di qua della Regola d'oro. Non si può costruire una morale deontologica razionalmente fondata se non si presta attenzione alla dimensione teleologica o etica che è ad essa immanente.

Rawls va tuttavia più lontano del formalismo razionale e implicitamente teleologico di Kant quando afferma che il velo di ignoranza mette in opera il sapere di una psicologia universale, ossia valida per tutti. L'ignoranza di cui parla la sua metafora ha un senso perché rinvia a una possibilità di esperienza personale. Il filosofo inglese completa così Kant introducendo la psicologia nella sua elaborazione. Ma non sarebbe questa una perversione della morale pura kantiana? Nessuna teleologia può essere soltanto formale, misurata dalla sola ragione, poiché essa integra gli interessi di ciascuno. La psicologia alla quale si rinvia qui non è tuttavia semplicemente empirica (Kant condannerebbe senza possibile appello un'etica empiricamente determinata), ma universale senza che essa sia dedotta trascendentalmente. Ricoeur fa allora osservare a Rawls che la metafora del velo di ignoranza, in quanto elemento essenziale della procedura deontologica, riguarda in realtà e in maniera anticipata la regola del maximin senza la quale essa non avrebbe alcun significato, che dunque ne condiziona l'intenzione. La regola del maximin (come vedremo tra breve, non ha

---

[17] P. RICŒUR, «È possibile una teoria», p. 75.
[18] Mt 7, 12. Sulla Regola d'oro, si vedrà C. VIGNA – S. ZANARDO (ed.), *La regola d'oro come etica universale*.

senso se non si ha come obiettivo il bene) ha dunque il vantaggio di mettere in evidenza, al di là della sua forma deontologica, una teleologia grazie alla quale essa può contestare radicalmente l'utilitarismo e lo scandalo del sacrificio di alcuni a favore di un più grande numero come nel principio utilitaristico della massimalizzazione.

La regola del maximin non è lontana dalla ricerca di una norma capace di accompagnare la richiesta di un più grande vantaggio possibile per tutti, pur essendo differenti gli uni dagli altri. Essa rassomiglia in ciò alla regola della massimalizzazione, ma tiene conto, contrariamente a quest'ultima, delle circostanze di ciascuno, soprattutto della libertà personale e ragionevole, il che potrebbe tuttavia concludersi con uno *statu quo* sociale. La regola di Rawls potrebbe, in effetti, condurre a questo risultato. Chi è povero o meno favorito dal destino sociale non rischierebbe troppo di perdere ogni cosa se si ribellasse per cambiare lo statuto sociale? Spesso è meglio starsene zitto. In compenso, la Regola d'oro mette direttamente in evidenza il carattere teleologico del contratto. Occorre tener conto degli interessi di ciascuno, delle loro scelte possibili o realmente già avviate, del loro essere reale, il che implicherà evidentemente la critica della società, la creazione di momenti di anomia. In Rawls, il primo principio (l'uguaglianza) precede il secondo (la differenza). Per la Regola d'oro, avviene il contrario. Rawls muove da una rappresentazione e pone in seguito una esigenza che sia ad essa coerente; Ricoeur muove all'inverso da una esigenza da cui seguiranno rappresentazioni normative.

La questione posta ora è quella di sapere come nascono, si esercitano e si enunciano il senso etico e la coscienza morale. La coscienza morale si lascia, infatti, plasmare da valori trascendentali, finali, quei valori di cui Rawls nella sua teoria non giunge a nascondere né l'importanza né il ruolo. Ora, la coscienza morale, in quanto coscienza, non accede a sé e alle esigenze etiche a partire da sé sola. Per arrivarvi, ha bisogno di entrare in relazione con qualche alterità che le sia proporzionata (Kant è troppo sbrigativo quando risolve la questione della nascita della coscienza morale mediante il solo rispetto per la legge che esprime puramente l'essenza della ragione[19]). Questa relazione è molto

---

[19] Vedi E. KANT, *Fondazione della metafisica dei costumi*, p. 71.

spesso pensata in forma di conflitto o di sradicamento di inclinazioni malvage. Ci siamo già imbattuti nella tesi di Hobbes per la quale l'uomo è un lupo per l'uomo, ma anche in quella di Rousseau per cui noi ci troviamo adesso in uno stato di cultura che suscita le nostre passioni egoistiche, e non più nello stato beato del sentimento naturale. Ecco perché, per questi due autori, è necessario un contratto che impegni le volontà. Occorre che l'uomo si incivilisca, imponendosi dei limiti, sottomettendo le sue passioni distruttrici a un garante grazie al quale la coesistenza pacifica diverrà possibile. La civiltà del contratto protegge le potenze nelle quali l'uomo riconosce espressioni della sua essenza, e lo mette al riparo anche dalle potenze che lo distruggono. Una etica teleologica avrà un significato molto differente.

Alterità e asimmetria

Ma le relazioni umane sono veramente, fin dalla loro origine o nella loro essenza, di questo genere conflittuale? La fenomenologia lévinassiana affronta questa questione tenendo sullo sfondo la guerra del 1940-1945 e il massacro degli ebrei. L'uomo è originariamente un lupo per l'uomo o, al contrario, occorre aderire alla Bibbia che fa precedere il capitolo sulla caduta originale da altri due sulla creazione dell'universo e dell'uomo? «E Dio vide che ciò era buono»[20]. All'inizio di *Totalità e infinito*, Lévinas rimanda all'esperienza della guerra come ad una esperienza archetipica che si può estendere all'insieme dell'esistenza umana. La vita umana in società, e ogni vita umana è in qualche modo in società, sembra soffrire di un certo rifiuto dell'etica, e di riconoscere persino qualche aspetto di immoralità in modo immanente. Per esempio, e non è un esempio accidentale o secondario, lo Stato è ciò che, nella condizione di guerra, sospende ogni etica. Il suo diritto di morte sui cittadini manifesta il fallimento di un'etica pura. Esso non considera che la vita di ciascuno sia realmente e infinitamente degna di rispetto. L'etica, affinché l'esistenza umana sia valida o piena di senso nelle situazioni estreme (ma forse anche abbastanza comuni, quotidiane) deve

---

[20] Gn 1, 25.

perdere la sua purezza *a priori*. La guerra, nota Lévinas, «sospende la morale, [...] annulla, nel provvisorio, gli imperativi incondizionati»[21], il che equivale a dire che lo Stato in guerra rende evidente il fatto che non vi è un incondizionato se non in situazione favorevole, che dunque, in realtà, non vi è veramente incondizionato in morale. E se la politica, secondo l'espressione di Clausewitz, è il prolungamento cortese della guerra, essa non sarà meno immorale nella vita pacifica dei popoli che la guerra, in modo discreto probabilmente e in maniera educata e tollerabile, ma realmente. «La politica si oppone alla morale, come la filosofia all'ingenuità»[22], decreta aspramente Lévinas.

Capita spesso di sentire che la salute di un popolo è a misura della capacità che hanno i suoi componenti di sacrificarsi e di morire per esso. Si fa così credere che la guerra costituisca l'esperienza etica più elevata, «l'esperienza pura dell'essere puro»[23]. Non siamo lontani dall'ideologia hegeliana. Ora, lo scopo della guerra è di impedire all'altro di agire. La guerra è un'azione che ha come unico scopo di ridurre l'altro all'inazione, alla passività totale. Essa distrugge così i nemici, li riporta tutti all'identità indistinta della morte, del vuoto, di ciò che non conta affatto. Tuttavia, durante la guerra, si vedono nuclei di resistenza etica nascere qua e là, al di fuori della cerchia politica. L'imperativo etico continua a risuonare alle orecchie di alcuni che accettano e vogliono in coscienza e con coraggio restare vigili e capaci di scandalizzarsi. È evidente per queste coscienze che resistono all'eclissi dell'etica in tempo di guerra che la violenza genera la violenza. L'idea di fondo è che una pace derivata da una guerra che non si nega radicalmente, che non si mette da parte per lasciare uno spazio libero e nuovo all'etica, che si sospende soltanto, sarà una mera illusione. Occorre veramente che il violento o il guerriero si converta radicalmente ad altro che alla guerra, poiché questa non porta affatto in sé i germi di una pace autentica.

La politica non potrà mai garantire la pace se non fa che continuare la guerra, così a lungo che essa non avrà rinunciato ad aderirvi utiliz-

---

[21] E. Levinas, *Totalità e infinito*, p. 19.
[22] *Ibid.*
[23] *Ibid.*

zando la sua minaccia. Ma come moralizzare la politica affinché essa concordi con la sua aspirazione essenziale alla pace, se i politici non sono convinti che la pace sia possibile anche prima di ogni minaccia di guerra? La politica è incapace di costruire una intenzione etica se rimane legata alla guerra di cui essa brandisce la minaccia, chiaramente o con parole velate. La politica non rende possibile l'etica proseguendo la guerra con altri mezzi. È, al contrario, l'etica che rende possibile l'azione politica retta radicandola più profondamente che nella paura e nella guerra. La pace non può che nascere dal terrore guerresco che si vorrebbe umanizzare, incivilire. Essa deve rompere con questo, rifiutare che la paura ne sia la condizione, e presentare una fine che la guerra non poteva prevedere.

Lévinas è attento agli aspetti escatologici delle nostre esistenze. *Eschaton* vuol dire letteralmente 'ultimo'. Ma 'escatologico' è anche ciò in cui la verità delle cose, del mondo e dell'uomo, diverrà evidente. Ultima, la realtà escatologica, è anche prima. Ciò che è di sempre diverrà manifesto alla fine dei tempi. Scopriremo allora ciò che era fin dall'inizio ma che ci era velato. In questa parola 'escatologico', si può dunque intendere anche 'radicale', ossia «che concerne le radici delle nostre vite». La pace, che si attende per la fine dei tempi, appartiene alla vita escatologica. Non si procede mai verso la pace, senza procedere su cammini di pace, nella pace. La pace precede realmente ogni guerra. Essa non ha nulla a che vedere con la totalità che costituisce l'orizzonte delle guerre e degli Stati, che conduce a perpetuare le dinamiche delle distruzioni continue. Essa non si pone dunque negando semplicemente la guerra e la sua forza di totalizzazione. Logicamente ma altrettanto esistenzialmente, una negazione non si regge senza ciò che essa nega. Il suo essere è dunque del tutto dialettico. Ma la pace non è dialettica, connessa al suo contrario. Essa non si pone come la negazione della guerra, ma come il suo altro, un «sovrappiù sempre esterno alla totalità»[24]. La pace appartiene in realtà al mondo dell'escatologia, dell'infinito e delle singole persone. È per questo che essa impegna tutte le persone responsabili che «hanno una identità 'prima' dell'eternità»[25].

---

[24] *Ibid.*, p. 21.
[25] *Ibid.*

Più concretamente, secondo le categorie di Lévinas, «la pace si produce nella forma di questa capacità di parola»[26] senza alcuna condizione preliminare, senza necessità di un contesto in cui l'originalità del prendere la parola o di indirizzarla si perderebbe.

È qui che nasce l'esperienza etica. Occorrerà esprimerla in un linguaggio che non sarà totalizzante, impiegando quelle parole che sono irriducibili ai nostri sistemi scientifici, come ad esempio la parola 'infinito'. Comprendere il significato della parola 'infinito' non è agevole, se si vuole essere coerenti. In un certo modo, la riflessione sull'infinito «è simile a quello che si è convenuto di chiamare metodo trascendentale»[27]. Ora, il metodo trascendentale si è spesso risolto in sapere totalizzante, mentre l'infinito è esattamente fuori misura e non può essere abbracciato dallo spirito. Lo spirito ne è determinato senza determinarlo. L'idea di infinito non libera il suo senso intero che trascendentalmente, riflessivamente, se però la parola 'trascendentale' significa un al di là di ogni rappresentazione e di ogni sistematizzazione delle nostre rappresentazioni delle cose nei nostri concetti. Dell'infinito, non abbiamo mai una cognizione che sia proporzionata e rappresentabile. L'infinito non è però così violento? «La violenza [...] consiste per uno spirito nell'accogliere un essere che gli è inadeguato»[28]. L'infinito, compreso trascendentalmente, non può non essere inteso violento per la sua stessa natura, che è inadeguata.

La fenomenologia trascendentale fa tuttavia comprendere che l'infinito non contiene alcuna potenza di cui potremmo appropriarci misconoscendo e distruggendo la nostra singolarità. L'idea stessa di infinito resiste a ogni progetto di appropriazione nei suoi riguardi. Tuttavia qui emergerebbe un'ambiguità, poiché ciò di cui non ci si può appropriare, è anche il vago, l'indeterminato, ciò che viene prima che la coscienza chiara possa aderire a una verità criticando le opinioni e liberandosi del loro peso. Questo indeterminato, poiché precosciente e precritico, potrà essere indefinitamente analizzato. Giacché l'idea di infinito ha aspetti anch'essi precritici, essa sarà a volte giudicata si-

---

[26] *Ibid.*
[27] *Ibid.*, p. 23
[28] *Ibid.*

mile sotto questo aspetto a una opinione. Ma siccome è nello stesso tempo l'idea di ciò che oltrepassa lo spirito, essa assume la forma di una indeterminazione in cui lo spirito si apre a un al di là radicalmente inafferrabile e inaccessibile a qualsiasi analisi. Lo spirito in quest'ultimo caso perviene a sapere che esso non è il possessore del suo proprio movimento. Pertanto l'idea di infinito non può più essere compresa come se significasse soltanto una indeterminazione che si giungerebbe progressivamente a mettere in chiaro, che si farebbe passare dal precosciente al cosciente. La sua intesa preforma piuttosto l'intesa di ogni alterità, di ogni oggetto in quanto altro dal soggetto, in quanto un al di là che si articola nell'intimo del soggetto stesso imponendosi ad esso non per schiacciarlo ma come l'esigenza di un incessante superamento di se stesso, o meglio: di rispondere al richiamo di ciò che lo sorpassa radicalmente.

La guerra distrugge tutto. Ciò che salva la soggettività è l'infinito originario che vi crea un'apertura che essa non può determinare da se stessa. «La dura legge della guerra si infrange contro l'infinito»[29]. L'infinito rivela così l'essenza della soggettività. Il suo contenuto è più di ciò che è accessibile alla nostra capacità soggettiva. La sua idea non si impone tuttavia affatto a una soggettività che preesisterebbe ad essa. Costituisce, al contrario, l'intenzione stessa dello spirito. Essa significa che lo spirito è capace di un'apertura senza fine, è questa apertura che allo stesso tempo gli impedisce di pretendere di poter raggiungere il suo termine da sé solo.

L'intenzione spirituale ridestata dall'idea di infinito è tuttavia da vivere in un impegno concreto, in un atto che non è infinito, in cui pertanto l'infinito non è mai riconosciuto e presente immediatamente in se stesso. Prendiamo l'esempio del pensiero. Nel pensiero risiede l'idea di infinito, ma esso esercita questa idea soltanto in modo finito. Le determinazioni originali della parola 'infinito', parola distinta da tutte le altre parole, e le determinazioni originali dell'atto di conoscere l'infinito nel finito sono riflessivamente precedute dall'idea *a priori* di infinito. Questa idea è segretamente presente nell'operazione mentale che ne pone paradossalmente l'essenza nel mondo dei finiti. L'idea di in-

---

[29] *Ibid.*, p. 24.

finito è, infatti, linguisticamente determinata essendo collocata in un tessuto di relazioni lessicali in cui la distinguiamo da altri vocaboli. Eppure comprendiamo che la sua essenza è irriducibile a ogni determinazione lessicale e concettuale. Il suo enunciato stesso nella parola 'in-finito' dice che mai nessun termine finito potrà esprimerla adeguatamente. Mai potrà divenire una rappresentazione idonea a generare una costruzione assiomatica e deduttiva ben strutturata. L'idea di infinito significa soltanto la non chiusura dello spirito in se stesso, l'incompiutezza del suo discorso e del suo atto, il suo non essere se si fa solitario, padrone di sé senza sforzo di essere, senza *conatus*, senza conquistare il suo essere o piuttosto senza ricevere di essere.

La riflessione fenomenologica non termina quindi col totalizzare il pensiero dell'infinito nel pensiero stesso. È questo il pericolo in cui, secondo Lévinas, sarebbe caduto Heidegger secondo cui «l'ontologia diventa ontologia della natura, impersonale fecondità, madre generosa senza volto, matrice degli esseri particolari, materia inesauribile delle cose»[30]. La filosofia heideggeriana sarebbe una filosofia dell'anonimo, che condurrebbe di per sé alla tirannia. Il modo di essere dell'anonimo, ossia la sua modalità propria di violenza, consiste nell'appartenere all'opinione. L'opinione, superficiale e neutralizzante, è violenta. La parola 'opinione' si connette inoltre facilmente al concetto di Stato al quale ciascuno è tenuto ad obbedire concedendogli una parte della sua libertà e del suo pensiero, per non parlare di tutte le forme concrete dei suoi impegni umani. Uno Stato al quale si affiderebbe una mansione simile mostrerebbe rapidamente la sua forza di oppressione. Vi è un legame diretto tra l'opinione e l'oppressione, anche se questa è consentita, o in ogni caso inosservata o anonima, risultato della viltà umana e delle dimissioni della libertà e dei suoi sforzi di chiaroveggenza. Lo 'stesso' è il vincitore nel mondo dell'anonimo, dell'opinione o dello Stato, dell'essere heideggeriano. In compenso, la società del Me con l'Altro è innanzitutto «linguaggio e bontà»[31], una relazione senza violenza, senza imposizione unilaterale, o «più esattamente gli è imposta, al di là di qualsiasi violenza, con una

---

[30] *Ibid.*, p. 44.
[31] *Ibid.*, p. 45.

violenza che [il Me] mette interamente in questione»³². La violenza di cui si tratta adesso è quella che richiama al Me il suo orientamento essenziale, l'incompiutezza del suo slancio mentre esso vorrebbe ripiegarsi su se stesso e rinchiudersi in sé.
Abramo piuttosto che Ulisse. L'esodo piuttosto che il ritorno a sé. Vi è tuttavia anche una violenza nella tradizione abramica, più radicale ancora. Si potrebbe illustrare il pensiero ricorrendo alle tradizioni mistiche che segnalano un duplice significato della conversione. La conversione è in primo luogo uno sradicamento dal male per ritornare verso la dimora di un tempo, il bene originario; ma è anche uno sradicamento dal bene stesso, l'esigenza di non fermarsi mai, di essere indefinitamente nomade, di andare verso lo sconosciuto, l'inconoscibile. Lévinas conosce queste forme di violenza. Dappertutto noi avremmo violenza. Christine De Bauw³³ sottolinea l'omologia messa effettivamente da Lévinas tra le differenti violenze. Il pensiero di Lévinas sarebbe così molto legato al punto di vista violento dell'Occidentalità. Per l'Occidente, la ragione crea dei legami, ossia avvicina e lega gli elementi gli uni agli altri, li rinvia tutti a poco a poco, ciascuno a tutti. Questa ragione è veramente totalizzante. Essa stabilisce per fare ciò dei rapporti che in realtà sono dei rinvii (come si rinvia un appuntamento, rimandandolo a un altro momento). Questo rinvio è in consonanza con il verbo 'differire' commentato da Jacques Derrida³⁴. La causa alla quale si riferisce l'effetto precede questo effetto. L'Occidente riporta o riduce tutto ciò che tocca rinviandolo a un altro elemento che ne sarebbe l'identità essenziale. O piuttosto, esso definisce l'essenza di tutto ciò che è rinviandola all'essere comune che totalizza dunque qualunque cosa. Il rapporto, per l'Occidente, è un rinvio di un elemento ad un altro, in cui questo elemento scompare. Ora, secondo De Bauw, questa ragione occidentale opera nel cuore delle tesi lévinassiane esposte in *Totalità e infinito*. La soggettività vi dimora, effettivamente, rinviata all'infinito in cui essa scompare. Il rinvio che struttura l'asimmetria sulla quale insiste Lévinas, definisce la soggettività mettendo in rilievo

---

[32] *Ibid.*
[33] C. DE BAUW, *L'Envers du sujet*.
[34] Vedi J. DERRIDA, «La différance», p. 35-36.

il suo movimento di trascendenza, riducendo così gli unici nella forma comune di una tensione verso l'infinito riconciliatore.

Vi sarebbe pertanto un non-pensato da pensare in *Totalità e infinito*. De Bauw denomina questa conflittualità. Se ne trovano delle tracce nel paragrafo che *Totalità e infinito* intitola «Il pluralismo e la soggettività». Lévinas parla qui, come all'inizio del suo libro, di violenza e di guerra. In un pensiero della totalità, come in quello della scienza, non vi è pluralità poiché ciò che fa l'originalità di ciascun elemento è neutralizzato fin dall'esordio dell'argomentazione per affermare, al contrario, la consistenza dei sistemi e delle costruzioni astratte in cui gli esistenti possono essere rinviati e assorbiti. La pace mediante la scienza è per questo illusoria, fittizia. Dal punto di vista della totalità, la guerra è come la scienza, benché evidentemente di un altro genere, come se la parola 'totalità' avesse un senso equivoco in un caso come nell'altro.

Ecco perché Lévinas si permette di dire con perfetta ambiguità che «solo gli esseri capaci di guerra possono innalzarsi alla pace»[35]. La guerra totalizza, ma nella morte e nella distruzione. Essa differenzia quindi, e radicalmente, contrapponendo però la vita e la morte, l'essere e il non essere. Lévinas giunge anche a fare l'apologia della guerra: «Il fatto che l'avversario mantenga sempre la possibilità di sventare i piani più accuratamente studiati, traduce la separazione, la rottura della totalità attraverso cui gli avversari si incontrano. Il guerriero corre un rischio. [... La guerra] è un rapporto tra esseri che sono esterni alla totalità e che perciò non si toccano»[36]. Le strategie contemporanee tentano effettivamente di evitare il contatto tra i belligeranti, sparando con le armi su bersagli anonimi, unicamente calcolati e senza volto. La guerra, però, ha così perduto la sua ultima maschera. La differenza che essa instaura non è tra la totalità e le singolarità, ma tra la vita e la morte. In ultima analisi, bisogna dire che i nemici che si affrontano non dipendono gli uni dagli altri, nessuno essendo se stesso grazie alla sua opposizione agli altri; essi non si toccano; si concepiscono unicamente alla stregua della morte. Non vi è tra essi un'asimmetria, una possibilità di parlare e di ascoltare. La loro esperienza di rottura della totalità non ha nulla a che vedere con l'esperienza dell'infinito.

---

[35] E. Levinas, *Totalità e infinito*, p. 227.
[36] *Ibid.*, p. 228.

Concludiamo adesso questo capitolo. L'opera famosa di Rawls sulla giustizia compresa come una procedura segnala qualche cosa di vero, ma in una prospettiva che Ricoeur ha mostrato falsa. La tesi del maximin sottolinea certamente l'importanza del lavoro autentico di valutazione e di discernimento che è richiesto da parte di ciascuno di noi, ma sotto l'idea *a priori* del bene di cui questa tesi non tiene conto; data l'apriorità di questa idea, nessuna procedura può essere detta autosufficiente. Al contrario, Ricoeur mette in evidenza la teleologia che si impone interiormente al discernimento rievocato da Rawls. Questa teleologia impegna l'esigenza, fondamentale per ogni giustizia, di rispettare ciascuno per se stesso. Ciascuno è unico, finché l'etica giunge ad essere portata sulla soglia del paradosso, o dell'aporia, poiché nessuna legge generale può essere più adeguata, in se stessa, a quelle che sono, ogni volta, uniche. Lévinas ha insistito su questa stessa unicità, ma in misura maggiore e diversamente da tutti gli altri filosofi, volendo inaugurare un discorso filosofico nuovo in cui l'etica, appunto, prenderebbe il posto tenuto dalla filosofia prima nella tradizione intellettualistica, un posto che conduceva a regolare ogni discorso filosofico col metro dell'uno.

Tradizionalmente, l'idea di giustizia comporta, infatti, l'esigenza razionale di pervenire a qualche uguaglianza tra tutti gli uomini. In realtà una tale uguaglianza è impossibile, anche nella sua versione morbida misurata dalla relazione di proporzionalità[37]. Poiché le singolarità umane sono ogni volta uniche e incomparabili, l'idea di equità diventa fondamentale, essenziale anche perché la giustizia, diventando troppo giusta, non degeneri in ingiustizia[38]. E questo resta tuttavia da precisare.

Conclusione

L'equità è vista tradizionalmente nella prospettiva della filosofia pratica. La metafisica sarebbe, al contrario, di ordine puramente teorico,

---

[37] Vedi ARISTOTELE, *Etica Nicomachea*, libro V, cap. VI.
[38] Vedi *ibid.*, cap. XIV.

scientifico. Quando si distinguono questi due ambiti fino a renderli autonomi l'uno in rapporto all'altro, diviene evidente che l'equità non ha alcun ruolo da giocare in metafisica. Peraltro, si parla tradizionalmente di virtù intellettuali, tra le quali Tommaso d'Aquino, nella sua *Somma teologica*, distingue le virtù speculative (l'intelligenza, la scienza e la saggezza) e le virtù pratiche (l'arte e la prudenza)[39]. Ora, la ricerca intellettuale non è senza prudenza, una virtù che appartiene all'intelligenza in quanto tende o in quanto è in movimento verso la verità. La qualità del lavoro intellettuale, infatti, si appella a più che alla ragione puramente logica, scientifica, necessaria. L'Aquinate distingue a questo proposito la scienza e la saggezza; la scienza deduce conclusioni rigorose, la saggezza risale verso i principi, un cammino induttivo che esige la messa in opera di altre qualità rispetto a quelle che impegnano a fondo le scienze. Nessuno negherà che la ricerca scientifica non sia un'attività facile, che essa richieda molti sforzi di attenzione, di memoria e soprattutto una grande libertà nei confronti dei propri pregiudizi; il tomismo, che la vede per questo connessa alla saggezza, giungeva a riconoscere nel consenso o nell'assenso all'essere la punta sottile dell'atto intellettuale. Non vi è ragione in cammino senza una modalità di etica. Del resto, la nostra opera non ha cessato di insistere sull'aspetto performativo che appartiene nella sua costituzione all'atto intellettuale. Nell'effettuazione delle nostre potenze intellettuali vi è di più che l'esercizio di una capacità di sapere delle cose; vi è un impegno della persona intelligente e ragionevole.

In che cosa tuttavia l'equità avrebbe una qualche importanza per la metafisica? In che cosa, la virtù pratica, sarebbe una virtù speculativa? Ha essa qualche cosa a che vedere con la saggezza? L'equità è la virtù del giudizio che applica una o alcune leggi generali a un caso particolare escludendo la loro rigidità e sfumandole in funzione delle circostanze; essa opera essenzialmente nell'ambito giuridico[40]. Ma si potrebbe osservare che la scienza stessa non progredirebbe

---

[39] TOMMASO D'AQUINO, *Somma teologica*, I-II, q. 57.

[40] Vedi ARISTOTELE, *Etica Nicomachea*, V, p. 14: «L'equo è sì giusto, ma non è il giusto secondo la legge, bensì un correttivo del giusto legale» (1137b11-12).

L'improporzionabilità della giustizia

mai se non fosse obbligata a sfumare le sue leggi generali quando si imbatte in fatti particolari che le oppongono resistenza, di modo che d'altronde queste stesse leggi cominciano a subire evoluzioni importanti e necessarie. Nessuna scienza è puramente deduttiva; nessuna scienza avrà dunque l'ardire, o l'ingenuità, di pretendersi definitiva, proprio perché presto o tardi arriveranno casi particolari che l'obbligheranno a modificare l'uno o l'altro dei suoi principi, e persino a cambiare profondamente il suo sistema assiomatico o i suoi paradigmi.

Il cammino che la nostra riflessione ha seguito nel corso di questa terza parte non considerava tuttavia i dinamismi della scienza: non abbiamo avviato una nuova critica della scienza, alla quale la nostra seconda parte aveva d'altronde dato il suo contributo. La nostra idea è in realtà che la riflessione fondamentale, o la metafisica, supera l'ordine epistemologico per assumere quello dell'etica. Questo superamento non risulta da un semplice cambiamento di registri, come se si potesse andare dall'epistemologia all'etica allo stesso modo in cui si passa da un soggetto di studio ad un altro, poiché sono le dinamiche stesse della scienza che spingono in direzione dell'etica. Il nostro percorso è del tutto intrinseco a una metafisica autentica; è trascendentale dall'inizio alla fine soffermandosi sull'atto umano e sui suoi aspetti performativi piuttosto che sulle sue sole oggettivazioni già realizzate.

Ora, l'atto umano è al tempo stesso senza confusione, ma anche senza separazione, di intelligenza e di volontà, speculativo e pratico. La forma razionale dell'equità illumina per questo, ma a partire dall'etica, come a ritroso, il destino delle scienze che si applicano alla ricerca. Questa forma illustra pertanto nel modo migliore l'essenza dell'atto umano nella sua integralità. E poiché la metafisica si occupa di ciò che è in quanto è, e che solo i singoli sono, poiché quindi essa prende in considerazione i singoli (benché sotto un punto di vista universale, di cui essa non può pertanto non contestare le apparenze di generalità nel suo atto stesso), noi dobbiamo dire che la struttura dell'equità esprime per eccellenza l'essenza della metafisica.

Al termine del suo capitolo sull'equità, nell'*Etica Nicomachea*, Aristotele scrive questo testo splendido: «è equo infatti chi è incline a scegliere e a fare effettivamente cose di questo genere, e chi non è pignolo nell'applicare la giustizia fino al peggio, ma è piuttosto portato a tenersi indietro, anche se ha il conforto della legge. Questa disposizione è l'equità»[41]. Questo pensiero sarà, di fatto, all'orizzonte della quarta parte della nostra opera, in cui tratteremo dell'essere in atto, principio che si dona.

---

[41] ARISTOTELE, *Etica Nicomachea*, V, 14 (1137b35-1138a3).

QUARTA PARTE
IL TEMPO DELL'AFFEZIONE

INTRODUZIONE

Iniziamo adesso l'ultima parte del nostro studio, la più delicata di tutte, la più speculativa e nello stesso tempo la più vicina alla nostra semplice umanità quotidiana. Vi entreremo quindi ricordando anzitutto le grandi tappe della riflessione condotta fino ad ora.

Nella prima parte, abbiamo visto che il lavoro filosofico non è riducibile a una interpretazione intellettuale della realtà poiché proviene più che da uno stupore da una protesta contro ciò che è e che non dovrebbe essere. Non sono soltanto gli interrogativi dell'intelletto che sostengono la riflessione filosofica, ma una inquietudine che anima la libertà e la rende attenta a ciò che essa può esigere da se stessa pur considerando le condizioni del suo impegno effettivo nel mondo. In questo senso, la filosofia non si accontenta di contemplare gli enti già realizzati, terminati o finiti, disponibili per gli scienziati, ma si sofferma su altre dimensioni, preliminari o *a priori*, e pertanto essenziali dell'esperienza umana, dimensioni che, appartenendo al mondo della libertà, hanno a che vedere con gli aspetti confusi e minacciosi dei nostri voleri demolitori. La metafisica non può conseguentemente non considerare il male nella radicalità della sua origine, il male che fa che ciò che è non dovrebbe essere e che ciò che dovrebbe essere non è, male che è dunque la contraddizione dell'essere. L'uomo è aggrovigliato in questo male. È il solo vivente che sia capace di aggressività «maligna», notava E. Fromm. Anche quando cerca di assicurare la persistenza del suo gruppo, utilizza mezzi di violenza, come ad esempio quella che è inflitta al capro espiatorio secondo le tesi di René Girard.

Abbiamo concluso la prima parte della nostra opera commentando la definizione che Hannah Arendt dà della violenza, una definizione che la riduce alla funzionalità o alla strumentalità. Si potrebbe pensare che questa definizione appartenga a un progetto che mira a ridurre e acquietare il male che dimora in noi. Essa si scontra tuttavia con il mistero di iniquità di cui, nostro malgrado, sopportiamo continuamente l'onere. Arendt ha escogitato l'espressione «banalità del male»[1], espressione che ha fatto scorrere fiumi di inchiostro e provocato numerose contestazioni perché sembrava cancellare la tragedia del male, della violenza, di ciò che non deve essere. L'espressione 'banalità del male' poteva indurre a credere che la provocazione del male non concerne l'esistenza umana che su un piano superficiale, banale. Tuttavia, per Arendt, non è il male che è banale, ma Eichmann, ma ciascun uomo che viene accecato o è divenuto cieco di proposito. Il male è effettivamente molto, troppo vicino a ciascuno di noi. La prospettiva di Arendt, che impegna la riflessione in direzione della filosofia politica, sarebbe tuttavia insostenibile se non ci fosse nulla da sperare dall'uomo, se il male fosse da sempre e per sempre all'opera in un modo tanto occulto quanto efficace, se l'uomo non potesse voler essere in altro modo che banalmente cattivo, come Eichmann.

La seconda parte del nostro libro ha esaminato l'idea che l'uomo occidentale si è costruito della sua ragione. L'idea che l'*Auklärung* ci ha imposto determina ancora oggi la nostra maniera comune di intenderla. È l'idea di una ragione tanto autonoma che indipendente, onnipotente e che si impone per il suo proprio e solo diritto. L'idealismo tedesco ha saputo tuttavia difendersi dalla tracotanza di questa pretesa, almeno fino a un certo punto. In Kant, non è il male radicale che indica i limiti della ragione. Questa li conosce da se stessa, e vigila la sua illusione a credersi onnipotente. Il male radicale è in realtà un problema per la libertà e avviluppa i nostri sentimenti e le nostre passioni. Esso non pone un problema per la conoscenza ponderata e saggia, a meno che il sapere non si pretenda sicuro di se stesso, dogmatico nel senso stesso delle sue procedure critiche, falsamente padrone di sé. Il filosofo di Königsberg non riesce tuttavia ad evitare lui stesso le pieghe del dogmatismo. Quanto ad Hegel, si conosce l'ambiguità dei suoi temi che la 'piccola' tesi di Éric Weil ha tentato di trarre in salvo. La pretesa della ragione di imporre la sua impronta su tutto ciò che tocca o che la concerne, al tempo stesso che la coscienza delle sue reali incompetenze o limitazioni, offrono tuttavia una chiave di lettura capace di farci com-

---

[1] H. ARENDT, *La banalità del male. Eichmann a Gerusalemme.*

Introduzione

prendere perché il nostro tempo è divenuto così perplesso di fronte al fenomeno della globalizzazione: ciascuno di noi sembra avervi perduto una parte, nobile, del suo animo.

Il fatto è che la ragione tende di per sé verso l'uno e che la sua pratica finisce col ridurre tutti gli individui, viventi o non, all'identità dello 'stesso', all'intercambiabile. La superficialità delle nostre imprese tecnico-commerciali, o l'oblio dell'eccellenza degli unici ridotti all'atomicità degli individui, si manifesta soprattutto nella cultura attuale dell'immediato, quella del cosiddetto 'tempo reale' che non ha in realtà alcuno spessore temporale, alcuna realtà di durata, di storia, di complessità umana, questo tempo reale dell'immediato che genera la violenza, invadente e precipitosa, incurante delle realtà integrali che sono molto più significative degli spettacoli che i nostri maestri in comunicazione desiderano mostrarci.

L'essenza della scienza contemporanea potrebbe tuttavia in questo modo non essere ben espressa. Le sue interpretazioni date tanto dagli heideggeriani che dagli scolastici non convincono del tutto. Spesso la si ritiene fiera di se stessa, dipendente dai sogni delle nostre culture che gli scienziati mediano senza troppo pensarvi. La scienza sarebbe puramente proiettiva, al servizio del consumismo che sostiene le nostre industrie tecniche, alienate e alienanti. La scienza occidentale ha nondimeno un'altra maniera di considerare la realtà che non quella che le infliggono molti filosofi di oggi. Altrimenti, come si potrebbe comprendere il fatto che le sia essenziale la cultura della prova e dell'errore, della ricerca contraddittoria grazie al dibattito e alla discussione dei risultati ottenuti in laboratorio? La scienza o è dialogo o non è. Si vede con ciò l'importanza essenziale dello sfondo etico sul quale il sapere scientifico poggia per rendersi esso stesso possibile. La ragione scientifica, che si serve della globalizzazione per ampliare in modo splendido il campo delle sue discussioni, invoca comunque un passaggio per mezzo dell'etica comunicazionale.

La terza parte della nostra riflessione, dopo questa critica della scienza contemporanea e delle sue interpretazioni più comuni in filosofia continentale, si è aperta alle questioni dell'etica. Ci siamo posti immediatamente in un contesto di dialogo, e pertanto di pluralità soggettiva. L'etica non costituisce un sapere che potrebbe accontentarsi di una unità formale o nozionale, o che si svolgerebbe considerando l'universalità strutturale della libertà dimenticando che il suo atto è ogni volta singolare nella sua effettività. Il discorso su questa effettività è però difficile. Secondo una tradizione filosofica nata con la modernità, la questione etica della libertà implica in diversi modi l'attenzione all'alterità. Ora, l'intersoggettività assume subito le forme della violenza. Affrontare l'altro sarebbe così anteriore all'amore dell'altro. Per Rousseau, non appena vi è una società, vi è una cultura e perversione della naturalezza delle persone. Il male sarebbe in un primo tempo di ordine culturale, immanente all'"essere con' dell'uomo che esercita la sua razionalità. La Bibbia esprime a suo modo la stessa idea quando narra la storia di Caino e di Abele. Ma questa prospettiva sarebbe deleteria se si imponesse come assolutamente prima e fondamentale. Se il male e la violenza sono all'origine della socialità, se si impongono come una delle caratteristiche essenziali e immanenti nell'uomo, se l'uomo è naturalmente sociale essendo un animale ragionevole e quindi necessariamente in dialogo ma sempre sordo all'altro e orgoglioso della sua autonomia e della sua indipendenza, sempre dunque cattivo, non potrà mai più liberarsi dalla violenza. La sua protesta iniziale sarà sempre vana così come, in definitiva, ogni riflessione su se stesso che gli manifestasse vie di salvezza.

Il nostro capitolo sulla giustizia e sul diritto ci ha fatto riconoscere tuttavia che vi sono dinamismi di libertà in comune che non sono esclusivamente di violenza. Non si vede, infatti, come la violenza da sola possa chiarire perché mai firmiamo contratti e costituiamo così una durata dal volto propriamente umano. Le libertà si impegnano necessariamente nella storia, dando inizio assieme a eventi nuovi. L'inizio di un tempo nuovo al momento di un accordo contrattuale manifesta che è riconosciuta l'irriducibilità delle libertà alla necessità indifferente del mondo, e anche l'irriducibilità della loro trascendenza le une in rapporto alle altre nel momento stesso in cui esse si impegnano nelle necessità del mondo per modificarle. È a questo punto della riflessione che conviene mettere in evidenza la tensione tra ciò che Paul Ricœur ha denominato le relazioni lunghe e le relazioni brevi, e dare un senso profondo alla differenza tra la carità e la giustizia e alla loro relazione. La parte etica della nostra riflessione si è compiuta

Introduzione

evidenziando che la pace non riduce i diversi essenti in una forma identitaria o in una stessa struttura, ma che, al contrario, essa è condizionata dal rispetto della pluralità, però dunque anche, ancora e sempre, dal rischio della guerra.

Dobbiamo pertanto prendere ora in considerazione, nella nostra quarta e ultima parte, le condizioni del rispetto reciproco che solo può superare lo stato di guerra e fondare la pace. Per questo, dopo aver assunto i punti di vista del sapere e dell'agire, ci soffermeremo sull'affettività. Non intendiamo la parola 'affettività' in un senso psicologico, come una materia di cui una tecnica appropriata potrebbe modificare il senso per la coscienza, ma piuttosto come un'attitudine fondamentale, una disposizione originaria che corrisponde al dono di sé che è l'atto di essere. Da qui, i tre capitoli che costituiscono la nostra quarta parte. Il primo colloca la riflessione da intraprendere nella prospettiva di una filosofia completa, che corrisponde alla definizione della metafisica come sapere integrale e sistematico. Vi si evidenzia, dal punto di vista della strutturazione ordinata dei temi filosofici essenziali, il legame tra il dono che è l'essere e una disposizione fondamentale grazie alla quale possiamo intendere la sua venuta e accoglierlo. Il capitolo successivo esamina la questione spinosa della differenza ontologica di cui alcune interpretazioni arrivano a considerare che l'essere, e quindi anche l'uomo, è in sé cattivo e violento. L'ultimo capitolo, assumendo il desiderio che anima tutte le nostre potenze spirituali, elabora una dottrina del perdono che rivela gli elementi temporali delle mediazioni richieste dal dono dell'essere e dalla sua accoglienza.

CAPITOLO X

RICCHEZZA E POVERTÀ DELL'ESSERE

Potrebbe sembrare strano parlare di affettività in metafisica. Un tale discorso è tuttavia comune, poiché si conosce l'importanza che ha il desiderio in filosofia fondamentale. È però anche originale poiché si avrà abitualmente premura di segnalare che questo desiderio è intellettuale, per nulla affettivo. Di fatto, la metafisica classica si mantiene per lo più nell'ambito della conoscenza. È sufficiente, infatti, per numerosi autori considerare l'idea di essere come se avesse già ogni evidenza in sé, e di liberarne i tratti in funzione della sua presenza o del suo modo di apparire al nostro sapere, per esempio in qualche intuizione intellettuale. La prospettiva strettamente epistemologica della metafisica è stata tuttavia criticata da Kant e dalla filosofia contemporanea.

Le difficoltà che impone questo rinnovamento della posizione fondamentale della metafisica non sono di poco conto. Sono stati accusati gli autori che l'hanno avviato di sottomettere il sapere del principio, o la metafisica, a qualche volontarismo tentato dall'arbitrio della soggettività. L'agnosticismo teorico di Kant faceva temere il crollo di un discorso sicuro di un principio certo, capace di illuminare ogni indagine intellettuale, ogni ricerca di senso, come anche ogni fondazione dell'etica nella misura in cui l'agire suppone l'anteriorità del sapere. La filosofia contemporanea ha tuttavia evidenziato l'ingenuità dell'intellettualismo[1], che non regge da se stesso ma che è sostenuto da una decisione dello spirito per quanto riguarda la forma del senso che intende accettare.

Il senso dell'essere si rivela più complesso, più ricco e più profondo di ciò che l'intellettualismo ne aveva prospettato. Il compito della me-

---

[1] Vedi P. ROUSSELOT, *L'intellettualismo di san Tommaso.*

tafisica è allora di aggiornare questo senso allargando le basi della sua investigazione, o ritrovando le sue basi reali messe in evidenza da una riflessione al tempo stesso critica e trascendentale. L'essere non ha un senso che la sola analisi dei nostri enunciati potrebbe chiarire. È importante, infatti, trovare un accordo con la tesi molto classica del consenso all'essere. Il termine 'consenso' rievoca evidentemente un atto della volontà, ma ancora di più. Esso costituisce certamente una categoria essenziale per l'analisi del libero arbitrio o della realizzazione del suo discernimento nella presa di decisione. Ma significa inoltre, e più radicalmente, un accoglimento, una disponibilità a lasciarsi misurare da ciò a cui si consente, da ciò verso cui si tende benché non sia ancora totalmente presente allo spirito. Il consenso precede così ogni decisione del libero arbitrio.

L'atto della volontà decide, ossia sfronda tra più possibilità d'azione per non sceglierne che una soltanto – il contratto in cui la decisione si formalizza appartiene alla struttura del libero arbitrio come una delle sue condizioni, se non come la sua condizione principale di esercizio nella fedeltà e nella durata. L'accoglimento dell'essere non dipende, in compenso, da una decisione che si sarebbe portata a maturità considerando preliminarmente tutto ciò che potrebbe legittimarla tra altre possibili. Dal punto di vista del libero arbitrio, non si potrà più dire che questo: lo spirito può decidere di tacere per rendersi attento a ciò che viene al suo incontro, una decisione che verte allora su se stesso e non su ciò che è. La sua decisione sarà a favore di una conversione dello sguardo e non già una scelta di un cammino tra altri possibili per accostarsi a ciò che è e così predeterminarlo.

Vi è una passività originaria dello spirito, l'affezione che rende razionalmente possibile il discorso metafisico, il quale deve riconquistarla sulle nostre dimenticanze tanto volontarie che spontanee, sulle nostre volontà di potenza, sull'eccesso dei nostri atti. La prima sezione di questo capitolo tenterà di precisare ciò proponendo un'articolazione sistematica della filosofia che sia degna della metafisica, ossia tanto integrale che sistematica. La seconda sezione affinerà il vocabolario da utilizzare in queste condizioni, i termini mediante i quali noi esprimiamo le diverse componenti del nostro mondo affettivo essendo oggi alquanto confuso. La terza sezione esporrà alcuni aspetti essenziali di una proposta contemporanea di metafisica che sia in accordo con le esigenze messe qui in evidenza. L'atto di essere non è soltanto forza di essere. È dono kenotico di sé.

Una filosofia integrale

Vorremmo sostenere la tesi che l'affettività prende posto all'apice di una struttura antropologica dinamica, che non dev'essere confusa con ciò che caratterizza le nostre sensazioni corporee, le nostre percezioni sensibili. Essa integra il lavoro dell'intelligenza (la scienza) e della volontà (la morale). Per mostrarlo ci ispireremo agli scritti di Henri de Lubac sull'esegesi medievale, che costituiscono per così dire il canone di ogni possibile ermeneutica. Non potremo tuttavia dispiegare qui tutti gli elementi di questi studi. Ci accontenteremo di menzionarne i punti più determinanti per il nostro intento.

Secondo i medievali, l'interpretazione completa della Bibbia si svolge in tre o quattro tempi. La struttura dell'interpretazione sembra qui teologica, ma essa ha una fecondità filosofica che non proviene in alcun modo dalla Rivelazione, che si articola piuttosto su una logica organizzata, come vedremo, secondo una riflessione attenta all'insieme dei nostri atti umani più elementari. Per mezzo di questi atti articolati gli uni sugli altri, facciamo nostro ciò che leggiamo trasformando noi stessi. L'atto interpretativo della lettura invita, infatti, a divenire il più adeguato possibile all'insegnamento ricevuto per viverne.

Il primo dei quattro sensi interpretativi della Bibbia è il senso letterale. L'intelligenza bada ad intendere la Scrittura grazie alla comprensione esatta delle parole che vi sono utilizzate, il che implica il ricorso alle scienze del linguaggio, alla storia e a tutte le scienze che si dicevano sue ausiliarie. Poi vengono i tre sensi spirituali, il senso dogmatico che si rivolge all'intelligenza speculativa, il senso morale che orienta verso ciò che occorre fare e il senso anagogico che è tutto di lode. Aggiungiamo che ai tre sensi spirituali corrispondono i tre trascendentali essenziali commentati dalle *Critiche* kantiane e che sono il vero (la *Critica della ragion pura* risponde alla questione «che cosa posso sapere?»), il buono («che cosa devo fare?», questione posta dalla *Critica della ragion pratica*) e il bello («che cosa mi è possibile sperare?», a cui rispondono la *Critica del giudizio* e la sua riflessione sul gusto e sull'arte). A ciascuno di questi sensi corrisponde una facoltà umana, nell'ordine: la sensibilità corporea (senso letterale), l'intelligenza (senso dogmatico), la volontà (senso morale), l'affettività (senso anagogico)[2].

Le esposizioni che hanno per oggetto questi differenti sensi non li collocano sempre in una sequenza identica. A volte si trovano soltanto tre sensi, e non quattro. Che il senso letterale preceda tutti i sensi spirituali, è costante e non arreca difficoltà. La diversità della successione dei tre sensi spirituali suggerisce però che il lavoro ermeneutico può assumere diversi orientamenti o riflettere intenzioni differenti. Accade talvolta che alcuni Padri della Chiesa collochino il momento dogmatico, ossia il risultato del lavoro dell'intelligenza, al termine del percorso, avendo già situato il momento morale proprio prima della fase della ragione teorica. Questa disposizione, in cui manca il senso anagogico, è conosciuta fin dall'Antichità. La si trova per esempio in Origene. Essa tiene conto essenzialmente degli sforzi che facciamo per comprendere ciò che è. Questi sforzi vanno al di là della lettera esplicita. Essi sono quindi propriamente spirituali, senza supporre alcuna luce della fede che rivelerebbe in anticipo il senso di ciò che è. Il primo sforzo richiesto per comprendere è di prestare attenzione alle realtà. Un atto di conversione ne costituisce l'essenza. Da qui, l'introduzione fin da questo momento del senso morale, che concerne l'agire. L'anima si allontana da sé per donarsi a ciò che è. L'interpretazione che, dopo lo studio del senso letterale, mostra ciò che il testo significa dal punto di vista dell'azione attenta al mistero, conduce in seguito alla verità che illumina e garantisce gli sforzi dello spirito purificato durante la fase morale. La conversione si conclude, in effetti, mediante un'adesione in cui lo spirito accede al piano delle realtà e vi si arresta. Secondo questa struttura, il cammino spirituale passa attraverso una conversione volontaria che conduce al sapere. La conversione o lo sradicamento da sé è una strada obbligata per conoscere i principi ultimi di ciò che è. Una volta però che, convertito, ha accesso al piano dell'intelligibile, lo spirito allora illuminato si unisce adeguatamente alla verità.

---

[2] Per l'ordinamento dell'esposizione, vedi P. GILBERT, «Esercizi e scrittura».

Se questo schema fosse stato necessario per comporre il nostro libro secondo il più grande rigore, avremmo dovuto parlare dell'affettività all'inizio della nostra seconda parte, subito dopo aver definito la violenza e prima di intraprendere la nostra riflessione sul sapere. Questo piano sarebbe stato del tutto legittimo. Facendo però ciò, avremmo rischiato di rinchiudere la nostra problematica in un ambito strettamente antropologico[3], molto tentato dall'auto-percezione di sé per mezzo di sé, mediante un'auto-affezione consegnata a una introspezione che non sarebbe regolata da alcun criterio critico, ossia a un sapere che non dovrebbe essere mediato e che approderebbe a una psicologia selvaggia. Ne sarebbe derivato che la questione della violenza non avrebbe potuto essere vista in tutta la sua asprezza, inaccessibile ai buoni sentimenti facilmente riconciliatori. Essa potrebbe apparire sanabile mediante i nostri soli sforzi di conversione. Se l'affezione e il senso morale non sono distinti, la prima esibirà il conto al secondo e ci orienterà verso qualche romanticismo etico. La libertà monadica e romantica del libero arbitrio, la libertà liberale, è però in se stessa fonte di violenza, come abbiamo osservato nel corso della terza parte di questo libro quando abbiamo ricordato le tesi di Hobbes e di Rousseau. Il cammino di conversione della libertà non basta per avvicinarci alla metafisica.

Per cogliere in maniera più profonda il senso della violenza immanente al libero arbitrio, per parlarne in modo efficace senza condannarci ad essere travolti da essa, era necessario mettere anzitutto in chiaro il modo in cui l'intelligenza è capace di affrontarne i pericoli, ossia di conoscerli all'interno della propria esperienza di sé. Abbiamo quindi affrontato nella seconda parte della nostra opera la questione della ragione moderna, della globalizzazione che sembra esserne l'espressione ultima, poi siamo passati all'idea che il sapere è per sua natura prudente, dialogante. Questa condizione del sapere nasce dalla

---

[3] L'articolo di P. HENRICI, «Metafisica o metantropologia» pare ambiguo dal nostro particolare punto di vista. Se il termine 'fisica' rinvia al senso letterale, il che appare evidente, i tre sensi spirituali sarebbero da comprendere in una maniera strettamente antropologica. Possiamo intendere di fatto che la conoscenza, la volontà e l'affettività manifestano potenze propriamente antropologiche. Si rischierebbe però di chiudere così l'uomo o lo spirito nelle sue proprie potenze, mentre la nostra ricerca mira piuttosto a mostrare l'incompiutezza dell'ἄνθρωπος in se stesso.

coscienza che non accede a sé a partire da sé, ma confrontandosi con un'alterità, ossia che presceglie una forma di razionalità che non è soltanto solipsista, tanto pretenziosa che ingenua, e violenta. L'intelligenza si lascia istruire da ciò che è, quantunque debba prepararvisi. Non è però la sua ascesi che produce la verità. Essa si prepara soltanto ad accogliere ciò che è, ad intenderlo correttamente. Se non avessimo fatto questa deviazione preliminare considerando la possibilità che la conoscenza sia violenta nella sua essenza quando non risponde alla sollecitazione di ciò che è, la nostra riflessione avrebbe mancato di qualità critica e sarebbe divenuta immediatamente dogmatica, chiusa in sé, senza ulteriore apertura, falsamente ultimata, realmente finita in tutti i sensi del termine.

Considerare, al contrario, l'affettività alla fine del nostro percorso ne sprigiona tutto il significato per la nostra esistenza. Il primo sorgere della filosofia è stato da sempre riconosciuto in certo qual modo affettivo. Abbiamo parlato a questo proposito di una protesta come reazione alla percezione di una ingiustizia. La tradizione che pone lo stupore o la meraviglia al punto di partenza della filosofia, anche se ne siamo lontani, dice in fondo la stessa cosa. Tutte queste disposizioni originarie suppongono una messa a distanza di ciò che è. La protesta di cui abbiamo parlato nel nostro primo capitolo non avrebbe mai avuto luogo se non vi fosse nulla che scandalizzava – che determinava una caduta dello spirito, secondo l'etimologia della parola 'scandalo'. Ma occorre allora che ciò che procura scandalo sia conosciuto come tale, che lo spirito conosca anche che non si identifica con la percezione di ciò che gli è dato nel presente, che sappia trascenderlo, che sappia di essere trascendente.

Le tradizioni aristotelica e tomista insistono sull'anteriorità dell'intelligenza in rapporto alla volontà per un motivo che proviene dalla psicologia della decisione. Per volere, per iniziare ad acquisire qualche bene, occorre sapere che non se ne ha, e che è necessario raggiungerlo seguendo vie metodologicamente determinate. Se non si conosce ciò che si vuole e non si sa come raggiungerlo, non si può volere. La conoscenza precede dunque il volere in quanto essa è capace di proporre, tra l'altro mediante la via dell'immaginazione, programmi di ricerca che mirano a ottenere ciò che al momento manca. La conoscenza è peraltro lo strumento che l'uomo possiede naturalmente per rispondere alle deficienze della realtà. Essa è capace di tematizzare queste deficienze, di oggettivarle, di conoscerle nelle loro specificità, e di connettere un'azione efficace per correggerle. La scienza non è soltanto speculativa. Essa rende la vita più gradevole proponendo i suoi progetti che l'uomo di scienza persegue con tutte le energie della sua volontà. Perché essa conosca ciò che è come è, ossia nelle sue imperfezioni, può proporre un orientamento positivamente fecondo che la volontà farà proprio in vista di realizzare una esistenza migliore.

Da questo punto di vista anche la matematica è utile. Già nell'Antichità, essa serviva, tra l'altro, a rappresentare come eliminare le variazioni del tempo, a stabilire i saperi nelle forme eterne, ciò di cui la nostra razionalità umana, sia antica che contemporanea, ha bisogno per natura. La conoscenza per la conoscenza interamente gratuita è pertanto un mito, poiché ogni conoscenza, anche se talvolta sembra attraversare un momento di gratuità, favorisce un interesse e può finire con l'essere assorbita dall'utilità della vita. La filosofia farà probabilmente eccezione a ciò. Essa ha, effettivamente, la reputazione di non servire a nulla (anche se risponde all'esigenza psicologica e ambigua di dare un senso alla propria vita), se non per dire che, precisamente, essa non serve a nulla e che in questo si distingue dalle conoscenze scientifiche che sono più oggettive di essa. Senza alcun dubbio è per questa ragione che essa è degna di essere prescelta per una ricerca intellettuale condotta per pura grazia della libera volontà. È ancora necessario potersi innalzare a questo livello di esercizio gratuito, stare al di sopra delle rappresentazioni che si integrano in una immagine del mondo più facile da comprendere e da vivere, aprire il campo della riflessione al di là dell'identico, dello stesso, del calcolabile, entrare nel sapere dell'altro che nessun sistema razionale potrà recuperare.

La filosofia si applica allora all'etica in cui la conoscenza accede a ciò che la oltrepassa e che non serve ad essa, alla struttura di alterità che appartiene alla pratica scientifica ma dalla quale la ragione si estranea volentieri appagandosi dei suoi oggetti, riducendo così all'uno formale tutto ciò che essa abbraccia. La conoscenza filosofica delle strutture etiche della conoscenza non è utilitaria come una conoscenza scientifica, prospettiva, piena di progetti costruiti secondo l'interesse della ragione unidimensionale. Essa è, in compenso, critica e trascendentale, e in ciò regressiva o riflessiva, attenta a quello che viene effettuato internamente all'atto di conoscenza e che la scienza può ignorare perseguendo i suoi progetti. L'analisi filosofica o trascendentale, che mette in evidenza ciò che è effettuato o esercitato nell'atto di conoscere, sa che essa non è la sola ad avere la pretesa di raggiungere la verità. Essa condivide la stessa pretesa con qualsiasi scienza, sebbene ritenga di essere la sola capace di stimolare la sua riflessione fino all'orizzonte della verità stessa; a partire da lì, e unicamente a partire da lì, gli altri saperi possono pretendere anche di essere veri (il che, però, non preoccupa questi altri saperi). L'analisi filosofica mostra tuttavia che la pretesa alla verità passa attraverso relazioni intersoggettive, che sono dunque immanenti a ogni ricerca del vero e ne determinano la possibilità.

Tutti i saperi e tutte le scienze si collocano e si elaborano in un contesto etico. Essi praticano ed espongono in primo luogo convinzioni o saperi già stabiliti. Consentono in seguito a quel che viene inteso o lo rigettano, ossia assumono ciò che dice l'altro per integrarlo nei loro pensieri e argomentazioni o per eliminarlo. Fare violenza, a questo livello etico del discorso scientifico, è rifiutare di ascoltare il collega, è pretendere di conoscere in maniera affrettata la soluzione intera dei problemi posti anche prima di ascoltarne e di intenderne tutti i dati, è invadere i temi su cui ci si interroga imponendo loro con impazienza una soluzione dogmatica ed esteriore. Su questo piano è pura violenza quella di imporre una verità personale, anche se è fondata, e a cui l'altro non avrà che da piegarsi e adattarsi, se vuole, adducendo a pretesto di aderire a ciò che è realmente vero.

L'affettività spirituale

Che ne è ora del quarto della lista dei quattro sensi, o del terzo senso spirituale, dell'anagogia? La proposizione kantiana ci può aiutare ad affrontare questo problema. Ricordiamo che nel suo «Canone della ragion pura», Kant pone tre interrogativi che corrispondono alle sue tre critiche: che cosa posso sapere, che cosa devo fare, che cosa posso sperare? La risposta alla terza questione (quindi la terza *Critica*) sintetizzerà, dice l'autore[4], le due precedenti. In essa si conclude pertanto il movimento della ragione, si realizza il suo interesse che la prima *Critica* riconosceva nella ricerca dell'uno. Ora, la terza critica tratta del bello, del gusto, mettendo così in evidenza che il mondo degli affetti è umanamente il più fondamentale, il più metafisico di tutti. Accettiamo dunque questa ipotesi di lavoro. Tuttavia, dobbiamo dapprima domandarci che cosa potrebbe appunto essere un'affezione.

Spesso l'affezione, la passione e l'emozione si collocano nella sensibilità. Vale tuttavia la pena di precisare questi termini per evitare di confonderli, la loro congiunzione testimoniando tuttavia una certa compenetrazione dei loro sensi. Con la parola 'affettività', si intende una capacità che ha la *psyché* di conoscere un certo stato interiore che risulta da un'azione subita ma la cui l'origine o la causa non ha molta importanza. Questo stato interiore è molto passivo. L'anima subisce un'affezione essendo 'toccata da...'. L'affezione non suscita immediatamente un'azione in risposta a ciò che tocca, se non la presa di coscienza di essere colpito. Il suo mondo è interiore, mentre la sua espressione nella visibilità non importa molto. L'affezione non spinge di per sé ad agire. La sua natura è di essere reattiva, ma la sua reazione non riguarda in primissimo luogo se non colui che ne è interessato. Ecco perché si comprende spesso l'affezione in relazione alla tristezza, per esempio nell'espressione 'essere colpito da'. Nella tristezza, l'anima si rinchiude in sé e gode del suo isolamento, non sopportando di poter essere autenticamente sé essendo altrove. L'espressione 'essere colpito da' sottolinea così che una passività viene ad opporsi all'atto di essere di colui che è colpito, a dilaniarlo interiormente. L'affettività è la facoltà di essere colpito, di subire non soltanto gli avvenimenti esterni, ma anche e in primo luogo i propri stati interiori. Per Michel Henry, essa è la chiave dell'assoluto in quanto colpisce se stessa: «ciò che si sente senza che sia per l'intermediario di un senso è nella sua essenza affettività»[5]; o ancora: «l'affettività rivela l'assoluto (perché è l'auto-affezione dell'essere nell'unità assoluta della sua immanenza radicale)»[6].

---

[4] I. KANT, *Critica della ragion pura*, A805/B833.
[5] M. HENRY, *L'Essence de la manifestation*, § 52, p. 577.
[6] *Ibid.*, § 70, p. 858.

La parola 'emozione' significa etimologicamente 'muovere fuori di'. L'emozione è provocata da una causa esterna. Essa è in ciò affine all'affezione. Tuttavia, è di un istante, mentre l'affezione dura nel tempo. Così colui che è emozionato è mosso fuori di sé, tratto fuori da sé, altra caratteristica che distingue l'emozione dall'affezione. Non è più in se stesso, ma consegnato all'esteriorità. L'anima può percepirsi emozionata, tanto smarrita e in esilio che trasfigurata. La percezione del sé strappato da sé o innalzato più in alto di sé dall'emozione tuttavia non dura. Si può soltanto riprodurre l'emozione, ripetendo la sua causa, la sua origine. Un brano di musica, l'adagio del quartetto *La Morte e la Fanciulla* di Franz Schubert può commuovere, ma solo a condizione di ascoltarlo effettivamente. L'emozione sarà ogni volta nuova. L'apparizione del volto amato emoziona, ma quando si presenta in carne e in ossa, o nel ricordo. L'emozione è vissuta nell'istante del manifestarsi della sua causa, e non ha durata. L'affezione, al contrario, è caratterizzata dalla durata, da uno stato più o meno permanente dell'anima.

Le emozioni possono succedersi le une alle altre, anche quando si contraddicono. Le affezioni, no. Un bambino, Giovanni, quando piange e quando ride, vive di emozioni, non ancora di affezioni. L'accumulo delle emozioni costituisce le affezioni, lentamente ma non come le loro sintesi astratte. Le emozioni non sono sufficienti da sé sole a costruire le nostre affezioni, che sono elaborate grazie ai filtri dell'educazione e della stabilità relativa del carattere. Le nostre affezioni dipendono anche dalle nostre scelte libere. L'affezione amorosa rientra in una scelta preferenziale, particolarmente quella di restare fedele, di rimanere colpito da questa o quella persona, di fare tutto il possibile per restarne colpito e di essere attento ad essa. La scelta preferenziale libera è a favore dell'assunzione della responsabilità nei confronti di chi colpisce. Essa implica la permanenza nel tempo. È anche possibile mitigare uno stato di tristezza, ricorrendo a nuove emozioni per contrastare il suo stato. Ma vi sarà qui una interruzione o una perturbazione di una disposizione affettiva piuttosto che il suo abbandono. Si può tuttavia aspettarsi che le affezioni si trasformino lentamente. L'anima, capace di disporre di sé, può evolversi, ma senza rottura radicale, e sempre a partire da un'affezione originaria di sé per mezzo di se stessa.

La 'passione' è vicina all'affezione e all'emozione poiché essa è evidentemente passiva. Aristotele la iscrive tra le sue categorie fondamentali. Se diviene tutto ciò che capita di nuovo a una sostanza, la si concepirà come un accidente. La stessa parola ha però un significato molto attivo, come se esprimesse l'energia di essere, della sostanza in atto. Il termine 'passione' riceve per esempio un significato eminentemente attivo nella parola 'appassionato', che indica come la passione può travolgere l'anima fuori di sé, al pari dell'emozione. Tuttavia, la passione può trascinare talmente colui che la subisce che l'azione non può più essere considerata come se esprimesse correttamente un atto della persona responsabile. Colui che è appassionato può subire a tal punto la passione di agire da perderne anche il controllo e la responsabilità. L'affezione si distingue dalla passione per il fatto che questa si volge in azioni esteriori che tendono a rispondere a ciò che l'ha provocata. L'affezione segnala, al contrario, un momento soggettivo e di risveglio a sé, interiore, il che rende disponibile per un'azione personale e responsabile, in prima persona. L'appassionato risponde meno di se stesso, ciò che può d'altronde essergli eventualmente rimproverato. L'affettività è capace di subire, ma in un modo personalizzato e che costituisce la soggettività nella sua responsabilità per se stessa, una passione in questo senso attiva e del tutto interna all'anima che aderisce a sé in questo sentire se stessa. L'affezione, la cui durata manifesta la permanenza del sé, non è precipitosa, mentre la passione si affretta rischiando di essere violenta e alienante.

Il riconoscimento di una passività originaria incorona la sequenza ordinata dei differenti sensi scritturistici. Essa conclude la riflessione ermeneutica e dà profondità al sapere e all'agire. Tutti i termini che abbiamo spiegato, 'affezione', 'emozione', 'passione', non hanno granché a vedere con la sensibilità fisica, l'αισθησις che, nella tradizione platonica fino a Kant, è costituita dall'insieme dei sensi corporei che sentono (sensazione) e percepiscono (percezione) gli essenti empirici. Autori come Platone e Kant dicono tuttavia che questi sensi sono essenzialmente passivi. Si deve però riconoscere che la sensibilità fisica non si limita a subire ciò che ad essa si presenta. Essa mette in relazione, infatti, le nostre esperienze sensibili le une alle altre anche prima che possiamo averne coscienza, procurando di ottenere delle forme (che non sono soltanto lo spazio e il tempo dell'estetica kantiana) che si trovano a sua disposizione per la sua stessa struttura. A questo proposito l'illusione ottica è ricca di insegnamenti. I lavori di Maurice Merleau-Ponty sulla *Gestalt* della visione restano da questo punto di vista molto ricchi di insegnamenti[7]. Si può ritenere che Aristotele pensasse allo stesso modo come si osserverà leggendo la prima pagina della sua *Metafisica*, là dove fa intervenire la memoria nella elaborazione delle nostre nozioni generali.

Gli autori completano successivamente le funzioni psicologiche della conoscenza mediante la διάνοια dei Greci, la *ratio* discorsiva dei medievali o il *Verstandt* di Kant, ossia mediante la facoltà di argomentare ragionando, e infine mediante il νοῦς greco, parola che si traduce in latino con *intellectus* e in tedesco con *Vernunft* e che denomina la facoltà di accedere all'essenza ultima delle cose o ai principi primi. La διάνοια greca, o la ragione discorsiva, elabora le scienze. Essa è in questo senso attiva. Lo può però solo in conformità a norme che la strutturano internamente prima che essa non lo voglia e non lo sappia e ad altre norme ancora che la sua abilità determina nel suo campo specifico. Sono queste da una parte le norme della logica, e d'altra parte quelle del suo genere di scienza. La διάνοια è passiva nelle sue norme come anche nella struttura razionale di ciò che è.

Per quanto riguarda il νοῦς, esso è orientato da Platone verso le idee, passivo dunque in esse, ma è anche attivo nel senso in cui si tratta meno per esso di riguardare le idee al fine di imitarle dall'esterno che di muoversi in esse rendendosi così adeguato alla sua essenza. Per esempio, il νοῦς non costruisce la verità, ma si muove in essa, la scopre scoprendo se stesso interno ad essa. Se si dice che il νους è intuitivo delle idee trascendentali, non bisogna intendere con ciò che esso le vede ma che le pratica. L'idea dell'uno, per esempio, si impone *a priori* ad esso per agire in conseguenza, ossia conformemente a ciò che esso (il νοῦς) ed essa (l'idea) sono. L'idea trascendentale è per questa ragione un valore piuttosto che una idea, parola la cui etimologia evoca la visione di qualche oggetto. Essa è più una forma immanente all'attività pura dello spirito, una forma che lo spirito riconosce interior-

---

[7] Vedi M. MERLEAU-PONTY, *Fenomenologia della percezione*.

mente alla pratica fedele della sua essenza che un'idea da contemplare con la punta sottile dell'anima. Essa viene esercitata interiormente e non vista come una realtà oggettiva.

Ciascuna delle nostre facoltà cognitive è pertanto al tempo stesso passiva e attiva. Da qui, d'altronde, dal fatto della passività di ciascun piano cognitivo, la flessibilità di attribuzione della parola 'sensibilità', la sensibilità sembrando essere la più passiva delle nostre potenze cognitive. Non è dunque errato dire che «l'intelligenza è sensibile», e non è invano che alcuni autori come Tommaso d'Aquino parlano di conoscenza *per connaturalitatem*[8]. L'intelligenza che ha un cuore comprende molto meglio le realtà della vita che un'intelligenza geometrica. In ciascun momento della struttura cognitiva, le nostre funzioni di conoscenza sono al tempo stesso attive e passive, ma progressivamente spiritualizzate, nel senso che esse divengono più autonome, meno dipendenti dalla esperienza empirica, ma non meno contrassegnate da una passività fondamentale. Non si può dunque dire senza sfumature che si passa dalla pura passività della sensibilità alla pura attività della razionalità, come pensava il kantismo.

Il carattere passivo dell'affettività chiarisce ciò che si intende per passività nell'insieme diversificato dei fenomeni affettivi. Facciamo l'esperienza della passività a tutti i livelli delle nostre potenze cognitive e della nostra natura umana. L'affezione appartiene in primissimo luogo alla sensibilità in quanto costituisce «una reazione dell'essere senziente, che esprime, attraverso un certo stato individuale, la modificazione recepita dall'esterno»[9]. Le nostre affezioni elementari sono riprese nella coscienza come modalità di piaceri e di dolori. La coscienza affettiva è tuttavia soprattutto incline al dolore, come sottolinea l'uso linguistico abituale. 'Essere colpito' ha un significato generalmente più forte che 'essere toccato da'. Si può essere toccato dalla felicità dell'altro, il che non ci colpisce che per metafora. Sono, al contrario, le pene e i dolori dell'altro che ci colpiscono. Inoltre, l'espressione 'essere toccato da' risulta adeguata all'emozione che sorge in un istante e passa. 'Essere col-

---

[8] Vedi TOMMASO D'AQUINO, *Somma teologica*, II-II, q. 29, a. 2, ad 1.
[9] A. LALANDE (éd.), *Vocabulaire technique*, art. «Affectif», p. 29 (articolo non firmato).

pito' ha, al contrario, una sfumatura di durata, ciò che lo lega al nostro mondo spirituale più profondo. Poiché la gioia e soprattutto la pena sono proprie dell'affezione, si dirà che l'"affettività, termine che non significa la sensibilità fisica o corporea quantunque la implichi, è la facoltà di godere e soprattutto di soffrire in generale.

L'esperienza etica è penetrata di affettività così come l'esperienza intellettuale. Si attribuirà una sensibilità morale a «ciò che si chiama volgarmente il cuore»[10]. Si parlerà similmente di esperienze morali felici o infelici, in riferimento forse a qualche eudemonismo, ma certamente alla sensibilità nei confronti dei valori. Un carattere può allo stesso modo essere detto sensibile (o insensibile, ahimè!), per quanto la sua sensibilità sia pensata come una caratteristica di ciò che si rapporta in vista di un progetto di vita attento all'altro. Si attribuisce così l'affettività ai sensi corporei, quindi all'insieme delle nostre facoltà cognitive e volitive, che comportano i due aspetti complementari della passività e dell'attività. L'affezione sembra esprimere bene il nostro essere nella sua interezza. Louis Lavelle diceva che «l'affezione ha un carattere ontologico che non si può attribuire all'intelligenza rappresentativa; [essa è] il contrassegno della nostra adesione all'essere, la cui indifferenza non cessa di separarci»[11]. August Comte evidenziava ugualmente, a ragione, che «la nostra esistenza morale non comporta una vera e propria unità per quanto l'affezione domini al tempo stesso la speculazione e l'azione»[12]. L'affettività è passiva ma anche unitiva in quanto permette alla coscienza di cogliere se stessa al fine di meglio consegnarsi in seguito all'azione.

La *kenosi* dell'essere

L'affettività ha una consistenza ontologica. Essa rivela in noi il senso dell'essere e della sua trascendenza. Precede ogni desiderio e ogni aspettativa. La metafisica non può farne a meno. In caso contrario, sa-

---

[10] E. BOISSAC, citato in A. LALANDE (éd.), *Vocabulaire technique*, art. «Sensibilité», p. 981 (non firmato).
[11] L. LALANDE, *L'Âme humaine*, p. XVI.
[12] Citato in A. LALANDE (éd.), *Vocabulaire technique*, art. «Affection», p. 30 (non firmato).

Ricchezza e povertà dell'essere

rebbe astratta, intellettuale, invadente e precipitosa, violenta. In *Storia e verità*, Paul Ricoeur scrive che «da quando l'esigenza di una verità-una entra nella storia come un compito di civiltà, ad essa è attribuito un indice di violenza; poiché è sempre troppo presto che si vuol eseguire la grande svolta. L'unità *realizzata* dal vero è precisamente la menzogna iniziale»[13]. Un principio primo conosciuto e voluto come tale, tematicamente o dogmaticamente, al quale tutto dovrebbe sottomettersi come all'unico criterio di realtà e di verità, non può che essere violento. Rischiamo di interpretare il sintagma 'atto di essere' in questo contesto mentale. L'atto di essere assoluto implicherebbe la violenza dell'irruzione se il *nihil* della formula della creazione, *creatio ex nihilo*, non esprimesse ciò che lo limita intrinsecamente, o ciò che fa che vi sia una distanza assoluta tra esso e quel che esso crea. Conviene essere prudenti quando si parla dell'atto creatore in termini di onnipotenza o anche di donazione di essere. È forse meglio preferire le parole che evitano ogni donazione di sé, il che d'altronde implica letteralmente l'espressione *ex nihilo*. Il principio primo non si dona, non passa immediatamente negli essenti.

Peraltro, tutto ciò che è, e non soltanto l'atto di essere puramente in atto, è in atto di essere, poiché come poter essere se non essendo in atto? L'espressione 'essere in atto' implica quindi la distanza attraverso cui ciascun essente è diverso da ogni altro essente, unico, singolare, ed è a questa condizione. Tutto ciò che è, è certamente conosciuto sotto i suoi differenti aspetti, grazie alle diverse qualità o accidenti che esso condivide con altri essenti. Ciò non ostacola però in nulla il fatto che lo conosciamo veramente, connesso *a priori* a se stesso nella sua unità sintetica. Quando conosco questa arancia, non ne conosco soltanto il colore o il sapore, la forma, ma conosco tale arancia che ha un colore determinato, un sapore determinato, una forma determinata, e che congiunge tutti questi aspetti nella sua singolarità, potenza di sintesi. L'unità sintetica dell'essente, suo atto di essere, costituisce il principio della sua singolarità originale e assoluta, ciò a partire da cui esso è diverso da tutti gli altri nonostante tutte le determinazioni che condivide

---

[13] P. Ricœur, *Storia e verità*, p. 196.

con essi. Intendiamo così una prima distanza intrinseca a ogni essente in atto. L'atto di essere di ogni singolo essente lo rende radicalmente unico, ossia diverso da ogni altro essente in atto di essere. La differenza radicale di ogni essente esprime il sorgere del suo essere in atto singolare e unito a sé. Questa unità interiore, differente in ogni altro essente, è necessariamente conosciuta diversamente dalle sue apparizioni accidentali, diversamente anche da tutti gli altri essenti che hanno ciascuno il loro proprio principio sintetico, il loro proprio atto di essere. Il sintagma 'atto di essere' commentato dalla tradizione filosofica non dice soltanto l'atto di essere del principio primo e universale, ma l'unità sintetica e singolare di tutti gli essenti capaci di trattenere in se stessi, sinteticamente, la grande diversità delle loro apparenze o dei loro accidenti nei quali essi si presentano nella loro interezza a tutti, pur distinguendosi da tutti per la loro singolarità.

La distanza interna all'essente in atto ha ancora un altro significato. L'atto di essere dell'essente è in atto a condizione, paradossalmente, di non essere puramente in atto. Esso è in atto unendo i suoi accidenti, apparendo così, ma non produce da se stesso i suoi accidenti, i suoi modi di apparire. L'essente ha bisogno del mondo per apparire. Per essere in atto o attivo, dev'essere anche passivo nel mondo che esso non è. Se, in atto di essere, è autonomo, non è indipendente. Esso è in atto e appare se assume gli ornamenti del mondo grazie al quale esso appare. Se fosse puramente attivo, se queste apparenze o manifestazioni fossero il frutto della sua pura attività, non apparirebbe mai in ciò che non è ma soltanto in ciò che proverrebbe dalla sua azione interiore. Non possiamo però concepire una tale capacità, poiché dallo stesso non può emergere che lo stesso.

È proprio della nostra natura umana accogliere ogni singolo essente ma a condizione che esso entri nella comunità del mondo per prendere una forma intelligibile o visibile, per emergere così dall'identità del suo atto di essere. Se l'essente deve patire il mondo per apparirvi ma solo se si pretende che il suo atto sia puro, si dovrà concludere che esso aspira in sé tutte le sue caratteristiche come in quel buco nero di cui parla l'astronomia contemporanea. Tutte le sue manifestazioni allora scomparirebbero in esso che si renderebbe invisibile e inintelligibile. Tutto ciò che ne diremmo sarebbe solo illusione. La passività

Ricchezza e povertà dell'essere

dell'essente nei confronti del mondo è una condizione perché l'essente in atto appaia, perché sia per noi in atto.

Come si potrebbe pensare un atto di essere che sia soltanto in atto? Il pensiero può fare sua l'idea di un essere in atto che non avrebbe nulla da patire? Un atto che non patisse nulla per essere in atto sarebbe libero da tutto, tranne che da sé – sarebbe quindi indipendente, ossia più che autonomo. Ma è intollerabile pensare che vi sia un tale atto, poiché esso annienterebbe ogni essente invadendolo con la sua onnipotenza. Esso distruggerebbe totalmente ciò che rende tuttavia possibili le sue condizioni di apparizione. Peraltro, nell'ipotesi che l'essere primo sia straordinariamente in atto e che si doni in partecipazione agli essenti, la sua manifestazione negli essenti produrrebbe immediatamente un conflitto. Tutti gli essenti sarebbero ricchi della sua onnipotenza puramente e unicamente in atto. Essi non potrebbero quindi che imporsi gli uni agli altri, agire gli uni contro gli altri e annientarsi reciprocamente. Si dovrebbe concludere che il principio che unisce interiormente tutto ciò che è diventerebbe allo stesso tempo il principio per mezzo del quale tutto è in guerra contro tutto, sempre e dovunque. Sarebbe questa un'assurdità drammatica. Occorre dunque inserire un limite nel cuore del principio primo, affinché il suo atto possa donarsi in una sana partecipazione. D'altronde, si preferirà parlare di emanazione, la parola 'emanazione' insistendo sulla esteriorità o sull'alterità (*ex*) di ciò in cui emana l'origine, mentre la parola 'partecipazione' non indica alcuna discontinuità, se non quella, quantitativa, che vi è tra il tutto e le sue parti, essendo le parti evidentemente nel tutto[14].

Il limite di un atto è la sua passività. La caratteristica passiva dell'essere primo, che appartiene all'immanenza del *nihil* all'atto creatore, è stata evidenziata nei commentari che Gianni Vattimo ha dedicato a Nietzsche e ad Heidegger. Secondo Heidegger, l'Occidente (questa parola significa 'che discende', 'che cade') non è il luogo in cui l'essere passerebbe dietro l'orizzonte per ridestarsi dall'altro lato della terra, irradiandosi il mattino del giorno dopo. È la terra stessa dell'essere che, per sua natura, declina, lascia tutto il suo spazio al *nihil*, scompare.

---

[14] Vedi É. Gilson, *L'essere e l'essenza*, p. 35-36.

L'essere, mediante la sua essenza, declina, e declina in Occidente. Poiché tale è il destino dell'essere, Heidegger, secondo Vattimo, non ha l'intenzione di risuscitare la metafisica dell'alba occidentale, di ridonarle vita. La vita dell'essere è di declinare in Occidente. Non vi è da attendersi un'altra cosa. «Il tramontare conviene all'essere»[15].

La storia dell'Occidente, dell'Europa, coincide con quella di una volontà di potenza che non ha accolto ciò che è, ma che ha costretto l'essenza di tutto imponendosi a tutto. Fin dalla sua origine, la metafisica ha avuto interessi comuni con le scienze tecniche, certamente senza i loro potenti strumenti, ma in quanto pretendeva di riportare tutto sotto un principio unico di intelligibilità grazie alla costruzione dei suoi sistemi categoriali. La pretesa di giungere a un principio fondatore utile per qualche deduzione ulteriore fa sì che la metafisica possa essere assimilata alla tecnica. Una stessa volontà di potenza si esercita da una parte e dall'altra. Heidegger non l'aveva probabilmente ancora mostrato chiaramente nei suoi primi scritti. *Essere e tempo* è ancora alla ricerca di un fondamento nell'essere, anche se la parola 'essere' vi riceve già una interpretazione nuova, non più determinata dalla sua semantica scolastica ed essenzialista, ma dalle attitudini essenziali di colui che si chiamerà più tardi il «pastore» dell'essere.

Heidegger ha abbandonato in seguito l'idea dell'essere come fondamento, o più esattamente l'idea di un fondamento unico, il che consente di pensare che, fin da *Essere e tempo*, 'essere' aveva già perduto qualche cosa della sua potenza, si era probabilmente già affievolito, benché l'autore non se ne fosse ancora reso conto del tutto. Di fatto, sottolinea Vattimo, il filosofo tedesco andrà sempre più in direzione di una fondazione per spostamento, divaricazione, privazione di centro, in direzione di una non-fondazione. Ciò significa che l'opera di Heidegger è profondamente nichilista. Essendo l'essere sempre altro, differente, nessun fondamento sarebbe accessibile. Se qualcuno pretende di raggiungerne uno, bisognerà decostruirne non soltanto la rappresentazione, il che sarà relativamente agevole, ma soprattutto la sua volontà di fondazione. Nietzsche servirà da guida in questa impresa,

---

[15] G. VATTIMO, *Al di là del soggetto*, p. 53.

Ricchezza e povertà dell'essere

inducendo a cercare quale «volontà di potenza» o quale qualità affettiva spinga a volere, ad esigere un fondamento primo.

Al tempo della *Kehre*, parola che indica la svolta del pensiero di Heidegger durante gli anni 1935-1937, gli anni del *Nietzsche*, il filosofo della Foresta Nera prosegue la critica che aveva avviato in *Essere e tempo* a proposito dell'idea di fondamento. L'ermeneutica rimpiazza adesso la fenomenologia, perché non si vede più dove trovare un fenomeno che possa manifestare chiaramente la sua essenza. Heidegger lascia da parte l'analisi degli esistenzialisti o delle attitudini antropologiche più essenziali del *Dasein*. Si ferma d'ora in poi all'ermeneutica delle parole utilizzando abbondantemente la loro etimologia. La tecnica delle scienze moderne, che egli chiama *Gestell*, ciò che significa 'imposizione', non mira a stabilire alcun fondamento. Le è sufficiente imporsi al mondo appropriandosene. Ora, la *Gestell* appartiene alla storia dell'essere. Essa ne manifesta anche l'essenza. L'essere è forte, ma anche debole perché, affidandosi all'uomo, accetta di sottomettersi alle sue volontà e alle sue imprese, di perdersi negli essenti provenienti dall'attività umana. Secondo Vattimo, Heidegger avrebbe «sostituito l'idea di essere come eternità, stabilità, forza, con quella dell'essere come vita, maturazione, nascita e morte: [l'essere] non è ciò che permane, ma […] ciò che diviene, che nasce e che muore. L'assunzione di questo nichilismo particolare è la vera attuazione del programma indicato nel titolo *Essere e tempo*»[16].

Se l'uomo riesce a pretendersi forte impossessandosi dell'essere, se l'essere si lascia così afferrare nella rete della sua tecnica e dei suoi progetti, bisogna allora riconoscere che l'essere è in sé debole, e passivo. Con Vattimo, si potrebbe anche ritenere che esso non sia soltanto passività originaria, che l'atto di essere non sarebbe ciò che è se non avendo pudore del suo atto. Questo sarebbe però esagerare, cadere nell'opposto di ciò che si contesta, e restare pertanto nella propria identità poiché i contrari sono dello stesso genere. Vattimo incorre anch'egli nella critica dell'ontoteologia che dispensa abbondantemente a chi vuole ben intendere il suo parere sulla metafisica classica. Non

---

[16] *Ibid.*, p. 74.

dobbiamo però fare qui la critica di Vattimo e del «pensiero debole». Ci basta evidenziare che, se si accetta la lettura dell'Occidente proposta dalla tradizione nietzschiana e heideggeriana, dobbiamo inserire una passività interiormente all'atto di essere. È così che il tema dell'affettività appare sul piano ontologico e manterrà un ruolo essenziale in metafisica.

Non è evidentemente consueto introdurre in metafisica una riflessione sull'affettività. Non c'è neppure l'abitudine di approfondirne i temi considerando l'affettivo a partire dagli atti del sapere e del pensare. Il capitolo che si conclude qui ha tuttavia mostrato che la riflessione fondamentale è in dovere di considerare ciò che il comune razionalismo occidentale ha troppo spesso trascurato, in modo induttivo e in realtà poco critico, trascendentale. L'intelligenza del reale non è esaurita dalle nostre molteplici conoscenze, né dalle nostre differenti forme di azione; le occorre prendere in considerazione anche un'attitudine interiore, spirituale, di ricettività o di consenso. La metafisica contemporanea, di orientamento fenomenologico soprattutto, insiste su questo aspetto, su questo coronamento stesso della riflessione fondamentale. Ciò che è si dona. Il tema è sicuramente heideggeriano[17], ma ha acquisito recentemente un'ampiezza che riflette in realtà la sua essenzialità universale. Non è perché a volte è stato trattato in modo esagerato, quando per esempio si interpreta tutta la storia del pensiero occidentale come se i suoi momenti drammatici manifestassero una cancellazione o un arretramento necessario dell'origine o del principio, che esso dev'essere escluso. Tenteremo dunque di riprendere questo tema nei due capitoli che seguono e che concluderanno la riflessione iniziata in questo saggio.

---

[17] Vedi V. Terčič, *La dimensione dell'«es gibt»*.

CAPITOLO XI

DIFFERENZA E VIOLENZA

Abbiamo svolto nel capitolo precedente la questione metafisica nel modo in cui possiamo porla considerandola al termine del nostro percorso, ossia dopo aver esaminato le nostre attività umane più essenziali, la nostra conoscenza, la nostra azione, la nostra affezione. La metafisica, così disposta, non risponde soltanto alla questione: «Che cos'è l'essere in quanto essere?», collocandosi nell'ambito ristretto dell'epistemologia alla ricerca delle definizioni delle essenze; essa articola piuttosto l'intelligenza dell'essere, che ha un senso più che epistemologico e più che etico. L'intelligenza dell'essere impegna i diversi livelli della nostra pratica umana, di modo che nessuna delle nostre espressioni che la riguardano, presa in particolare, possa mai risultare adeguata ad essa.

Abbiamo evidenziato che ad ogni azione corrisponde, sul piano delle nostre facoltà umane, una passione tale che l'azione debba regolarsi trattenendo la sua potenza, altrimenti non potrebbe essere che violenta, al tempo stesso invadente e precipitosa. Abbiamo concluso il precedente capitolo esponendo i tratti essenziali dell'interpretazione che Vattimo propone della storia del pensiero occidentale secondo Heidegger: questa storia andrebbe in direzione di una passione sempre più accentuata. Questa esposizione non soddisfa tuttavia la nostra riflessione. L'interpretazione dell'essere che vi è data in chiave di indebolimento dolce e tenero della sua potenza di essere lascia, effettivamente, scettici, o almeno perplessi: essa potrebbe piuttosto essere caricaturale, e soprattutto ingiusta per la storia del pensiero scientifico e per l'Occidente moderno.

Vedremo nella prima sezione di questo capitolo, dedicata al sintagma 'differenza ontologica', che la riflessione di Heidegger stesso permette di sfumare la tesi di Vattimo sulla debolezza dell'essere; il filosofo tedesco ci lascerà tuttavia in presenza di temi inquietanti. La sezione successiva porrà interrogativi a Levinas sulla sua asserzione, in *Totalità e infinito*, di un'asimmetria intersoggettiva; quest'asserzione potrebbe legittimare di fatto la violenza. Esamineremo, infine, nella terza sezione, come in *Altrimenti che essere*, tredici anni dopo l'opera precedente, il filosofo ebreo tenti di superare queste difficoltà. Il tema della differenza ontologica potrà allora essere nuovamente interpretato.

La differenza ontologica

La filosofia classica non ignora ciò che Heidegger ha denominato la differenza ontologica. Alcuni commentatori dei grandi autori dell'Antichità e del Medio Evo lo fanno riconoscere, per esempio quando elaborano il discorso sulla differenza dell'essere e dell'essenza, o (se non soprattutto) dell'essere e dell'ente. La differenza ontologica è tuttavia intesa abitualmente da questi commentatori in relazione alla differenza tra il Creatore e il creato. Si potrebbe d'altronde chiedersi se il tema heideggeriano non sia una riproposta secolarizzata del pensiero biblico. Si potrebbe però considerare anche, all'inverso, una riproposta del tema heideggeriano in vista di ravvivare la riflessione sulla relazione di creazione. Questa ripresa non avverrà senza modificare l'asserzione originaria, proprio come la lettura heideggeriana della creazione non manca neppure di modificarne seriamente i dati, come vedremo più avanti. Si leggeranno sulla questione i lavori di Johannes-Baptist Lotz, per esempio il suo *Heidegger e Tommaso d'Aquino*, o quelli di Hans Urs von Balthasar come la sua *Verità del mondo* o il capitolo «La meraviglia dell'essere e la quadruplice differenza» che conclude la sua metafisica[1]. Non insisteremo tuttavia qui su questi tentativi di ripresa della riflessione di Heidegger che, accogliendo la modernità, vogliono essere anche fedeli alla tradizione classica. Ci soffermeremo piuttosto, nella prima sezione di questo capitolo, su Heidegger stesso, e più in particolare sulla sua *Introduzione alla metafisica*, un corso del 1935.

---

[1] J.-B. LOTZ, *Martin Heidegger und Thomas von Aquin*; H.U. VON BALTHASAR, «La meraviglia dell'essere e la quadruplice differenza». Vedi P. GILBERT, *Corso di metafisica*, p. 9-14.

Differenza e violenza

All'inizio di questo corso, l'autore enumera tre caratteristiche che dichiara specifiche della questione metafisica: di tutte le questioni umane, essa è la più universale, la più profonda e la più originaria. L'universalità della questione metafisica è abbastanza evidente e non rappresenta un problema. Abbiamo sufficientemente insistito su questo aspetto inerente a ogni atto razionale. L'universale costituisce la forma stessa della ragione, tanto razionale che ragionevole. Quando Heidegger affronta in seguito l'aspetto di profondità della questione metafisica, fa appello alla terminologia della causa, che è abitualmente concepita come un fondamento. Questo fondamento potrebbe non essere concepito soltanto come un *Ur-grund*, ossia un principio assolutamente originario, senza che nulla sia ad esso anteriore, ma come un *Ab-grund*, ossia come un fondo abissale che la nostra intelligenza determinante non potrebbe mai penetrare veramente, che potrebbe anche rappresentare per essa una illusione, uno pseudo-fondamento, un *Un-grund*. Il fondamento, se almeno si accetta che esso non sia un *Un-grund* nel senso che abbiamo detto, sarà, alla maniera dell'atto di essere della tradizione, una causa prima, meta-fisica e inaccessibile ai nostri mezzi di approccio della fisica, ossia alle nostre scienze che si conformano alla causalità che vale per il sensibile. La questione metafisica però, privata della funzione causale, non perderà ogni significato per l'intelligenza? Possiamo procedere in modo sensato al di là dell'empirico?

Per rispondere a tale questione, riteniamo acquisito, benché dovremo sfumare più tardi questa posizione, che il *Grund* ci sfugge comunque. La questione del fondamento rimarrà tuttavia significante. Nella sua *Introduzione alla metafisica*, Heidegger dice che, se la questione metafisica è la più fondamentale, è anche la più originaria, nel senso in cui secondo la spiegazione che l'autore dà di questo termine, è la questione che impegna maggiormente l'uomo, la questione in cui è in gioco l'essere dell'uomo stesso come asseriva in *Essere e tempo*[2]. La questione metafisica è significante perché ci concerne più di ogni altra questione. Non soltanto, essa ha sostenuto tutta la storia della ricerca intellettuale dell'Occidente, ma ha affrontato radicalmente il senso stesso di questa ricerca e di ogni esistenza umana. Ne consegue che la seconda carat-

---

[2] «Per questo ente, nel suo essere, ne va di questo essere» (M. Heidegger, *Essere e tempo*, p. 28).

teristica della questione metafisica, il suo orientamento verso il fondamento, dev'essere compresa a partire dalla terza.

Ciò che Heidegger vuole tuttavia evidenziare, è la portata della questione metafisica: questa non verrà meno se il termine fondamento non dovesse più significare la ragione ultima che il nostro sapere scientifico può credere a sua disposizione. La parola *Ab-grund* esprime di fatto l'assenza di un tale significato. Il sintagma 'differenza ontologica' permette tuttavia di dare un'articolazione significativa al vocabolo 'fondamento', ma a un livello diverso da quello scientifico, a favore di un atto di intelligenza più integrale che non quello delle differenti scienze particolari. Fin dalle sue prime opere, ancor prima di *Essere e tempo*, Heidegger era attento alla problematica della logica della proposizione, la quale si svolge all'interno della verità, senza però essere capace di dettarne da sé sola tutte le condizioni e di assorbirla in sé[3]. Già per Aristotele, la verità non è nella proposizione, riducibile al suo enunciato. È, al contrario, la proposizione che si trova nella verità. La verità è più che logica.

Per enunciato si intende la frase che le scienze del linguaggio, la grammatica, la logica formale e le nostre diverse competenze nell'arte dell'argomentazione possono analizzare per mostrarne, dal loro punto di vista, la buona o la cattiva formazione. Per enunciazione noi intendiamo, invece, l'espressione in atto negli enunciati. L'enunciazione è di ordine pragmatico più che logico. La distinzione tra l'enunciato e l'enunciazione è quella stessa che la tradizione scolastica riconosceva tra la proposizione o ciò che viene proposto e il giudizio o l'atto di affermare. La verità sopraggiunge nella proposizione ma non immediatamente. Il suo ambito è il giudizio o l'affermazione. Essa non si rivela in alcun enunciato che non sia articolato sull'enunciazione. D'altronde, nessuna proposizione è completamente autonoma. Già sul piano proposizionale, ciascuna acquisisce un significato essendo collegata ad altre da cui essa si distingue, alle quali è intrinsecamente relativa anche se queste altre proposizioni non sono attualmente presenti. Noi dobbiamo dunque considerare che vi sono differenti specie di tensioni immanenti ad ogni proposizione, innanzitutto tra questa e le sue vicine (il punto di

---

[3] Vedi J. GREISCH, *La Parole heureuse*.

vista è qui quello della logica), ma più radicalmente, ontologicamente, tra questa e il suo fondamento meta-proposizionale, il giudizio.

Ecco perché vi è una ricerca intellettuale: poiché non vi è adeguamento immediato tra il senso logico di un enunciato proposizionale e quello di altri enunciati, e tra questo enunciato e il suo fondamento ontologico nel giudizio di verità. Questa inadeguatezza non può essere interpretata come se fosse all'origine di qualche falsità. Essa è, infatti, nella verità, ed è anche la condizione dell'avvenimento della verità. La verità, che è più ampia di una proposizione determinata, non è senza la differenza tra la proposizione e il giudizio fondatore. Questa differenza è tuttavia articolata *a priori*. La ricerca filosofica ha giustamente come scopo di mettere progressivamente in luce quest'articolazione, di riconquistarla *a posteriori*. La difficoltà più grande in questa situazione è che il fondamento non può giustamente mai essere ridotto a un enunciato, a qualunque proposizione poiché tutte saranno sempre anche relative le une alle altre. Ciò che giustifica un enunciato, è il suo rapporto al suo fondamento, ma questo rapporto non può mai essere esso stesso enunciato in un modo che gli sia del tutto appropriato e non può mai essere colto interamente in un enunciato. Peraltro, il gioco delle proposizioni le une accanto alle altre e in contrasto mutuo è indefinito, di modo che, fin da questo punto di vista orizzontale, ogni interpretazione di una proposizione sarà senza fine.

Necessariamente la verità sopraggiunge nonostante ciò nelle nostre proposizioni. Essa avviene, diventando un avvenimento. È questo avvenimento che costituisce il fondamento ontologico della proposizione. L'avvenimento della verità implica tuttavia che la verità si lasci misurare dall'articolazione logica della proposizione. La verità avviene se si proporziona alle condizioni dell'enunciato per acquisirvi un senso logico. Di conseguenza, «ciò che viene giustificato è l'essere scoprente dell'assertione»[4]. Che cos'è però questo essere scoprente dell'assertione? L'affermazione è di ordine strettamente riflessivo. La verità avviene in un campo particolare del sapere. In altri termini, la verità abbandona la sua assolutezza di principio (in sé, essa non è relativa a nulla) quando entra in una proposizione il cui significato è relativo,

---

[4] M. HEIDEGGER, *Essere e tempo*, p. 269.

quindi nel gioco delle relazioni logiche interproposizionali. Ma appunto per questo ogni proposizione rivela o disvela che la verità non trattiene per se stessa il suo splendore, che essa avviene a condizione di rinunciare a ciò che le è di più proprio, a condizione dunque di divenire relativa, quantunque senza andare in rovina da se stessa.

Il carattere disvelante o scoprente dell'enunciato non rende tuttavia l'enunciato possessore del suo fondamento. L'enunciato deve, infatti, lasciare che in esso si svolga ciò che avviene nello stesso luogo, un atto di enunciazione che vi si rappresenta, e dunque l'abbandono da parte del fondamento del suo splendore originale. L'enunciato non esprime direttamente la verità, ma rivela l'abbandono mediante la verità del suo essere originale. Una visione rapida su qualunque enunciato fa prontamente riconoscere che nessuno può pretendersi totalizzante da sé solo. In ciascun enunciato avviene più che l'enunciato stesso, le sue relazioni con gli enunciati connessi che gli concedono il suo significato, e soprattutto con il giudizio che lo fonda essendo in atto nel momento stesso in cui lo propone, che pertanto vi si abbandona, o almeno che vi nasconde il suo tratto originario. L'enunciato raccoglie così la verità, ma nello stesso tempo rivela che essa vi si occulta poiché esso la stabilisce non appena si pretende vero in se stesso, presenza sussistente della verità disvelata. In verità però, l'enunciato regge solo rinunciando ad essere la verità tutta intera dell'enunciazione in atto.

Tale è il destino del fondamento in quanto appare e scompare in un enunciato. Il realismo del sapere impone di dire che, in ogni enunciato particolare, l'essere avviene occultandosi, divenendo quindi altro. Il mistero ontologico più profondo è questo: l'essere si affida a ciò che lo vela e vi si occulta. L'affermazione vera esercita il movimento dell'essere che si distingue da se stesso occultandosi per affidarsi all'enunciato determinato che lo vela e per riposare in esso. È qui che l'interpretazione della differenza ontologica in termini di *kenosi*, a opera di Vattimo, risuona in modo esatto. Heidegger sottolinea questa dimensione kenotica dell'essere e della verità riprendendo una vecchia parola tedesca: *Seyn* piuttosto che *Sein*, così come depennando talvolta la parola *Sein*[5].

---

[5] Vedi M. HEIDEGGER, «La questione dell'essere», p. 360-361.

Differenza e violenza

Mentre però secondo Vattimo questa *kenosi* è indebolimento, che in definitiva non ha più alcuna energia, essa costituisce, invece, per Heidegger una lotta originaria. L'*Introduzione alla metafisica* lo sottolinea chiaramente. Questo corso espone in primo luogo il pensiero della differenza ontologica ricorrendo alla terminologia della φύσις, ossia della natura che cresce passando dal seno oscuro della terra alla piena luce, dalla semenza al fiore: «φύσις designa l'erigersi nell'atto di schiudersi, il dispiegarsi permanendo in sé»[6]. La φύσις è una vera e propria ἐνέργεια, un vero e proprio lavoro effettivo. Essa possiede l'energia dell'ἀλήθεια dell'origine che appare facendosi dimenticare, restando nell'oscurità, nel segreto. Sono precisamente questi stessi contrasti che strutturano la differenza ontologica, che rendono possibile una comprensione dell'evento del fondamento. Il sintagma 'differenza ontologica' non esprime dunque soltanto una differenza stabilizzata tra l'essere e gli enti, ma tra l'essere che si nasconde e gli enti che scoprono in sé questo occultamento dell'essere, rivelando così una sorta di contraddizione immanente al fondamento.

Eraclito diceva che il conflitto è il padre di tutte le cose, il βασιλεύς universale. La guerra produce tutto per mezzo del contrasto. Certamente, qui non vi è ancora violenza secondo il significato che abbiamo dato a questa parola. Si pensi ad esempio alla dialettica dell'amore e dell'odio in Empedocle. L'odio può generare la violenza, ma il suo rapporto dialettico con l'amore impone di intenderlo anche (e probabilmente in modo più fondamentale nell'idea di Empedocle) in una modalità diversa. L'odio impedisce che i singoli enti si confondano. Inversamente, quando Anassimandro dice che tutto ciò che accade proviene da un destino ingiusto poiché occupa uno spazio che non è il suo, ma quello di un altro che vi era già prima, parla di una violenza universale, necessaria, trascendentale in questo senso. L'interpretazione heideggeriana del conflitto di Eraclito va in questa stessa direzione. «Ciò che viene qui denominato πόλεμος è un conflitto che emerge prima di ogni cosa divina e umana. Non si tratta di una guerra di tipo umano. La lotta, così com'è concepita da Eraclito, è quella che

---

[6] M. Heidegger, *Introduzione alla metafisica*, p. 72.

anzitutto fa sì che l'ente [...] si ponga come distinto nel contrasto, e che acquisti la sua posizione, la sua condizione, il suo rango»[7].

La venuta in presenza dell'ente è una lotta. Essa realizza la lotta originaria, prima. Se il λόγος che riunisce è al principio, esso sarà fin dal principio πόλεμος. Questi sono lì «la stessa cosa»[8]. Il λόγος, infatti, li contrappone. Ne fa dei relativi. Mantiene quindi le tensioni che li differenziano. La lotta è nel principio, ciò in cui tutto avviene. Ne consegue che nessuna determinazione esaurisce il suo senso da sé sola, non ha senso da sé sola. I Moderni non hanno voluto accettare questo. Essi hanno creduto di poter ridurre tutto in misura dei loro pensieri sistematici e delle loro azioni.

L'uomo è inquietante. Di fatto, l'esperienza moderna prosegue ciò che era già in germe presso i Greci. Questi hanno condotto l'ente alla evidenza della non-latenza strappandolo dall'essere[9], facendo così pensare che l'essere sia per noi questo sradicamento stesso. Heidegger ha forse nella mente la *Nascita della tragedia* di Nietzsche, in cui il filosofo poeta descrive la caduta della cultura greca da Omero fino a Socrate, da Eschilo fino ad Euripide, dalla danza dionisiaca originaria fino ai calcoli della ragione determinante. I Greci avevano compreso in origine che il senso dell'apparire è quello di un verbo e non di un sostantivo, di un verbo che declina e non di un sostantivo che fissa. È Platone che ha trasformato il senso primo della differenza tra essere (il verbo) ed ente (il sostantivo) insistendo sul carattere spregevole dell'apparenza, di ciò che si muove (il verbo), elaborando così l'idea che il fondamento risieda in un retro-mondo puramente intelligibile dove può essere colto come un sostantivo, un'essenza ideale, un ente piuttosto che un atto.

Sofocle, che era ancora vicino alla Grecia originale, dichiarava che l'uomo è «inquietante», δεινός. L'uomo è inquietante da sempre, perché partecipa mediante il suo λόγος alla lotta originaria. È però divenuto sempre più inquietante facendosi predominante, e così terribile,

---

[7] *Ibid.*
[8] *Ibid.*
[9] Vedi *Ibid.*, p. 115.

violento. Questo è il suo destino ontologico piuttosto che un difetto che potrebbe correggere. La lotta originaria si trasforma, infatti, per necessità o per destino, nella lotta tra gli enti. L'essere non può non passare negli enti e dare loro tutto ciò che è, ossia la sua forza di alterazione. L'uomo è l'ente che manifesta l'auto-alterazione dell'origine e che non esita a provocare lui stesso questa alterazione. «L'uso della violenza è il carattere fondamentale non solo del suo agire, ma del suo stesso essere»[10]. L'essere si affida all'uomo, e l'uomo porta all'estremo la violenza originaria che in lui dimora in quanto ente, manifestando sul piano ontico la violenza dell'origine ontologica. L'inquietante, l'uomo, non sta fermo un istante. È come lo stupefacente «quello che estromette dalla 'tranquillità', ovverosia dal nostro elemento, dall'abituale, dal familiare, dalla sicurezza inconcussa»[11]. L'uomo inquietante, pastore dell'essere, oltrepasserà pertanto naturalmente i suoi limiti.

> Dall'alto il luogo dominando, dal luogo escluso,
> tale egli è, a cui sempre è essente il non-essente,
> per amore del rischio[12].

L'uomo, che si conosce e ha paura di sé, tenterà di rassicurarsi con Platone. Nulla però avverrà, anzi proprio al contrario. Egli scoprirà l'essenza del suo destino, quando diverrà l'uomo della τέχνη. La τέχνη, infatti, si opporrà alla δίκη, poiché se la δίκη adatta gli opposti generati dalla violenza originaria, la τέχνη darà libero sfogo alla violenza dell'uomo tremendo, «pastore dell'essere», di un essere originariamente terribile.

Così la differenza ontologica diventa la ragione della violenza universale. Il *Dasein* ne vive e la replica nelle sue molteplici azioni. Non è quindi l'idea unica che è violenta, sebbene Vattimo voglia farlo credere quando si oppone a qualsiasi tipo di dogmatismo. L'apertura dell'ente all'essere che vi nasconde la lotta originaria pur partecipandone rende possibile la violenza dell'uomo, il quale vive di questa stessa apertura.

---

[10] *Ibid.*, p. 158.
[11] *Ibid.*, p. 159.
[12] *Ibid.*, p. 156.

Il potere dell'essere

Abitualmente si critica la tradizione occidentale poiché ridurrebbe tutte le diverse realtà all'uno, totalizzandole tutte in un unico sistema, ma un sistema puramente ideale, benché possa generare il fenomeno della globalizzazione di cui abbiamo parlato nella seconda sezione del nostro quinto capitolo. È vero che la propensione naturale della ragione, del λόγος, orienta in direzione dell'uno. Vi è però più che questo nella tradizione filosofica dell'Occidente. Per Nietzsche, che noi prendiamo come esemplare a questo proposito, l'Occidente sarebbe passato da una vitalità plurima a ciò che chiameremmo oggi il pensiero unico. Tuttavia, la lotta dei filosofi contro un tale pensiero unico e violento è stata costante lungo tutta la storia della filosofia, eccetto forse nelle tradizioni scolastiche e nonostante il fatto che né Aristotele né Tommaso d'Aquino si sarebbero rallegrati di un tale trattamento riduttivo dei loro sforzi speculativi[13].

Per *Totalità e infinito*, la guerra, che distrugge la differenza dell'altro, è totalizzante. Essa è anche essenzialmente uno sforzo di totalizzazione nella morte che esige di annientare gli individui, come esposto nelle tesi hegeliane. Alcuni hanno detto che la guerra tende verso la pace che ne sarebbe il fine, ma se ciò è vero sarà una strana pace che avrà tolto le asperità di ciascuna realtà, che si sarà illusa sulle loro realtà e sulla loro grande diversità. Derrida, nel suo commentario celebre e critico di *Totalità e infinito*, muove da un punto di vista abbastanza simile, che applica all'atto di filosofare. Questo atto, infatti, è lungi dall'essere pacifico. Derrida sembra collocarsi nella stessa prospettiva di Éric Weil per il quale il filosofo sperimenta una tensione interiore forte poiché, destinandosi al regno universale della ragione, si sente e si sa misurato dalla sua individualità. La filosofia nasce non appena la ragione riconosce questo vicolo cieco senza rassegnarvisi, benché sappia di non poterne mai uscire. L'irrazionalità dell'uomo della strada, anzi di ogni individuo, sarà sempre lì, minacciosa. La ragione può tentare di ricondurre tutto all'identità delle sue forme e di distruggere ogni possibilità di opposizione. È questa la sua violenza. Ma la violenza dell'irrazionale non è inferiore.

---

[13] Vedi P. GILBERT, «La terza scolastica in Francia».

Differenza e violenza

Queste forme di violenza sono intollerabili per il filosofo che, se intende lasciare tutti i suoi diritti alla ragione universale, esige anche di assumerne personalmente la responsabilità rispettando le singole realtà. La filosofia è necessariamente una lotta, al tempo stesso contro i filistei e contro la ragione. Il vantaggio di questa situazione è che il filosofo crea la storia. Ne è anche l'unico creatore poiché si costringe a porsi al di là di una tensione che rimane a lui immanente, ma senza negarla, e senza ritenere di esserne indenne. Egli mantiene in sé una tensione essenziale e vitale, un'assenza di sé nel cuore stesso della presenza a sé. Derrida scrive similmente che la filosofia è «sempre vissuta di agonia e nel tentativo di aprire violentemente la storia per trovarvi la sua possibilità contro la non-filosofia, contro il suo fondamento avverso, il suo passato e il suo fatto, la sua morte e il suo scampo»[14].

Le passioni in cui si esprime tutto il vigore della nostra individualità sono in noi allo stesso modo violente. Esse lottano contro la razionalità universalizzante, uniformizzante. La ragione però lotta già, anch'essa, contro se stessa, per custodire viva la sua attenzione a ciò che è, e che è nella singolarità. La violenza della passione si esaurisce tuttavia nell'esaltazione dell'uno che annulla i singoli. La ragione retta, la filosofia, porta, inversamente, al rispetto per tutto ciò che è. Essa è garante della durata e della crescita della storia. Questa storia non avrà mai fine. Il filisteo che di ragione non comprende nulla e che vuole tutto e ininterrottamente minaccia sempre la ragione, ma questa non cesserà mai di esigere in sé l'attenzione costante e fedele ai singoli. La filosofia suscita la storia perché essa pone interrogativi, e perché ogni risposta che ottiene è preservata dal dogmatismo per mezzo di ciò che resiste in essa alle pretese della generalizzazione riduttrice e avventata. La risposta della filosofia sarà tuttavia offuscata e messa a repentaglio dai filistei che non accettano i diritti della ragione universale. Ecco d'altronde perché la metafisica contemporanea, al fine di essere fedele alla sua essenza, si volge in ermeneutica, con lo scopo di evidenziare la natura dell'uomo che reca una questione originaria che nessuno dei suoi enunciati esaurirà mai. La storia della filosofia è la storia

---

[14] J. DERRIDA, «Violenza e metafisica», p. 99.

di questa questione, dei suoi enunciati, delle sue risposte e delle sue novità portate avanti, è la storia della sua enunciazione.

Secondo Derrida, è qui che Levinas mostra la più grande originalità, poiché ciò che egli oppone alla ragione greca non è l'irrazionale, ma un'altra maniera, ebraica, di pensare. Levinas ci pone al cospetto di un altro che il greco, che non è l'altro dal greco, come si dovrebbe dire per essere rigorosi. Egli non pone la modalità ebraica di pensare come una soluzione alternativa al modo greco di intendere l'essere «che si rivela nella guerra»[15] e che «si fissa nel concetto di totalità che domina la filosofia occidentale»[16]. Egli la pone altrimenti. Levinas riprende così la fenomenologia sviluppata dalla recente tradizione occidentale, ma mettendola al servizio di una intenzione più rigorosamente retta di quella, razionalizzante, che si riconosce in Husserl così come in Heidegger. La fenomenologia farà vedere «l'apertura stessa, l'apertura dell'apertura, ciò che non si lascia rinchiudere in alcuna categoria o totalità»[17]. Una tale fenomenologia dovrà tuttavia liberarsi dalla luce che la ragione impone a ogni ente per coglierlo fermamente. La tesi dottorale di Levinas sull'intenzionalità husserliana evidenzia la necessità di una tale critica. L'intuizione husserliana impedirebbe di pensare l'origine oscura di ciò che è, ossia, nel linguaggio di Heidegger, di pensare l'essere che avviene e che si occulta. Occorrerà dunque liberare la fenomenologia della violenza dall'evidenza delle apparenze. «Antica alleanza occulta tra la luce e il potere, antica complicità tra l'oggettività teorica e il possesso tecnico-politico»[18].

Il pensiero levinassiano sul desiderio assume qui tutta la sua importanza. «Il movimento del desiderio non può essere quello che è se non come paradosso, come rinuncia al desiderato»[19]. Al desiderato, si addice la terminologia dell'altissimo, sempre più alto. Il *semper maior*, secondo l'espressione di Emrich Przywara, rimane naturalmente fuori della nostra portata, e il desiderio tende verso di esso proprio a questa condizione. L'ontologia classica, completamente intrisa dal finalismo

---

[15] E. LEVINAS, *Totalità e infinito*, p. 20.
[16] *Ibid.*
[17] J. DERRIDA, «Violenza e metafisica», p. 105.
[18] *Ibid.*, p. 116.
[19] *Ibid.*, p. 117.

aristotelico e dall'idea di un mondo finito, pretende, al contrario, di essere capace di una tale acquisizione, ciò che dipende in realtà da un bisogno del tutto naturale. Numerose ontologie classiche dicono di basarsi sull'intuizione del principio o dell'essere. Ora, l'intuizione non è senza la visione. La visione non è mai, però, imparziale e inoffensiva. Per Levinas, è anche altera, pretenziosa. Essa sistematizza tutto ciò che percepisce organizzandolo in maniera sintetica, in un insieme che impone a ciascun elemento. L'ontologia intuitiva non può accogliere il desiderio e il suo senso ontologico. Essa ignora il senso stesso dell'essere che misura alla stregua del bisogno, per esempio del bisogno di certezza. Il suono, viceversa, è da ascoltare. Esso viene sempre da un altro differente, di cui bisogna seguire i ritmi prevedibili e imprevedibili, sempre diacronici.

Ecco perché, nelle sue grandi opere, Levinas non insiste soltanto sul volto. Il volto si mostra grazie alla sua nudità, ma è visto, fenomeno disponibile. Esso è ciò che è, rivendicando la sua unicità, non come volto ma come sguardo. Infrange allora l'incanto dei nostri spettacoli. Guarda prima di essere visto, mi parla e si rivolge a me prima che possa rispondergli o corrispondergli. Se io mi metto in una giusta disposizione, se mi lascio guardare da esso e se mi accingo ad ascoltare ciò che mi dirà, lo lascio essere ciò che è. Il senso del volto è ricondotto a quello dello sguardo, o anche dell'origine dello sguardo che, rivolto su di me, mi interroga. Si può allora dire che «il viso non *significa*. Non incarna, non riveste, non segnala altro che sé, anima, soggettività, ecc. Il pensiero è parola, dunque è immediatamente viso»[20].

È allora che appare con tutto il suo significato la dissimetria, termine mediante il quale Levinas intende salvaguardare la possibilità di creare categorie filosofiche. L'altro non è un interlocutore situato in una relazione orizzontale. Mi trascende da tutta la sua altezza. La sua parola certamente prima è: «Non mi uccidere», un divieto che concerne la sua vita e il suo essere e che limita la mia azione. Questo divieto, però, che blocca la mia libertà non sarà esso stesso violento? In un qualche modo sì, ma «la non-luce, il comandamento, sarebbero la violenza e l'ingiustizia stesse [...] se mettessero in relazione esseri finiti o se l'altro fosse

---

[20] *Ibid.*, p. 127.

esclusivamente una determinazione negativa dello stesso»[21]. La dissimmetria non è negativa (ciò che sarà l'asimmetria). Essa evidenzia una diversità di livelli e infrange i sistemi di definizioni degli enti per mezzo delle loro reciproche distinzioni. L'infinito desiderato sfugge allora ai giochi degli enti finiti che si confrontano gli uni agli altri con violenza e secondo la forza delle loro diffidenti pretese. Esso appare o diviene fenomeno nel volto di chi mi parla da tutta la sua altezza per impedirmi di ucciderlo. E lì, «in un mondo in cui il volto fosse pienamente rispettato (come ciò che non fa parte del mondo), non ci sarebbe più guerra»[22].

È tuttavia così sicuro che non vi sarebbe più guerra nelle condizioni della dissimmetria e dell'altezza? Affrontando la questione del riconoscimento dell'altro, Levinas esclude la posizione di Husserl per cui le relazioni umane suppongono che l'*ego* veda nell'altro un altro *ego*, più *ego* del resto che *alter* poiché concepito come la sua replica analoga. Husserl ridurrebbe così l'originalità degli *ego* totalizzando gli egoisti. Ne seguirebbero evidentemente la violenza e l'annientamento dei diversi. La dissimmetria però, se non conosce alcuna mediazione o rapporto nell'uguaglianza, non slitterebbe in asimmetria? Non sarà ugualmente violenta, feconda nell'imposizione dei potenti sui deboli e pertanto fonte di guerra fino a che non sia trovato un certo equilibrio? È indispensabile informarsi su un'uguaglianza mediatrice che sia diversa dalle relazioni degli interlocutori e dei loro poteri gerarchici. Viene allora richiesta una simmetria superiore tra le persone.

Secondo Derrida che critica Levinas, «non sarebbe possibile alcuna dissimmetria, senza questa simmetria [tra il mio *ego* e il tuo *ego*], che non è del mondo e che, non essendo nulla di reale, non pone alcun limite all'alterità, alla dissimmetria, ma anzi la rende possibile»[23]. Una dissimmetria che non conoscesse alcuna mediazione provocherebbe una violenza che non potrebbe mai riconoscersi responsabile di alcuna delle sue vittime poiché senz'altra relazione che quella della forza gratuita. La differenza intersoggettiva è evidente, io sono altro per l'altro e lui altro per me, ma questa differenza non può essere soltanto di al-

---

[21] *Ibid.*, p. 135.
[22] *Ibid.*
[23] *Ibid.*, p. 159.

tezza asimmetrica per essere riconosciuta nella sua radicalità. Perché possiamo parlarci e riconoscerci diversi, occorre che ci poniamo all'altezza l'uno dell'altro, ossia che entrambi riconosciamo la nostra rispettiva altezza secondo un campione comune e flessibile. La mediazione adesso richiesta non sarà però mai determinata dalle nostre sole altezze. Essa sarà costituita da un campione «che non è del mondo», sottolinea Derrida.

La guerra sembra tuttavia favorire «il sorgere stesso della parola e del manifestarsi»[24]. Questo pensiero è molto classico, greco, vicino a quello di Eraclito che Heidegger ha commentato. In questa situazione, la riconciliazione o il reciproco ascolto è una illusione che devia dal senso dell'ontologia, a meno che essa non venga d'altrove. La violenza della guerra potrebbe essere superata da quelli che si vogliono violenti contro la loro propria violenza? Forse un discorso comune potrebbe allora svolgersi, in virtù dell'attenzione mutua e della critica di ciascuno nei confronti di se stesso. Sarebbe questo, secondo Derrida, il ruolo e l'eccellenza della filosofia. Il linguaggio vi si farebbe vivo e vero e la filosofia potrebbe non acconsentire alla violenza che lo costituisce. Una tale critica di se stesso non dovrà però oltrepassare ogni linguaggio e sorgere da un silenzio indistinto? La violenza non sarebbe lontana, tanto più che la filosofia sarebbe soltanto una lotta contro la violenza, violenza contro violenza, in un circolo senza fine.

Altrimenti che essere

Levinas probabilmente riecheggia le critiche di Derrida quando compone *Altrimenti che essere*, ma senza edulcorare in nulla le sue tesi precedenti sulla dissimmetria. Proprio al contrario, egli le accentua con forza. *Altrimenti che essere* è la sola opera della tradizione filosofica che eleva alla dignità di categoria filosofica termini come «ostaggio» o «sostituzione». Paul Ricœur si preoccuperà d'altronde per l'accumulo delle iperboli nel secondo Levinas[25]. Tuttavia, le immagini levinassiane, proprio perché iperboliche, sono necessarie ad esprimere ciò che non si

---

[24] *Ibid.*, p. 164.
[25] Vedi P. Ricœur, *Sé come un altro*, p. 454; vedi anche Id., *Altrimenti*.

può «dire altrimenti». Tutte le parole che possono esprimere aspetti della parola 'isinteressamento' diventano qui essenziali. La parola 'disinteressamento', essenziale per l'ermeneutica della dissimmetria, è composta da tre termini: 'dis' segnala più che una negazione un ritrarsi, un disimpegno, 'inter' dice l'intermediazione, 'essamento' viene da *esse* che in latino significa 'essere'. La parola 'disinteressamento' contesta dunque frontalmente l'idea classica della mediazione dell'essere che varrebbe per tutto e per qualunque cosa, ma anche la categoria heideggeriana della differenza ontologica.

In Heidegger, come abbiamo detto nella prima sezione di questo capitolo, la differenza tra l'essere e gli enti può essere intesa alla luce della differenza grammaticale del verbo (atto e movimento) e del sostantivo (che rinvia alla sostanza in cui si fissa ciò che è terminato malgrado il cambiamento eventuale dei suoi accidenti), del fare e dei fatti. L'originario (l'origine velata) si dona in atto ponendosi e velandosi nei fatti che svelano precisamente questo velarsi stesso. Secondo Levinas però, questa interpretazione della differenza ontologica significherebbe che l'essere deve rinunciare a essere per passare in un altro ed essere sé, quest'altro divenendo quindi la condizione perché l'essere avvenga a sé, anche se è velandosi. Occorrerebbe dire in questo caso che l'essere per essere ciò che è sarebbe radicalmente la negazione di sé. Abbiamo visto, ad esempio con Vattimo, fin dove questa intelligenza dialettica dell'essere può condurre. In ogni modo tuttavia, il *nihil* non può essere tolto dalla comprensione di qualunque principio.

Ma questa dialettica, osserva Levinas, fa che l'essere finisca in una opposizione. Ora, termini opposti non possono che rassomigliarsi in un gruppo omogeneo per poter precisamente opporsi. Già Aristotele diceva a ragione che gli opposti sono dello stesso genere. Certamente, per Heidegger, l'ente è altrimenti che l'essere. Qui però non vi è alterità radicale. Non basta dire che l'ente è altrimenti che l'essere, poiché in questo caso esso è ancora e l'essere altro dall'ente resta prigioniero di questo ente che è né più né meno che esso. Essere altrimenti che l'essere non è ancora altrimenti che essere. Noi dobbiamo piuttosto arrivare ad esprimere l'origine o il principio in modo tale che la sua estraneità o la sua alterità sia intravista riflessivamente nella sua pratica. Non è sufficiente dire che il principio è altrimenti che l'essere dell'ente, poiché sarebbe allora come una specie nello stesso genere logico dell'ente. In realtà, il principio è il bene, essendo bene un altro nome di essere, che dice «altrimenti che essere». «Passare all'*altro* dell'essere»[26]. È così che l'essere si vede privato della funzione mediatrice e fondatrice che la metafisica tradizionale gli concedeva in modo esclusivo. Il bene svolgerà d'ora innanzi questa funzione.

D'altro canto, la mediazione dell'essere che riduce i mediatizzati all'identità della sua potenza o all'uguaglianza della sua forma non è veramente mediatrice. Essa è piuttosto assimilatrice. Essa genera così dei conflitti poiché attribuisce la sua forza, la sua ἐνέργεια e il suo peso a ciascun ente. «L'interessamento dell'essere si drammatizza negli egoismi in lotta gli uni contro gli altri, tutti contro tutti, nella molteplicità di egoismi allergici che sono in guerra gli uni contro gli altri e, così, insieme. La guerra è il gesto o il dramma dell'interessamento dell'essenza [...]. L'essenza è così l'estremo sincronismo della guerra»[27]. La ricerca della pace attraverso una simile mediazione neutralizzante, «diviene scambio e commercio»[28], non permette alcun progresso. Essa finge di ignorare i fermenti della guerra, e non li lascia dietro di sé. Li trasporta anzi con sé.

Per risolvere questo problema, Levinas sceglie un modello che ritiene capace di guidare la sua riflessione, il modello del linguaggio da cui ricava la distinzione del dire e del detto. Il detto è fissato in proposizioni formate da parole che noi dobbiamo ricevere già costituite e che possiamo per questa ragione prendere come oggetti di analisi. L'enunciato di cui abbiamo parlato più sopra in questo capitolo è un detto. Invece, dire è attivo ed etico, come l'enunciazione o il giudizio, l'affermazione. Il suo senso è quello di un atto aperto all'altro, condizione anteriore all'affettività del detto. «Anteriore ai segni verbali ch'esso coniuga, anteriore ai sistemi linguistici e ai riflessi semantici, [... il 'dire'] è prossimità dell'uno all'altro, impegno dell'approssimarsi, la significanza stessa della significazione»[29]. Il dire precede le parole indirizzandosi in primo luogo agli altri, coniugando la libertà nello spazio

---

[26] E. LEVINAS, *Altrimenti che essere*, p. 6.
[27] *Ibid.*, p. 7.
[28] *Ibid.*
[29] *Ibid.*, p. 8.

delle relazioni vissute eticamente in cui ciascuno si abbandona al benvolere dell'attenzione dell'altro.

Non vi è tuttavia dire senza detto. Se non vi si presta attenzione, il dire corre pertanto sempre il rischio di scomparire nel detto, in un mondo che tutti gli interlocutori potranno analizzare grazie ai codici scientifici o culturali comunemente condivisi. La differenza del detto e del dire rischia allora di cadere sotto le stesse critiche di quelle che furono rivolte alla differenza ontologica. Ciò che preavvisa il dire di questo tradimento di se stesso, della necessità di essere ciò che è nel detto che esso non è, è, secondo Levinas, il disdire. Il disdire dev'essere riconosciuto interiormente al dire come condizione della sua rettitudine. «L'*altrimenti che essere* si enuncia in un dire che deve anche disdirsi per strappare così l'*altrimenti che essere* al detto in cui l'*altrimenti che essere* si mette già a significare un *essere altrimenti*»[30]. Il disdire, secondo Levinas, si esclude a partire dall'eccesso dell'unico che accede a sé nel detto senza mai eguagliarvisi. L'eccezione che è l'altrimenti che essere è il se stesso che respinge le pretese dell'essere essenziale o del detto ad annetterlo. «Io unicità, al di fuori di ogni paragone perché al di fuori della comunanza del genere e della forma, che non trova riposo neppure in sé, in-quieto, che non coincide con sé»[31].

L'unicità singolare dell'io non coincide mai con il sé detto. Il sé è di tutti. Invece, l'io si esprime disdicendosi, come ogni persona al singolare. Questo disdire ha tuttavia la sua manifestazione fenomenologica. La sua eccezione non ignora quindi il mondo del detto. Ne parliamo con le nostre parole. In che modo l'unico potrebbe allora apparire veramente? Lo potrebbe solo se non ne avesse alcuna memoria, alcuna identità sincronica che lo riduca in qualche forma generale, senza detto. Il suo avvento è necessariamente una rottura, diacronica ed equivoca. Il dire è il potere dell'«equivocazione»[32], della lacerazione del tempo, ossia dell'inizio assoluto. Questo inizio assoluto è quello «della mia responsabilità per le colpe o la disgrazia degli altri»[33] – il modello

---

[30] *Ibid.*, p. 10-11.
[31] *Ibid.*, p. 12.
[32] *Ibid.*, p. 13.
[33] *Ibid.*, p. 14.

linguistico qui non funziona più. I temi dell'ostaggio e della sostituzione si faranno adesso notare.

Il pensiero è sottile: l'inizio assoluto è, infatti, non originale, senza origine, non-anacronistico, un al di qua dell'essenza e del tempo. Il termine heideggeriano di non-fondamento (*Ab-Grund*) potrebbe corrispondervi. Il nome di questo non-originale è bontà pura, separata e santa. La bontà non è altro che l'essere, ma altrimenti che essere. Si tratta per noi di pensare nella bontà un più nel meno, un eccesso nel percettibile. La parola 'bontà' esprime rettamente questo eccesso della sua presenza. Ma non impedisce che il discorso sia sempre destinato all'insuccesso. L'impossibilità di tematizzare l'eccesso «riguarda forse la bontà del diacronico»[34]. Il *semper maior* è radicalmente eccessivo, e dunque non disponibile. Ecco perché Lévinas può affermare che «il Bene non si offre alla libertà: mi ha scelto prima che io lo abbia scelto. Nessuno è buono volontariamente»[35].

Non si può tuttavia dire che la bontà si impone alla libertà in maniera estrinseca o autoritaria, poiché la bontà è solo bontà, se si vuole 'dono', mai imposizione. «E se nessuno è buono volontariamente, nessuno è schiavo del Bene»[36]. Possiamo a partire da qui accogliere le iperboli di *Altrimenti che essere*: l'ostaggio e la sostituzione.

Facciamo ora il punto per concludere questo capitolo. Per molti aspetti, ciò che abbiamo appena esposto rievocherà quel che è stato detto in precedenza sulla violenza della ragione. Secondo le analisi di Heidegger, la violenza rientra, effettivamente, nella struttura di ogni enunciato; la verità dell'essere si apre un varco lottando contro la resistenza che offrirebbero gli enti costituiti; le esposizioni dell'essere in ogni enunciato contraddirebbero parimenti la sua fecondità o il suo dinamismo generoso, originario. La verità si velerebbe dunque necessariamente per sorgere come presenza accessibile, e rivelerebbe proprio quello stesso che, paradossalmente, essa appare velandosi, αλήθεια. La violenza della ragione sarebbe resa possibile da questo espediente della verità; essa scaturirebbe dall'ambiguità di questa situazione, e

---

[34] *Ibid.*, p. 15.
[35] *Ibid.*
[36] *Ibid.*

quindi dal suo impegno reso anch'esso ambiguo. In una prima fase della sua ricerca, il filosofo della Foresta Nera concepiva la tecnica come uno strumento a disposizione dell'uomo che si prende cura della sua presenza nel mondo in una maniera inautentica; ma successivamente, intorno al 1935 e negli anni della *Kehre*, la tecnica diventava un modo di svelamento dell'essere, che vi si fa o lascia prendere[37]. La differenza ontologica tra l'essere e l'ente si rivelava allora drammatica, come un campo di battaglia. «La guerra è madre di tutte le cose», diceva Eraclito, poiché l'essere e l'ente sono radicalmente inadeguati l'uno all'altro, essendo questa inadeguatezza precisamente il segno della loro verità.

La differenza e la verità non sono, pertanto, che un luogo di rivalità tra forze o destini contrapposti? Le tesi più conosciute di Levinas non sembrano scostarsi realmente da questa situazione. Il richiamo alla sostituzione non riecheggerebbe, invertendola, una gelosia prima, una rivalità di cui non ci libereremmo che trasfigurandola? La tesi della passività, a cui aveva condotto il capitolo precedente, o il consenso all'essere, non è l'inverso di una pretesa invadente, desiderosa di precipitarsi il più rapidamente possibile verso il principio? Ora, i contrari sono dello stesso genere. La metafisica non sprofonderà allora interamente nella legittimazione velata della violenza, sotto apparati che distoglierebbero la nostra attenzione da ciò che non riusciamo tuttavia ad occultare veramente?

---

[37] Vedi J. TAMINIAUX, *Art et événement*, p. 75-100.

CAPITOLO XII

LA MEDIAZIONE E IL PERDONO

Il pensiero di Levinas, la sua iperbolica insistenza sull'ostaggio e sulla sostituzione, potrebbero far pensare che l'autore spinga la sua riflessione verso il culmine della violenza. Ma queste iperboli valgono per tutti gli incontri personali esprimendo l'avvenimento più originale che vi accade, quantunque non si possa presumere che le nostre conversazioni abbiano tutte una identica delicatezza ontologica. Ciascun interlocutore riceve l'ordine da chi gli sta di fronte (un ordine che non sempre viene compreso) di divenire suo ostaggio in un'attenzione reciproca. È a questa condizione che una società può costituirsi. La questione è tuttavia di sapere se la reciprocità conduce a un superamento della violenza subita da quelli che si trovano presi come ostaggi, o non piuttosto alla sua aspra moltiplicazione.

Abbiamo riconosciuto che ogni atto individuale chiuso in se stesso è destinato all'incompiutezza. Chi è solo non può realizzarsi tutto da solo. Peraltro, niente, nessuno è veramente solo, anche se i suoi sentimenti intimi lo inducono a volte a crederlo. Nessuno è solo se non immaginariamente, o per un intelletto impersonale, o ancora per una libertà che vagheggia di essere tanto autonoma quanto indipendente. Il termine 'solo' può nondimeno valere, da un punto di vista ontologico, per la libertà nel suo sorgere primo e assolutamente originale. Questo sorgere non è tuttavia senza avvenire in un mondo la cui libertà subisce le condizioni per essere concretamente se stessa. Non vi è libertà che non si impegni effettivamente, che quindi non subisca volentieri ciò che le permette di impegnarsi. La passività della libertà, e dunque la sua dipendenza nei confronti del mondo, rende possibile la sua attività. È ad essa necessario assumere ciò in cui potrà esprimere la sua originalità e donarsi. Questa condizione non vieta affatto l'atto libero, neppure lo limita; essa partecipa, al contrario, alla sua espansione, e l'alimenta.

Ma la libertà non sarebbe possibile che dialetticamente, ossia alterandosi in ciò che essa non è e nella reciprocità delle coscienze impegnate in un gioco indefinito di specchi? È ciò che esamineremo nella prima sezione del capitolo che affronterà il tema del terzo, un tema messo come epigrafe da Levinas. La seconda sezione riprenderà successivamente la questione più volte considerata in questo libro: la ricerca metafisica suppone un'attitudine originaria, come ogni ricerca intellettuale. Abbiamo detto nel primo capitolo che quest'attitudine è di protesta più che di stupore. Nel caso della metafisica tuttavia, un'attitudine originaria non può essere soltanto preparatoria alla ricerca. Essa è, in effetti, ciò in cui si svolge spontaneamente l'avvenimento la cui riflessione manifesterà l'intrinseca intelligibilità. La compassione è questa attitudine o questa disposizione originaria. La riflessione metafisica, però, non sarà ancora assurta lì alla sua punta estrema. La durata della libertà o la sua permanenza in cui consiste la fedeltà a se stessa rende possibile ogni realtà affidabile; questa durata tuttavia regge solo grazie a un atto di libertà o ad una opzione a favore dell'alleanza con l'altro, e perciò anche nei confronti dell'essere. Questo atto o questa opzione è, secondo noi, di perdono, come lo mostrerà la terza sezione del presente capitolo.

Il terzo

L'idea comune della libertà è quanto meno quella di un'autonomia. La libertà è, infatti, definita abitualmente come la capacità di determinarsi da se stessa. Essa è l'autodeterminazione di sé per sé. Ma questa definizione, apparentemente positiva, è in realtà molto negativa. Essa ha senso solo mediante l'esclusione discreta di tutto ciò che potrebbe determinare la libertà altrove che in se stessa, così come attraverso l'esclusione di un mondo di indeterminazioni che la precederebbero e da cui essa si sottrarrebbe. L'idea comune della libertà è quella di una produzione delle sue determinazioni in se stessa e per se stessa. È tuttavia evidente che una tale definizione della libertà non regge, che essa non è realistica poiché, se la libertà sceglie i suoi modi di determinazioni, non li crea ma deve adattarsi alle possibilità che le sono offerte dal mondo. La definizione abituale della libertà non regge neppure per un'altra ragione: se la libertà si conquista su un mondo anteriore di indeterminazioni, se è in ciò creatrice di sé e sempre nuova, *ex nihilo*, non soltanto nei confronti delle sue creazioni ma in primo luogo nei confronti di se stessa, non potrà mai considerarsi determinata nel suo essere stesso. Essa non sarà che distacco dalla indeterminazione. Ne consegue che l'idea della libertà sarà quella di una possibilità senza limiti, essa stessa profondamente indeterminata e similmente negativa. Da qui l'attitudine più essenziale della libertà sarà l'infedeltà verso se stessa che, per principio, è nulla. La durata della libertà sarebbe pertanto svuotata di ogni senso ontologico. Tutto nella nostra vita sarebbe vano.

Si può però sostenere questa conclusione, e quindi la tesi dell'autodeterminazione assoluta della libertà? La riflessione è destinata ora ad affrontare una scelta radicale, una opzione fondamentale. «La vita umana ha o no un senso?», domandava Blondel all'inizio dell'*Action* del 1893[1], al punto di partenza di un lavoro dove ricostruiva e ordinava i molteplici fenomeni in cui esprimiamo la nostra volontà di un senso, fino ad emettere i termini di una opzione ultima in cui tutto questo cammino incontra il suo compimento (o se ne priva) grazie all'accettazione (o al rifiuto) di ciò che sarà stato fin qui razionalmente dispiegato, nel momento di una opzione spoglia di ogni sostegno esterno. La situazione in cui ci troviamo nel nostro libro non è tuttavia blondelliana. Non si tratta per noi di mostrare che una opzione nei confronti dell'assoluto del senso si impone a noi, ma di acconsentire all'essenza limitata della libertà. La nostra questione è: il senso non è condizionato da e immanente alla limitazione della libertà?

Non si dovrà però negare allora la possibilità della libertà? Non è evidente che siamo liberi, che possiamo cominciare una nuova serie di eventi nel mondo? La scienza moderna non è una testimonianza resa a questa potenza della libertà? Da dove verrebbe la coscienza che il mondo è un possibile senza fine, che tutto vi può essere manipolato e modificato in strumento al servizio dei nostri desideri, e di fatto real-

---

[1] M. BLONDEL, *L'Azione (1893)*, p. 65.

mente trasformato e manipolato, se non dal sapere che la libertà ha della sua potenza? Ecco il paradosso: la libertà è una potenza indeterminata di possibili, ma è nello stesso tempo realmente limitata per mettersi effettivamente in esercizio. È tuttavia possibile uscire da questo paradosso, osservando che la limitazione della libertà non contraddice la sua apertura ad ogni sorta di possibili, perché non vi è lì un conflitto tra due termini simili, comparabili. Ciò che limita la libertà è un'altra libertà, anch'essa limitata e allo stesso modo indefinitamente potente.

Ritorniamo alla definizione classica della libertà come autodeterminazione. Questa, nonostante le sue manchevolezze, indica che la libertà è il principio mediante cui ogni persona è anche individuale, che le sue relazioni personali hanno un radicamento inalienabile, che i suoi impegni nel mondo sono rigorosamente suoi, che ne è responsabile, e che vengono attribuiti legittimamente ad essa, libertà di questa persona individuale e non di quell'altra. L'espressione «autodeterminazione di sé per sé» rinvia a questa individualità della persona. Ma qui ancora, la definizione resta negativa. Tuttavia la negazione può non essere soltanto quella di un mondo manipolabile, né di una indeterminazione originaria, ma di un'altra persona individuale, dunque di un'altra libertà.

Libero, mi impegno nel mondo e prendo coscienza di essere responsabile dei miei atti, di esserne l'origine libera, dinanzi a te che non sei l'autore del mondo più di me. La libertà scaturisce alla visibilità della coscienza, diviene una essenza fenomenologica, nel momento in cui, contestata dall'altro, la sua responsabilità rischia di esserle tolta. Quando si toglie la responsabilità di un atto a qualcuno, si nega precisamente che egli ne sia il libero autore. Avrebbe per esempio agito sotto la pressione di una passione cosciente o non che egli non avrebbe potuto controllare. La libertà si realizza in quanto è legata alla responsabilità, al dominio e alla coscienza di sé. Ora, la responsabilità è sempre limitata a me attraverso te. Io sono responsabile, io e non tu. Se volessi negare questa responsabilità la porrei di nuovo, alla maniera dell'argomentazione utilizzata da Aristotele a proposito del principio di non-contraddizione: io non posso negare verbalmente questo principio che ponendolo in atto[2]. «Io non sono l'autore dei miei atti», ecco un'affer-

---

[2] ARISTOTELE, *Metafisica*, IV, 4 (1995b35-1006a28).

La mediazione e il perdono

mazione che regge solo se io ne assumo la responsabilità: «vi dico proprio che questo non sono io»... Non posso negare di essere responsabile dei miei atti che attribuendomi la responsabilità di questa negazione. Il riconoscimento dell'io responsabile e libero è così simultaneo al riconoscimento della mia alterità, o dell'alterità di te, della tua non-responsabilità per quanto riguarda i miei atti. L'idea di libertà, di essere io, avviene al tempo stesso che quella della mia limitazione tramite l'altro, tramite te.

Prima di essere contestato da te, l'io si trova dinanzi un mondo pienamente disponibile per la mia investigazione. Non è però veramente lì un io. Sarà piuttosto un *cogito*, il mio, il tuo, di tutti e di nessuno, senza alcun limite. Il mondo del *cogito* è senza misura, senza limite, un mondo al quale ogni soggetto di un *cogito* paradossalmente senza soggetto può identificarsi. Il mondo consegue un senso se è organizzato o strutturato secondo una conoscenza che, non essendo di nessuno, progredisce senza alcuna temporalità concreta, a volte rapidamente, a volte lentamente, a seconda delle circostanze. Questo mondo, in realtà, non esiste, non è mai esistito. Per il *cogito*, non ha alcuna sostanza e alcun diritto all'esistenza e alla resistenza. Quando, invece, il tu appare, il mondo non è più a disposizione del solo *cogito*. In esso, ti incontro. Esso è anche la tua opera. La sua struttura reale non è più soltanto mia. Il mondo è anche ciò in cui tu ti rendi visibile, presente di fronte a me, vicino a me. Il mondo reale non è dunque condiviso o diviso secondo i nostri differenti pensieri, che si pretenderebbero ciascuno assoluto, espressione perfetta ed esclusiva del *cogito*, ma ciò in cui i nostri pensieri si ricongiungono e formano nuovi pensieri aiutandosi gli uni gli altri per costruirlo insieme.

Il mondo sembra così giocare un ruolo mediatore tra te e me. Ma occorre ben intendersi. Il mondo in cui si allacciano i nostri pensieri e in cui si impegnano i nostri atti liberi che vi si limitano e vi si responsabilizzano gli uni mediante gli altri non è né mio né tuo. Potrebbe quindi essere impersonale, neutro, ciò in cui un si originario verrebbe a pronunciarsi. Tale è il caso per esempio in un'impresa, in cui gli 'io' non contano, se non come strumenti di un bene comune che è deciso a livelli in fin dei conti indefinibili, indiscernibili. La giustizia procedurale partecipa verosimilmente a questa mentalità neutralizzante, esasperante della possibilità di una personalizzazione del giusto. Ma il dialogo tra te e me non approda nello spazio delle libertà se resta lì, condizionato da un si neutralizzante, disimpegnato. Un tale mondo non può mediare le libertà che si donano le une alle altre nell'atto stesso in cui si riconoscono limitate le une dalle altre. Questo mondo, proprio al contrario, fa che la limitazione di ciascuna libertà possa essere pensata sovrabbondante, e suscettibile di essere trascurata quando la ragione formale e con potenze illimitate se ne impossessa – come è avvenuto con la modernità. Le libertà sorgono veramente nel solo faccia a faccia; allora soltanto avviene un mondo autenticamente umano.

Le libertà non si condannano alla guerra se non vi è alcuna mediazione tra loro? Ma che cosa sarebbe una mediazione che corrisponde correttamente a ciò che la esige? Levinas si è lungamente confrontato con questo problema. La sua tesi ha conosciuto una certa evoluzione. Ad ogni modo, la relazione interpersonale non sarà soltanto duale, quella di un semplice faccia a faccia, come potrebbe esserlo in Martin Buber[3]. Secondo *Totalità e infinito*, un terzo, il mediatore, sorge dal linguaggio articolato in maniera sensata tra te e me. Se, infatti, uno scambio di linguaggio ha un senso come si crede che necessariamente l'abbia – altrimenti noi ci parleremmo senza richiedere le condizioni di una comprensione mutua, il che renderebbe vano lo sforzo di rivolgersi gli uni agli altri –, esso lascia venire in sé questo senso senza che si possa confonderlo con una nozione o un sapere concettuale. Il senso di uno scambio di parole è molto più ampio di un termine linguistico come lo si potrebbe definire. La sua realtà pregnante ha l'origine imprecisa delle abitudini sociali. Questo senso procede verso di me, in atto nello sguardo dell'altro. Nell'altro, la mia società e finalmente l'umanità intera mi guarda. Si deve credere che il punto importante di questa osservazione non si trovi nell'evocare lo sguardo o il volto, la κοινή levinassiana rischierebbe troppo di arrestarsi, ma nel riferimento all'umanità intera. Lo sguardo dell'altro, carico di tutta l'umanità, si mette a distanza pur interpellandomi. Il povero che mi guarda, altro, «non si consegna a questo potere come dei dati» poiché vi è in lui più

---

[3] M. BUBER, *Il principio dialogico*.

di lui. «La sua uguaglianza in questa povertà essenziale consiste nel riferirsi al *terzo*, così presente all'incontro»[4].

Il terzo è qui l'umanità intera presente «negli occhi che mi guardano»[5], al modo di un indefinito da cui muove il tuo sguardo diretto su di me. Il tema della dissimmetria, di cui abbiamo trattato nel capitolo precedente, viene a confermare questa riflessione. Ma l'infinità dell'altro sarebbe allora da pensare in ragione della presenza in secondo piano dell'indefinitezza dell'umanità intera, origine del senso condiviso nella conversazione, una ragione che non sarebbe meno neutralizzante di quella del «vi è» («il y a») così contestata da Levinas fin dagli scritti in cui strutturò per la prima volta il suo proprio pensiero[6]. È lo stesso tema della dissimmetria, liberata però dal riferimento all'umanità intera, che spingerà Levinas ad approfondire la sua concezione del terzo e a farla evolvere.

In *Altrimenti che essere*, il terzo è anzitutto identificato più semplicemente che prima con l'altro sotto il titolo della prossimità: «L'altro ed il terzo, miei prossimi, contemporanei l'uno dell'altro, mi allontanano dall'altro e dal terzo»[7]. Il terzo perde quindi la sua funzione mediatrice. L'idea stessa di mediazione sembra entrare in crisi. Emerge, ad esempio, la critica di un concetto mediatore di giustizia. Levinas vi riconosce il modello de «l'essenza, come sincronia: *insieme-in-un-luogo*»[8]. Tale sarebbe la giustizia occidentale, fatta di «comparazione, coesistenza, contemporaneità, raccoglimento, ordine, tematizzazione, *visibilità* dei volti e, attraverso ciò, intenzionalità e intelletto»[9].

Più in là nel testo, l'identità del terzo con l'altro sembra risultare da una intesa congiunta dell'infinito e dell'indeterminato, il significato di questo ultimo termine essendo forse ciò che soddisfaceva il concetto di umanità intera di cui abbiamo parlato più sopra. Il terzo quindi non ha più nulla a che vedere con la mediazione. «L'ingresso del terzo è il

---

[4] E. LEVINAS, *Totalità e infinito*, p. 218.
[5] *Ibid.*
[6] Vedi E. LEVINAS, *Dell'evasione*.
[7] E. LEVINAS, *Altrimenti che essere*, p. 196-197.
[8] *Ibid.*, p. 197.
[9] *Ibid.*

fatto stesso della coscienza, del raccoglimento in *essere* e, al tempo stesso nell'essere, l'ora della sospensione dell'essere in possibilità, la finitezza dell'essenza accessibile all'astrazione del concetto, alla memoria che raccoglie l'assenza nella presenza, la riduzione dell'essere al possibile e il calcolo dei possibili»[10]. Per rendere ugualmente possibile il pensiero (necessario malgrado tutto) della mediazione, Levinas elabora a questo punto del suo discorso la categoria dell'illeità. Egli pensa di ritrovare così una giusta espressione della mediazione tra tu e io.

«La relazione con il terzo è una incessante correzione dell'asimmetria della prossimità in cui il volto si s-figura (*dé-visage*). C'è valutazione, pensiero, oggettivazione e, attraverso ciò, un arresto in cui si tradisce la mia relazione an-archica all'"illeità', ma in cui essa si traduce davanti a noi. Tradimento della mia relazione anarchica con l'"illeità', ma anche relazione nuova con essa: è *grazie* a Dio soltanto che, soggetto incomparabile ad Altri, sono avvicinato in altro come gli altri, vale a dire 'per me'. 'Grazie a Dio', sono altri per gli altri. Dio non è 'in causa' come un preteso interlocutore: la correlazione reciproca mi lega all'altro uomo nella traccia della trascendenza, nell'"illeità'. Il 'passaggio' di Dio, di cui non posso parlare altrimenti che attraverso il riferimento a questo aiuto o a questa grazia, è precisamente il capovolgimento del soggetto incomparabile in membro della società»[11].

Notiamo la venuta, qui in modo dignitoso, dell'idea di comunità, e anche di una giustizia istituzionale. Certamente, nulla di ciò sussiste per se stesso; tutto dev'essere fondato sulle relazioni personali. Queste stesse relazioni esigono però tale genere di superamento delle loro condizioni. È tuttavia chiaro che le condizioni non si sostituiscono alle relazioni, che esse danno loro soltanto un'ampiezza nuova quando queste relazioni sono fedeli a se stesse, alla loro eccellenza. «La giustizia, la società, lo Stato e le sue istituzioni […], tutto ciò significa che niente si sottrae al controllo della responsabilità dell'uno per l'altro»[12].

---

[10] *Ibid*. Il termine «concetto» dev'essere compreso qui come se si trattasse di una «nozione» e non di un concetto propriamente detto.
[11] E. Levinas, *Altrimenti che essere*, p. 198.
[12] *Ibid*., p. 199.

La mediazione e il perdono

Ritroviamo la categoria del terzo (senza però quella dell'illeità») ancora dieci anni più tardi, in un articolo intitolato «Filosofia, giustizia e amore». L'autore ricorda anzitutto la famosa frase di Dostoïevski per cui «siamo tutti colpevoli». «A questa idea – senza contraddirla – io aggiungo subito la preoccupazione per il terzo e, quindi, della giustizia [...]. Se non ci fosse ordine di Giustizia, non ci sarebbe limite alla mia responsabilità [...]. Vivere in un mondo di cittadini e non solo nell'ordine del faccia a faccia»[13]. La giustizia, che non è più soltanto quella dell'obbedienza all'ordine che mi dà l'altro, il debole, l'orfano, la vedova, a partire da tutta la sua elevatezza, ma una espressione di un terzo neutralizzante, mitiga singolarmente la pesantezza della metafora dell'ostaggio. Levinas arriva anche a parlare di limitazione della carità. Occorre certamente escludere la tesi di Hobbes per il quale il potere dello Stato, che «sorge non dalla limitazione della carità, ma dalla limitazione della violenza»[14], è senza confini. Il diritto dello Stato non proviene dalla paura universale. Le relazioni umane originarie non sono di questo genere. Levinas non devia dalla sua tesi fondamentale. Una certa violenza dello Stato è tuttavia legittima, anche nell'ordine della carità, «ma qui può comportare la giustizia»[15]. Resta però da riorganizzare allora la struttura della dissimmetria proposta da *Totalità e infinito*.

La simpatia e la compassione

I temi levinassiani che abbiamo qui evocato sono espressi in maniera molto originale, ma non sono completamente ignorati dalla tradizione filosofica. Le riflessioni svolte attorno alla simpatia e alla compassione li introducono già ampiamente. Ricœur, quando si confronta con il filosofo ebreo, sottolinea che non può accettarne le metafore iperboliche davvero troppo esagerate. Il problema posto dal filosofo ebreo con tanta radicalità è però essenziale. Non è necessario

---

[13] E. LEVINAS, «Filosofia, giustizia e amore», p. 139. Verso lo stesso periodo, Levinas, che era alquanto critico nei confronti dello Stato di Israele, comincia a considerarlo in maniera molto più positiva. Vedi F. MIES – P. SAUVAGE, «Lévinas et le sionisme».
[14] E. LEVINAS, «Filosofia, giustizia e amore», p. 139-140.
[15] *Ibid.*

attenderlo per pensarvi. Peraltro si conosce l'importanza che ha il tema della giustizia in tutta l'opera di Ricœur, soprattutto verso la fine della sua vita. In *Sé come un altro*, nella scia della sua riflessione sulla vita con l'altro, Ricœur parlerà della sollecitudine. Terzo, giustizia, persone, sollecitudine, simpatia, compassione, altrettanti temi classici, designati tuttavia con modalità a volte originali. Ci soffermeremo adesso sugli ultimi due.

L'idea di simpatia ha una lunga storia nella tradizione filosofica. Essa è collegata all'amore di benevolenza che è «l'atto di tendere verso ciò che, per l'altro, è il bene, senza che questo bene coincida necessariamente con ciò che l'attore considera come tale per la sua propria vita»[16]. Vi è pertanto qualcosa di gratuito nella simpatia, quantunque dal punto di vista del buon senso e della pratica umana comune, non sia agevole discernere ciò che è veramente gratuito nei nostri atti e ciò che risponde a qualche volontà concupiscente più o meno chiara in se stessa. La gratuità della simpatia deriverebbe dall'amore per l'altro, o almeno dall'attenzione nei suoi riguardi, senza alcuna altra ragione conosciuta che lui stesso, senza neanche considerare se sia o non amabile. La simpatia si distingue in ciò dall'amicizia, poiché «essa non ha né lo slancio, né l'abitudine, né l'intensità, né la profondità, né la volontà di unirsi all'altro in tutto o in parte»[17]. Se la simpatia è in questo senso più gratuita dell'amicizia, essa è anche più pura e più ampia, persino più disponibile.

Kant rivendica con vigore un'assoluta purezza formale per la morale in cui le inclinazioni, sempre torbide, non hanno diritto di cittadinanza. Tuttavia, benché accidentalmente, una realizzazione effettiva delle opere più elevate dello spirito può risultare da una inclinazione naturale che si vorrebbe, consapevolmente o non, dissimulare. Ne «L'idea di una storia universale da un punto di vista cosmopolitico», il filosofo tedesco riconosce così che un equivalente della benevolenza può essere ottenuto efficacemente facendo entrare in gioco degli interessi gli uni contro gli altri. Ciò non permette di esercitare con grande fedeltà il ri-

---

[16] J.-P. CLERO, «Sympathie», p. 1489.
[17] *Ibid.*

gore della morale trascendentale, ma almeno di seguire le leggi della natura[18] ed evitare l'aspirazione a una estrema purezza che potrebbe essere peggiore dell'infedeltà alla purezza. Evidentemente, talora la benevolenza si rivela non altro che una forma di concupiscenza che si camuffa mediante una dignitosa finzione tattica. Si fa così passare per socialmente gratuito ciò che non è poi così gratuito. La morale si accorda dunque con la realtà umana. Dopo tutto, fingere una benevolenza è più auspicabile che non mettere affatto in atto una benevolenza.

La simpatia è tuttavia differente dalla benevolenza. È più aperta all'essere che all'avere. Anche se, al pari della benevolenza, non appartiene al repertorio dell'amicizia, fa partecipare in una certa misura a ciò che l'altro sperimenta, a ciò da cui è colpito in quanto è lui che ne è colpito. Non sperimentiamo il sentimento di simpatia unendoci a ciò che pensiamo essere la causa dell'affezione dell'altro, ma unendoci all'altro così colpito. La simpatia è anche paradossale. Hume aveva osservato che manifesto simpatia per una persona che mi tocca su un punto in cui mi rivelo tanto sensibile e debole – come avviene nella sindrome di Stoccolma. Si osserva inoltre che posso avere una vera e propria simpatia per una persona che non condivide in nulla le mie opinioni. L'intelletto e le mie convinzioni non sono pertanto da prendere qui in considerazione. Con la simpatia, ci collochiamo a livello degli affetti puri. Peraltro, la simpatia si tramuta facilmente in gelosia: la simpatia per chi ha avuto maggior successo può rivolgersi facilmente nel suo contrario. Il nostro mondo affettivo sembra pieno di risorse contraddittorie – da qui, la necessità di distinguere correttamente il senso delle sue espressioni, come abbiamo tentato di fare nella seconda sezione del nostro decimo capitolo.

La molteplicità dei sensi che includiamo sotto la stessa parola simpatia ha indotto Max Scheler a distinguervi diversi livelli: in primo luogo, la condivisione immediata della gioia o della pena; poi il contagio affettivo; e infine, l'identificazione affettiva[19]. È soltanto allora, secondo Scheler, che si incontra la simpatia propriamente detta, che ha quindi un

---

[18] Vedi E. KANT, «Idea di una storia universale», p. 127-128.
[19] Vedi M. SCHELER, *Essenza e forme della simpatia*, p. 43-67.

aspetto intellettivo poiché essa è una comprensione. Peraltro, la simpatia dipende da una partecipazione immaginaria: la gioia dell'altro non sarà mai la mia anche se io mi rallegro della sua gioia; il suo dolore non sarà mai il mio ma mi procura un dispiacere. «E tuttavia, è una gioia, è una pena, è un sentimento distinto dalla semplice rappresentazione. La simpatia è un sentimento paradossale, poiché sembra rappresentare ciò che non può affatto donarsi come oggetto; è però un sentimento che rinvia intenzionalmente al sentire di un altro»[20].

La compassione ha evidentemente interessi comuni con la simpatia, benché sia in qualche modo più determinata: anche se le due parole hanno un'origine comune (patire con), la parola 'compassione' significa una unione al male dell'altro, e non alla sua felicità di vivere. In compenso, la simpatia, come abbiamo visto qui sopra, si applica tanto alla pena che alla gioia. Vi siamo 'toccati da...' piuttosto che 'colpiti da...'. La compassione si identifica così con la pietà. La parola 'pietà' ha assunto però nelle nostre culture una piega negativa. Significa spesso un sentimento che attecchisce in un superbo che la sventura dell'altro non tocca veramente («il povero, mi fa pietà!»). Da qui, d'altronde, i sarcasmi di Nietzsche a questo proposito, vi ritorneremo. Comunque sia, prendiamo queste due parole come sinonimi, con il senso etimologico che deriva da 'compassione'.

Aristotele definisce la compassione in un modo che ricorrerà continuamente nella tradizione filosofica. La compassione (ἔλεος) è «un dolore causato da un male distruttivo o doloroso che appare capitare a una persona che non se lo merita e che ci si può attendere di soffrire noi stessi o uno dei nostri»[21]. La questione della giustizia è impegnata in una tale definizione: vi è compassione per colui che soffre perché non ha avuto la sua porzione proporzionale di felicità. Ma solo colui che sarà stato favorito dalla sorte, che non avrà subito qualche ingiustizia di questo genere, può giudicare in tale maniera. L'asse portante della compassione non è quindi tanto l'altro che soffre, quanto la misura della felicità già assaporata da colui che compatisce. Ecco perché, se-

---

[20] J.-P. Clero, «Sympathie», p. 1491.
[21] Aristotele, *Retorica*, II, 8 s.

condo Aristotele, per provare la pietà, non occorre né aver già perduto tutto, né credere di essere al di sopra di tutto. Si potrebbe allora concludere che la pietà viene dal timore di perdere ciò che si è ricevuto con giustizia, un timore per se stesso; il male dell'altro non sarebbe che un'occasione favorevole per il risveglio di questa paura esistenziale. Aristotele rivela così, in maniera drammatica, il carattere fragile della giustizia esercitata nel nostro mondo concreto.

La pietà, un sentimento che può accontentarsi di osservare dall'esterno il male dell'altro e di prendere coscienza dei propri rischi esistenziali, è a mezza strada tra l'indifferenza e l'annientamento, da cui il suo carattere tragico. Per molti autori, è troppo legata alla tristezza, un'affezione che proviene dalla tristezza dell'altro e che finisce purtroppo col rendere triste colui che prova compassione. Quest'affezione prepara tuttavia all'azione. A quale, però? Per Cicerone[22], la pietà soccorre lo sventurato per compatirlo, niente di più. La compassione è qui molto sentimentale. Cartesio sfuma il pensiero[23], ispirandosi probabilmente ad una tradizione derivata da Seneca che contesta un punto essenziale della tesi aristotelica: la pietà è vile per gli esseri vili, che amano temere per se stessi, ma appartiene alla generosità di colui che è forte e potente. La tristezza svolge qui il ruolo di uno stimolante. Essa non impedisce di agire. Spinoza[24] distingue al pari di Cicerone il soccorso che viene dalla compassione, la quale, secondo lui, è identica alla benevolenza, e il soccorso che procede dalla ragione, dal giudizio. La benevolenza si lascia guidare dalla tristezza ed è quindi da evitare; il giudizio è, al contrario, guidato dal bene e deve dunque essere coltivato. Per Rousseau, la pietà è la «ripugnanza naturale a veder perire o soffrire qualunque essere sensibile, e soprattutto i nostri simili»[25]. Essa interviene quindi sulla scena del contratto sociale, ma in un modo originale. Si colloca tra la natura e la cultura, e fa sì che qualche cosa della natura passi felicemente nello stato di cultura. Kant segue l'idea di Spinoza. La sofferenza per compassione demoltiplica la sofferenza del-

---

[22] CICERO, *Le discussioni di Tuscolo*, IV, xxvi.
[23] Vedi R. CARTESIO, *Le passioni dell'anima*, § 187.
[24] Vedi B. SPINOZA, *Etica*, II, prop. 22, scolio; prop. 27, ecc.
[25] J.-J. ROUSSEAU, *Origine della disuguaglianza*, p. 31.

l'uno per due, senza che colui che soffre ne sia aiutato – ciò che non può manifestamente costituire una regola per la morale trascendentale. Tuttavia, osserva la *Dottrina della virtù*, §34-35, un testo simile a «l'idea di una storia universale» che abbiamo segnalato in precedenza, la compassione può stimolare le buone azioni. Vi è lì un bene della natura che non si può ignorare.

Il filosofo più incisivo sul tema della compassione è certamente Arthur Schopenhauer. Per lui, la vita è una forza brutale che si manifesta nel conflitto degli egoismi. Tuttavia, perciò stesso, entra in lotta contro se stessa fino ad autodistruggersi, il che rappresenta la sua massima colpa. Il dolore che fa sentire la vita e la sua sofferenza immanente (chi non soffre non deve lottare per vivere) costituisce l'espiazione anticipata di questa colpa. D'altro canto, l'uomo è un ente dai desideri mai totalmente appagati. La vita, che nulla soddisfa poiché essa stessa è il desiderio fondamentale, è una sofferenza continua. Ogni soddisfazione non può essere che provvisoria, il punto di partenza di un desiderio nuovo e di una sofferenza nuova. Il desiderio è sempre connesso a una sofferenza. «Nessun termine alla sofferenza»[26]» La sofferenza è l'esperienza più propizia perché la coscienza della vita acceda a sé, ma ciò non la fa diminuire minimamente. Qohélet 1, 18 osservava che più cresce il sapere, più aumenta la sofferenza[27]. Il genio soffre più di chiunque, poiché più di chiunque conosce i suoi limiti e come sia lontano dal conoscere tutto e dal conoscere rettamente. La privazione aumenta nella stessa misura che aumenta il desiderio. Tuttavia lì non vi sono che svantaggi. La soddisfazione addormenta, infatti, il desiderio, precipita lo spirito nella noia. La vera felicità non è unicamente positiva. Avviene come nella musica: la melodia proviene da un intervallo modale. La sofferenza fa parte della partitura. Appena dimenticato il tragico della vita, del desiderio, si ritorna alla noia, alla ripetizione, alla perdita di umanità.

Schopenhauer tratta più a fondo della pietà nel § 16 del suo libro intitolato *Fondamento della morale*. L'uomo è il solo essere che possa prendere coscienza del dolore nel senso che la sua coscienza stessa è incline

---

[26] A. Schopenhauer, *Il Mondo come volontà e rappresentazione*, IV, § 56.
[27] «Molta sapienza, molto affanno; chi accresce il sapere, aumenta il dolore.»

al dolore. Egli ne prende coscienza per esperienza personale o vedendo la sofferenza dell'altro. L'esperienza personale è quella delle passioni straripanti, che sono senza misura per il giudizio stesso di colui che travolgono. La vita è dolore, ma è dolore soprattutto il peso che si impone all'avvicinarsi della morte, in cui ogni desiderio naufraga. L'esperienza della morte è tuttavia universale. Da qui, la possibilità della compassione per l'altro e con lui. La compassione non insegna alcun sapere astratto, ma una esperienza concreta: il dolore dell'altro non è certamente il mio, ma la sua passione è anche la mia. «Il dolore dell'altro riconosce come essente il nostro proprio, è lì il fondamento del fenomeno della pietà»[28]. La pietà risulta così dal lavoro delle buone volontà che presagiscono il loro dramma comune di vivere. Essa si basa in questo senso su una «intuizione immediata dell'essere»[29]. Non può essere confusa con la degnazione altera. Essa costituisce un'esperienza ontologica, che sminuisce il sentimento di semplice simpatia. Non vi è, infatti, vero sentimento nei confronti dell'altro che grazie all'evento metafisico del dolore, che ciascuno vive per conto suo e al tempo stesso con colui che soffre. Secondo Schopenhauer, non vi è alcuna autentica comunione nella gioia, così facilmente illusoria, ma soltanto nel dolore. Io posso certamente desiderare la felicità dell'altro e la giustizia, ma sarà sullo sfondo della pietà.

La pietà conduce allora al non volere, ossia, più precisamente, alla negazione del voler vivere, del desiderio che anima ciascuno di noi. Essa realizza il destino della volontà che non è di volere ma di patire, così universalizzandosi. Tale è la salvezza dell'uomo[30]. Per questo ragione la rassegnazione è encomiabile. Si può intenderla positivamente, poiché essa è fondamentalmente l'accoglimento della vita nella sua effusione originale. Per Schopenhauer, la negazione della volontà di vivere «consiste nel fatto che [...] la volontà viene meno; le apparenze individuali cessano, una volta conosciute come tali, di essere dei motivi, energie capaci di farla volere, e lasciano il posto alla nozione completa dell'universo preso nel suo esercizio, e come lo specchio della

---

[28] E. SANS, *Schopenhauer*, p. 70-71.
[29] *Ibid.*, p. 71.
[30] A. SCHOPENHAUER, § 68.

volontà, nozione ancora illuminata dal commercio delle Idee, nozione che svolge il ruolo di calmante per la volontà; grazie a cui questa liberamente si sopprime»[31].

Per quanto riguarda Nietzsche, egli si oppone a Schopenhauer poiché la pietà è per lui un sentimento negativo. Essa è solamente la «tolleranza per gli stati della vita vicini a zero. La pietà è amore della vita, ma della vita debole, malata, reattiva»[32]. Essa è decadenza. Se ne fanno vanto quelli che odiano la vita. In essa si collegano la volontà di nulla e le forze reattive. Nell'*Anticristo*, § 7, Nietzsche scrive che «la pietà è la pratica del nichilismo [...]. La pietà persuade del nulla». La vita, al contrario, sceglie valori forti, la durezza e la cattiveria, ecc. Tuttavia, anche questi valori sono ambigui, poiché recano in sé troppi segni di reazione. Nietzsche attende dunque il bambino che dovrà indefinitamente venire. Egli spera la venuta di Dioniso che giocherà senza fine pur essendo smembrato.

Gli autori interpretano abitualmente il sentimento di compassione in relazione alla rappresentazione o all'immaginazione di cui ha bisogno la conoscenza, pur vedendo tuttavia che questo sentimento trascende il sapere. Per Schopenhauer invece, la compassione fa procedere al di là della rappresentazione e si schiude nella volontà di non più volere, ossia di lasciarsi trasportare dalle forze della vita. Sono queste stesse forze delle vita che seducono Nietzsche e che gli permettono di interpretare la storia del pensiero occidentale, ma accogliendo, nonostante le sue critiche, il pessimismo di Schopenhauer. Nietzsche si rappresenta, infatti, la storia del pensiero occidentale come se seguisse un destino di sviluppo: l'Occidente sarebbe passato da Dioniso alla decadenza quando smarrì il senso della sua vitalità originale e sempre nuova, vitalità della libertà sempre nascente da se stessa, perpetuo inizio, eterno ritorno della stessa energia che sorge in sé. In questa interpretazione dell'Occidente però, il filosofo poeta recita di nuovo sulla scena dell'immaginazione e della rappresentazione sistematica, ed è il suo dramma. La volontà di potenza diviene in lui una chiave di interpretazione che costringe la storia a sottoporvisi e a di-

---

[31] *Ibid.*, § 54, p. 362.
[32] G. DELEUZE, *Nietzsche et la philosophie*, p. 172.

venire un destino, una legge della natura. L'alterità immanente alla compassione adesso scompare. Non ne seguirà che violenza e annientamento di chiunque altro.

L'esperienza della compassione può essere completamente diversa da quella che ne ricava Nietzsche. Essa è certamente l'esperienza di una passività radicale, ma inesausta nella rappresentazione. Serve da sfondo alle riflessioni contemporanee, animate dapprima da Edmund Husserl poi da Edith Stein, sull'empatia e la conoscenza dell'altro. Jean-Luc Marion diceva che questa era l'esperienza pura dell'alterità[33]. Essa dà in ogni caso l'occasione di ripensare la logica dell'analogia. Ma prima di concludere questa opera dedicandoci a questo compito tanto difficile quanto indispensabile per la nostra epoca che lo ignora completamente, mostriamo come la compassione trovi il suo compimento nel perdono.

Il perdono

La compassione e il perdono sono in rapporto intimo, in forte connessione. Il perdono va certamente in direzione del male morale, mentre la compassione è provocata da un male che può non essere soltanto fisico; non vi è da perdonare per esempio una malattia, ma è bene essere vicino a colui che soffre. Il perdono si rivolge a una persona che ha commesso il male, che si trova volontariamente nel male morale; offre ad essa la possibilità di ripristinare la sua essenza. La distinzione del fisico e del morale non deve tuttavia essere esagerata fino a pervenire ad una separazione. Come ha evidenziato Ricœur nella sua conferenza sul male[34], i mali fisici e morali si esprimono in un linguaggio in cui si amalgamano gli uni agli altri affinché possano avere un senso per la coscienza. Peraltro, un male fisico non è una fatalità per la coscienza umana che sa di essere chiamata ad affrontarlo e ad assumerne la responsabilità. La medicina, tra le tante altre scienze, non è nata da una semplice curiosità intellettuale, ma da questa esigenza etica.

---

[33] J.-L. MARION, «Introduction».
[34] Vedi P. RICŒUR, Il male; P. GILBERT, «Le mal. Problème ou mystère».

La compassione è un'affezione che unisce in un certo modo al male – non soltanto fisico, ma anche morale – dell'altro. Essa suscita in colui che compatisce il sapere di un male che è ugualmente possibile nel suo caso, che è anzi già in agguato in lui. Questa coscienza fraterna invita ad accompagnare fedelmente colui che soffre, senza presumere che per questo possa risanarlo dal suo male. La compassione non è salvifica. Essa si augura che almeno colui che soffre possa uscire dal vortice che lo rinchiude in se stesso, dove lo sospingono il male morale e il risveglio della coscienza assalita dal dolore. La compassione rivela che la chiusura della coscienza in se stessa non può esprimere il senso ultimo della fragilità vissuta nella sofferenza.

Il perdono si inserisce anche, come la compassione, in un atteggiamento fraterno, nell'accompagnarsi con la persona che è nel male. Questo accompagnarsi fa tuttavia più avvenimento della compassione a motivo della parola performativa che lo manifesta. La compassione può essere silenziosa, una semplice presenza spesso impotente; il perdono esige, invece, un momento verbale, o un simbolo di questo momento. Il perdono suppone inoltre – più di quanto la compassione non possa fare – che colui che soffre del male da perdonare sia originariamente innocente, o più generalmente che il male che l'ha travolto non senza il suo accordo volontario non l'abbia interamente distrutto, pervertito, che vi sia ancora in lui la possibilità di resistere a quel che gli è capitato e a cui ha acconsentito. Il perdono reintegra colui che è preso nelle insidie del male, rivela l'ambiguità in cui si è installato e lo libera. Per fare ciò, occorre evidentemente che chi perdona possa dire a chi è nel male che egli ha valore molto di più della sua colpa[35], e che lui stesso può fare affidamento su questo di più. L'avvenimento del perdono donato suscita così la possibilità per colui che viene perdonato di interrompere la continuità del male che l'ha investito per ritrovare una continuità più profonda, la sua durata propria che punta in direzione della comunione e della vita.

Il perdono si dona in una sorta di scambio. La parola 'perdonare' è di origine medievale. Essa significa «portare un dono alla perfezione».

---

[35] Vedi P. Ricœur, *La Memoria, la storia, l'oblio*, p. 701-702.

La mediazione e il perdono

La desinenza 'per' indica, infatti, la forma perfettamente compiuta dell'azione con l'espressione alla quale essa è applicata. La parola «perfezione» significa ad esempio la perfezione di fatto (*factum*). Quanto alla parola 'dono', il suo senso antico era 'lasciare un dovuto', 'rimettere un debito', 'abbandonare un credito'. Il gesto del perdono implica quindi un aspetto di gratuità da parte di colui che perdona, il quale rinuncia interamente alla restituzione di un primo dono, a qualche cosa che gli è legittimamente dovuta. Il perdonato, da parte sua, è indotto così a entrare in questa dinamica di gratuità. Il perdono è dunque idealmente senza alcun pagamento del debito, senza pena. È la remissione di ogni dovuto. Pagare un debito per essere perdonato significherebbe, infatti, che il perdono sarebbe dato in cambio di un compenso. Ciò che è tuttavia richiesto nel perdono, è la conversione del cuore di colui che si trova nel male, la volontà di rompere con la sua vita anteriore al fine di ritrovare la santità che è in lui senza discontinuità, più profonda dei suoi incidenti nel male[36]. Il perdono donato sarebbe vano, senza autentico conforto, se la persona da perdonare non fosse pronta a intraprendere questo cammino di conversione. Può però accadere anche che il perdono dato prendendo l'iniziativa, e senza attendere che il colpevole si trasformi interiormente, risvegli gli animi nonostante tutto di indole nobile e li apra alla loro vocazione profonda di santità. Un tale perdono comunque non può essere espresso che con estrema prudenza, unicamente se si sa che il colpevole possa intenderlo; altrimenti, non serve a nulla, rischiando anche una risposta ironica e malevola.

La questione della gratuità del dono, e con ciò della possibilità di un vero perdono, è dibattuta con vigore nel mondo filosofico dopo l'articolo di Marcel Mauss sull'economia del dono. Nel suo studio, Mauss insiste sulla reciprocità che implica il dono in tutte le società, siano esse primitive o non. Il punto a nostro avviso più essenziale nell'esposizione di Mauss tocca la questione del tempo, come del resto in altri autori che hanno considerato il fenomeno del dono, dal *De beneficiis* di

---

[36] La penitenza, nel sacramento del perdono, non può avere, dal punto di vista che è il nostro, il significato del pagamento di un debito, manifesta piuttosto che il cuore si è convertito o si è impegnato in un cammino di conversione.

Seneca fino ad Alain Caillé passando per la *Somma teologica* di Tommaso d'Aquino. L'esperienza del dono esige tempo per essere realizzata perfettamente perché il dono sia perdono. Infatti, non conviene restituire il dono non appena è stato donato. È necessario del tempo tra il dono del donatore e ciò che si chiama il contro-dono del donatario. Questo contro-dono sembra fatto per restituire il dono originario e cancellarne il debito. In questo caso però, il dono non è perfetto; anzi, al contrario, è annullato, non riconosciuto come gesto di gratuità. Lo spazio temporale tra il dono e il contro-dono ha come ruolo di manifestare l'aspetto fondamentalmente non commerciale del dono, di valorizzare piuttosto il rispetto di colui che riceve il dono, il donatario, nei confronti della maestà o della potenza del donatore. Non restituire il dono implica che ci si metta in stato di sottomissione nei confronti del donatore. Comunque, però, si dovrà un giorno offrire un contro-dono.

Perché dunque un contro-dono? A prima vista, la ragione consiste nella necessità di salvaguardare l'ordine del mondo. Un dono puramente gratuito annulla, infatti, la successione delle cose che la necessità causale porterebbe avanti. Questa necessità non è una invenzione della scienza moderna. Tutte le culture la suppongono. Nel contesto della necessità dell'ordine del mondo, un atto gratuito e unilaterale non può avere senso. Appare anche rischioso per la pace e l'armonia sociale. La dinamica rigorosa del dono non poggia quindi sulla materialità di ciò che è stato donato, o sulle esigenze di una economia di mercato. Essa è di gratuità, irriducibile a ogni commercio, equo o non. Il suo senso è immediatamente metafisico, diverso da quello dell'ordine del mondo e della sua finitezza che nessuno può infrangere facendo un passo al di fuori della sua sfera perfettamente equilibrata. Il contro-dono del donatario può per questo non sostenere il raffronto con il dono del donatore. Esso può avere un valore commerciale molto minore o molto maggiore. L'importante è in realtà che il donatore e il donatario si riconoscano reciprocamente nella loro differenza, che ci sia innanzitutto il riconoscimento da parte del donatario della potenza e della capacità del donatore di dare gratuitamente e, alla fine dell'operazione, il riconoscimento da parte del donatore della uguale dignità e rispettabilità del donatario. La reciprocità materiale, quando occupa tempo, è al servizio di una reciprocità di un altro ordine, il riconoscimento del valore umano infinitamente rispettabile di tutti quelli che entrano nel meccanismo del dono[37].

Lo spazio temporale tra il dono e il contro-dono genera inoltre nel destinatario l'impressione molto umana di essere in colpa perché non ha potuto restituire il debito. Chi è in debito sarebbe colpevole di aver introdotto del disordine nel mondo. Se avesse restituito immediatamente il dono, questo sentimento di colpevolezza non si sarebbe manifestato. Conviene precisare però in che modo intendere la colpa in questo contesto. Sembra, infatti, che la colpa sia voluta, poiché si vuole inserire uno spazio di tempo tra il dono e il contro-dono. Questa pratica colpevolizzante può però essere il simbolo di un sapere più interiore. Un primo approccio del fenomeno potrebbe vedervi il sorgere della soggettività che prende coscienza dell'originalità della sua libertà, del fatto che essa non è destinata alle necessità del mondo – il che non sarebbe già una piccola conquista. Una riflessione più radicale evidenzierebbe inoltre alla coscienza che la libertà non nasce da sé, il sapere di esistere in debito di essere.

Lo scambio del dono e del contro-dono senza immediatezza temporale rappresenta una realtà il cui senso è propriamente metafisico. Colui che riceve è debitore di ciò che ha ricevuto, e lo resterà per sempre nella misura in cui per l'appunto non ha potuto restituirlo subito. Se non è stato all'altezza del dono, mai più potrà pensare di esserlo stato. Al momento però del contro-dono del donatario, e senza nulla togliere al suo sentimento di debitore del donatario, il donatore sperimenterà anche lui il sentimento di una colpa. Fin lì, effettivamente, non aveva riconosciuto la dignità del donatario, che rischiava anche di divenire suo schiavo; questa situazione è comune, ahimè, in numerose culture, compresa la nostra, contemporanea e civilizzata. Il contro-dono, poiché tardivo, rivela che il donatario è lui stesso donatore, che il suo contro-dono ha qualche cosa di gratuito, che il donatore non è assolutamente donatore, che pretenderlo sarebbe per lui una ingiustizia, una colpa. Il contro-dono constata dunque il debito del donatore al secondo grado, lo perdona al tempo stesso che lo fa apparire. Il dona-

---

[37] Vedi P. GILBERT, «Le pardon dans la culture contemporaine»

tore del primo grado diventa ora debitore a sua volta del suo donatario, che l'ha liberato dalla sua pretesa di essere unilateralmente onnipotente.

L'essere umano è il solo che possa aver coscienza di sé, ossia aver coscienza di essere in debito della propria esistenza, il solo che sappia di non essere nato da sé e di agire in conseguenza abbandonando il suo tempo e la sua storia al destino della causalità fisica, ma vivendo alla ricerca del riconoscimento, in sé e nell'altro, di questo dono di essere. Il fenomeno del dono e del contro-dono esprime alla perfezione questa coscienza metafisica di esistere in debito di essere, di essere per costituzione una passione originaria. Il contro-dono porta a termine, completa il movimento iniziato con il dono. Esso realizza la dinamica del riconoscimento reciproco. È il momento proprio del perdono che perfeziona il dono originario. La necessità del contro-dono esprime il fatto che il donatore e il donatario sono debitori l'uno dell'altro, senza squilibrio a turno nel ruolo donatore e donatario, in un modo che è più vicino alla dialettica dell'uomo e della donna in Gaston Fessard che a quella del padrone e dello schiavo in Hegel[38], più vicina ad una dialettica di liberazione che ad una dialettica di asservimento.

La questione è ora di sapere a quali condizioni, dal punto di vista della durata delle persone, il perdono è possibile. Il tempo delle libertà che si connettono nell'atto di perdonare rappresenta ciò che, in un contratto, provoca una rottura della temporalità in vista di instaurare una durata nuova. Il perdono fa apparire la durata delle persone, la loro continuità ontologica, più ricca e più profonda delle loro colpe, al tempo stesso delle loro libertà in quanto in debito di essere. La durata di ciascuno e di tutti, così messa in evidenza, lascia risplendere qualche cosa dell'atto creatore. Le vicende scaturite dal perdono manifestano il loro radicamento più che in esse. Il perdono fa apparire un debito comune, al tempo stesso che l'invito a vivere fedelmente, nel futuro, in ciò che sarà stato donato nell'atto di perdonare, in ciò che trascende tutte le libertà in presenza del donatore come del donatario.

---

[38] G. Fessard, *De l'actualité historique*, t. I, p. 141-149; F. Hegel, *Fenomenologia dello spirito*, IV: «La verità della certezza di se stesso», A: «Indipendenza e dipendenza dell'autocoscienza. Signoria e servitù».

La mediazione e il perdono

Questa esperienza di una mediazione radicale, che impegna il discorso, la coscienza e l'affezione, è propriamente metafisica.

La metafisica ha un'essenza etica, se si intende in questa parola 'etica' il termine greco έθος, che significa 'costume', 'abitudine', 'maniera di abitare', 'abitazione'. Un'abitazione non è mai completamente isolata, rivolta soltanto verso di sé. Essa si apre necessariamente al mondo, agli altri, che accoglie presso di sé. Essa ha porte e finestre. L'etica non è la morale[39], un sistema di leggi e di regole che fanno che le relazioni degli uni e degli altri siano armoniose all'interno della casa. L'armonia nella casa è necessaria, ma anche in mezzo al mondo; la sua esigenza non deriva dalla morale. L'etica presiede al benessere. Essa nasce come una richiesta spirituale essenziale, data *a priori*. La morale viene dopo l'etica per organizzarla praticamente, la giustizia dopo l'equità e il perdono. Le leggi e le istituzioni seguono l'ontologia con l'obiettivo di essere finalizzate.

L'etica non può però imporre alla metafisica la sua ultima parola; essa non è all'origine delle nostre disposizioni spirituali più fondamentali. Il capitolo che concludiamo qui l'ha mostrato. Nessuna relazione umana può accontentarsi del faccia a faccia, poiché questa situazione non potrebbe che generare rivalità e conflitti, contraddire e pervertire con ciò stesso l'esercizio corretto della relazione. Nessuna relazione può finire neppure, all'inverso, nella confusione delle libertà. Il riconoscimento di un terzo è necessario perché la vita etica sia armoniosa, veramente umana. Il terzo mediatore, che non può essere una istituzione che imporrebbe le sue regole di funzionamento, è intrinseco agli atti delle persone. È tuttavia più che etico; non si esaurisce negli incontri personali, ma richiede di lasciarsi toccare da esso e di lasciar crescere in sé l'affezione che si chiama compassione. Greco con i Greci, giudeo con i giudei[40], lieto con chi è lieto, triste con chi è triste[41], senza imitare dall'esterno i sentimenti del-

---

[39] La distinzione tra l'etica e la morale non è facile da determinare, tanto più che questi termini non sono molto spesso precisati. Seguiamo qui l'asserzione che P. RICŒUR fa in *Sé come un altro*, p. 264, una distinzione abbastanza netta che l'autore stesso riconosce di dover sfumare. Segnaliamo che il *Dictionnaire d'éthique et de la philosophie morale* curato da Monique Canto-Sperber, non contiene cenno sulla parola «etica», non di più che l'*Encyclopaedia universalis*!

[40] Vedi 1 Co 9,20-22.

[41] Vedi Rm 12,15.

l'altro e le sue modalità di esprimere la propria comprensione del mondo quale gli appare in questo o in quel momento, ma vivendo con lui in mezzo al mondo. La riflessione sul perdono si colloca alla sommità del cammino che conduce il pensiero all'estremo delle sue possibilità e delle sue esigenze.

Conclusione

La quarta parte di questo nostro saggio ha tutta l'apparenza, almeno fino a un certo punto, di esporre una metafisica normale: vi si parla, infatti, dell'essere, del suo atto, del suo rapporti con i molteplici, il tutto sotto l'aspetto di strutture essenziali, prime, originali. Non abbiamo nascosto tuttavia che la nostra riflessione si è lasciata influenzare dalla fenomenologia, innanzitutto da quella di Heidegger; è questa una scelta da parte nostra, motivata dalla possibilità che ci offre questa fenomenologia di considerare il male e la violenza senza edulcorarne la realtà perentoria – a costo di iscrivere la violenza nella struttura stessa dell'origine, alla maniera dei Presocratici che la tradizione filosofica ha successivamente tentato di correggere. La fenomenologia recente dà inoltre la possibilità di inserire nella riflessione metafisica una dimensione affettiva, di disposizione si direbbe con molti autori, che completa le analisi basate sul solo uso delle parole e sui loro significati in un linguaggio considerato in realtà senza appiglio di parola, senza nessuno che lo esprima.

Potremmo tuttavia concludere il nostro discorso affermando che l'essere, o l'origine, è per essenza malvagio e cattivo? Questa conclusione non sarebbe di una metafisica normale... La nostra riflessione dovrebbe attenersi a questa conclusione terribile, così bassamente realistica? Si può tuttavia mettere in dubbio che essa sia veramente ultima e realistica. Se la riflessione e la pratica umana hanno tanto cercato di correggerla, questi sforzi non sono dell'essere allo stesso titolo che il male e la violenza? Il discorso metafisico, in conformità al pensiero contemporaneo, non dev'essere dislocato dalla struttura verso la storia, dall'essenza formale verso la pratica effettiva dell'uomo? L'estensione temporale delle scienze preoccupate del benessere dell'uomo e della speranza non apparterrebbero all'essere, come anche il nostro modo di viverle in una storia umanizzata?

La mediazione e il perdono

Si potrebbe peraltro pensare veramente l'essere in atto senza il pensiero al modo di un'azione? Le riflessioni contemporanee a questo proposito sono numerose, e le loro polisemie rivelano quanto il nostro vocabolario sia ambiguo[42]. Il termine 'atto' nel sintagma 'atto di essere' potrebbe rievocare ad esempio ciò che si intende per 'atto notarile'; una discussione vi si conclude e vi si fissa. Un tale atto è però, in realtà, un fatto, nel senso grammaticale del termine, un participio passato passivo: «ecco che è fatto». Il senso del verbo 'essere' all'infinito presente non è evidentemente da confondere con quello di un participio passato passivo, fatto. Quando la tradizione parla quindi di *actus essendi*, indica l'atto di un 'ente che sta essendo'. Ora, questo concetto ne integra inevitabilmente altri, come quelli di movimento, di temporalità, o meglio: di durata di ciò che è in quanto è. Questa durata, o questa permanenza relativa, si manifesta nonostante la diversità delle sue venute in visibilità, delle sue espressioni – o piuttosto grazie ad esse. L'essere in quanto *actus essendi* passa nella diversità delle sue manifestazioni, rivendicando l'appartenenza di queste, che sono sue espressioni. Pensare l'essere equivale a pensare questa rivendicazione, questo riconoscimento di sé nelle espressioni che il sé non è, poiché se esso passa nelle sue espressioni e va dall'una all'altra, non si fissa in alcuna; ma nello stesso tempo, per noi rimangono tutte come testimonianze del suo passaggio, del suo atto effettivo.

Non vi è lì violenza dell'essere fatta agli enti, né degli enti all'essere. Il passaggio dell'essere nella visibilità è simile a una *kenosi*, se si vuole, ma che glorifica gli enti che la esprimono, assegna ad essi al tempo stesso i loro limiti rispettivi e i loro nessi intrinseci gli uni agli altri. Ancora bisogna per questo che gli enti si lascino sovvertire interiormente dall'essere che passa in essi, piuttosto che non lo attraggano nella loro particolarità e lo insabbino, esaurendolo nella loro fugacità. Gli enti sanno come diventare violenti. Lo sanno però solo sullo sfondo di un rifiuto di accoglimento dell'essere che passa in essi, affermando di essere essi stessi l'essere in atto, l'origine, il principio.

Abbiamo utilizzato un linguaggio – aspirazione, violenza, accoglimento – che non rientra nel solo repertorio del sapere scientifico. Pos-

---

[42] Vedi P. Gilbert, «Acte-action».

siamo farlo nella misura in cui la metafisica è un discorso che si dispiega, come ogni discorso, a partire da una esperienza, una esperienza che non è tuttavia in primo luogo scientifica, e nemmeno propriamente etica, ma affettiva. Ogni discorso si costruisce d'altronde all'interno di relazioni intersoggettive di cui non avrà mai smesso di esprimere la profondità e la complessità addotta in un insieme di elementi impossibile da sciogliere. Il sapere determinante non potrà mai ridurre da sé solo questa complessità, ricondurla a un principio utilizzabile per rendere conto della sua certezza come a un punto di sostegno al quale agganciare tante conclusioni. La metafisica, di essenza riflessiva, torna all'impulso dello spirito verso l'uno per scoprirvi la presenza di questo uno anticipato nei diversi passi che tendono verso di esso.

La metafisica o è riflessiva o non è. La riflessione scopre che un'attitudine interiore è essenziale alla sua elaborazione, l'attitudine del perdono. Per perdono, non intendiamo anzitutto un atto di libertà che risponderebbe a una colpa ma, in conformità all'etimologia della parola, un dono che realizza ciò che è già stato donato, che lo rende perfetto, che lo conferma senza contropartita, gratuitamente, così come la riconoscenza di e per questo dono ricevuto senza ragioni interamente discernibili, con la promessa di corrispondervi. Il perdono simboleggia, esercitandolo, il passaggio originario dell'essere nelle sue espressioni come anche degli essenti nella durata di ciò che avviene in essi; così inteso, esso costituisce l'avvenimento metafisico per eccellenza.

Si potrebbe tentare, a partire da lì, una interpretazione dell'opera dell'intelligenza, di ciò che l'anima dal più intimo di se stessa. L'intelligenza che astrae e fissa le sue nozioni attinge le sue energie e il suo modello nella durata che abbiamo indicato; il suo lavoro è allora riconosciuto fondato, ma più in alto di se stessa; essa sa di essere al tempo stesso incapace di fondarsi in se stessa, di basare anche qualunque cosa sia in se stessa. La questione del fondamento le sfugge, benché richieda il suo impegno e la sua attenzione a ciò che essa non può dominare, ma che la tocca e dona a noi di vivere.

CONCLUSIONE GENERALE

Saggio sull'autenticità d'essere. Abbiamo sottotitolato in questo modo la nostra opera, con significati volutamente molteplici. 'Essere' è un verbo, ma viene utilizzato anche come un sostantivo nella parola 'ente' e nell'espressione 'essere dell'ente'. Di fatto, nessuno di questi usi esclude il significato e la pertinenza dell'altro. Ciò che si chiama 'l'essere dell'ente' nel suo stato sostantivato è realmente autentico nel suo essere che è il suo atto che passa nell'ente. In effetti, tocca a noi, in questo mondo di violenza, esercitare nelle nostre azioni la realtà del nostro essere, esprimervi il rigore (la verità) e la rettitudine (giustizia) del nostro atto.

'Essere autentico' significa 'essere veritiero', ossia 'dire il vero', svelarci nelle nostre parole in modo tale che ci esprimiamo in esse confidando di poterlo fare, di manifestare ciò che è, inesauribile, nelle nostre molteplici modalità. 'Essere veritiero', è fare nostra una esigenza di autenticità razionale, di fedeltà alla sorgente di ogni essente.

La parola 'giustizia' dice qualcosa di più che la sola parola 'bene'; o, piuttosto, determina il bene mediante la preoccupazione per l'altro. Il bene come tale potrebbe, infatti, non essere riferito che al desiderio individuale o alla sua struttura trascendentale comune, astratta, di cui esso non darebbe nome che all'orizzonte generale. L'essere è giusto viceversa, in concreto, quando si esercita moltiplicandosi, passando in altri da sé, negli essenti che, dal suo punto di vista, sono ritenuti *ex nihilo*. 'Essere giusto' consiste così nel rinunciare ad assumere come principio delle norme che ridurrebbero le nostre vite all'uniformità; colui che è giusto considera, al contrario e in modo principiale, la singolarità di ciascuno nella quale l'essere in atto, veritiero, esprime la sua generosità. Mantenere una parola veritiera e giusta consiste così nel lasciar trasparire l'abbondanza dell'essere che non si esaurisce in alcuna individualità, ma che ci impegna a moltiplicare il suo dono, il dono di essere, donando a nostra volta di essere vero e giusto.

Non c'è nulla in queste riflessioni che sia interamente originale. Il nostro libro avrebbe potuto prendere lo stesso titolo, «Metafisica e violenza», di un celebre articolo di Derrida. Di fatto, non abbiamo l'intenzione di sottoporre alla discussione le tesi principali di *Totalità e infinito*, di mostrare con Derrida che Levinas non perviene veramente, nella sua celebre opera, a portare a compimento ciò che nondimeno aveva l'intenzione di realizzare, ossia a sovvertire il pensiero greco e occidentale per mezzo del pensiero ebraico. Levinas ha bisogno dei Greci per andare contro di loro, e non soltanto per farsi intendere da essi. È, infatti, impossibile mettere radicalmente in causa il pensiero greco senza assumere le sue geniali prospettive.

La nostra intenzione è diversa da quella di Derrida. Non abbiamo cercato di chiamare Levinas in causa per approfondirne in maniera nuova le tesi essenziali, per esempio sul tema del dono, benché le osservazioni di Derrida su questo argomento, nel dibattito con Jean-Luc Marion[1], soprattutto le loro discussioni sulla gratuità, non ci siano estranee[2]. Abbiamo piuttosto preso in considerazione in questi dibattiti un καιρός che rinnova la filosofia; la fenomenologia francese della fine del XX secolo[3] lascia che si avanzino promesse metafisiche molto copiose. Questo καιρός è particolarmente seducente. La nostra interrogazione si accorda con l'essenziale degli sviluppi che vi sono implicati, che danno un nuovo slancio alla questione della differenza ontologica e, con ciò, alla metafisica.

Non è tuttavia la struttura formale della differenza ontologica che qui ci interessa maggiormente, la sua ripresa scientifica della differenza tra il modo infinito *esse* e il participio o il sostantivo *ens*, il successo più o meno completo di questo rinnovamento delle migliori tesi antiche. Non ci siamo preoccupati della possibilità epistemologica del discorso metafisico, della sua capacità di esprimere l'altro dall'ente, l'essere dell'ente. D'altro canto avremo dato l'impressione, verosimilmente, di aver rinunciato a tali affermazioni, di esserci deliberatamente relegati entro i limiti imposti dalla prima *Critica* di Kant. Tuttavia, si può filosofare senza fare propria la preoccupazione dell'assoluto? La filosofia, che è un discorso e un sapere, non ha, in definitiva, a cosa applicarsi?

---

[1] Vedi J. Derrida, *Donare il tempo*; J.-L. Marion, «Esquisse d'un concept phénoménologique du don».

[2] Vedi P. Gilbert – S. Petrosino, *Il dono*.

[3] Si vedrà una esposizione sommaria di queste discussioni in P. Gilbert, «Un tournant métaphysique dans la phénoménologie française?».

Conclusione generale

Ma si può esaminare l'assoluto alla stessa maniera degli enti relativi? Alla fine della seconda parte del nostro ultimo capitolo, là dove parlavamo di compassione, avevamo preannunciato che la nostra conclusione avrebbe affrontato il tema, classico, dell'analogia. Eccoci. La riflessione sull'analogia offre di fatto da sempre, e molto giustamente, un sostegno alle tesi della differenza ontologica. Pensiamo tuttavia che un punto di vista formale o logico sull'analogia non può raccoglierne il significato profondo. La discussione non può vertere su delle parole e sui loro significati oggettivi, ma su ciò che avviene quando pronunciamo alcune parole. La discussione sulla priorità dell'analogia di proporzione o su quella, al contrario, dell'analogia di proporzionalità, se resta sul piano puramente logico o verbale, non può comprendere ciò che accade realmente nell'atto analogico, quando un λόγος porta ἀνά più in alto di sé. Ciò che è qui in gioco è un movimento del linguaggio che porta più in alto. Un tale movimento non può essere compreso al di fuori della sua esecuzione reale. Il discorso filosofico non può delinearne soltanto una struttura formale in cui la ragione umana potrebbe figurarsi di compiere la sua opera di scienza. Le analisi conformi ai canoni scientifici raggiungono qui i loro limiti; non possono prendere in considerazione che un dato oggettivato, e non un fenomeno effettuato in e mediante il discorso. Non possiamo considerare il prefisso ἀνά come se appartenesse a un discorso che, procedendo tuttavia più in alto, resterebbe ugualmente sotto l'influsso dell'analisi logica e dei suoi criteri. Come, infatti, un discorso dedicato all'analisi potrebbe coinvolgere il sapere delle parole che portano più in alto di sé, al di sopra del loro campo propriamente verbale o linguistico? Il discorso logico è incapace di esprimere come potrebbe superarsi da se stesso. Dovremmo però cancellare allora ogni discorso e consegnarci all'illogico, all'a-logico, all'irrazionale, all'a-razionale, per accogliere ciò che ha importanza di più per le nostre vite? Questo silenzio non può tuttavia essere senza pensiero, senza ragione, ossia rischiare la pura arbitrarietà senza contenuto universalizzabile[4].

---

[4] Éric Weil si è assiduamente confrontato con questa questione tanto difficile quanto essenziale. Il nostro saggio ha citato poco il professore di Lilla e di Nizza – ciò è soltanto per ragioni di economia, essendo i lavori su questo punto già numerosi. Si leggerà in particolare di M. Perine, *Philosophie et violence*; G. Kirscher, *Figures de la violence et de la modernité*; P. Ricœur, «Violence et langage». Vedi anche di P. Gilbert, «Éric Weil. La sagesse, raison dans la présence».

Dobbiamo in realtà distinguere diversi livelli di linguaggio. Il linguaggio propriamente logico definisce le figure del discorso che assicurano o rassicurano la ragione. Il movimento ascendente dell'analogia non può, invece, essere fissato; è precisamente ciò che evidenzia il prefisso ἀνά. L'analogia non è una tecnica simile agli strumenti che permettono alle scienze di produrre le loro opere; non è appropriata alle cose del mondo. Essa si applica piuttosto ad un avvenimento preciso, trascurato da tutti i discorsi scientifici: il linguaggio, scientifico tra l'altro, è ciò in cui i fenomeni vengono alla luce del pensiero. Il linguaggio diviene avvenimento in questo senso – ciò che non può essere considerato da un punto di vista puramente esteriore, obiettivo, descrittivo. D'altronde, ogni descrizione è condizionata: nessuna avrà senso se non è esposta alla luce del pensiero in atto, se non è un avvenimento in questo senso.

Non appena incomincia a strutturare la logica, il pensiero manifesta di trascendere le sue proprie espressioni imponendo loro delle leggi. La riflessione logica, che non è naturale e lasciata al caso, mostra che il pensiero oltrepassa le molteplici esperienze che esprimiamo in un linguaggio apparentemente immediato («la strada è lunga», per esempio). La logica serve, infatti, a controllare le nostre espressioni in cui intendiamo affermare queste esperienze. Ora, è da ciò stesso, da questa potenza di ritrarsi della riflessione e del pensiero in rapporto all'immediatezza delle nostre espressioni relative al linguaggio, che la metafisica assume la responsabilità impegnandosi sul cammino dell'analogia. La trascendenza del pensiero si manifesta per il fatto che esso critica e riordina i suoi sistemi logici. La filosofia più autentica si dedica allora a una riflessione che la pone in secondo piano, in rapporto all'esperienza immediata. Questo ritrarsi è da considerare come un passaggio più che ad un altro livello di scienza ad un altro modo di essere nel mondo. La problematica dell'analogia nasce qui, dalla capacità che ha la ragione di riconoscere la sua distanza in rapporto alle proprie espressioni linguistiche, di riconoscere la sua natura meta-linguistica in quanto natura in atto.

Il linguaggio è idoneo ad essere sottoposto a una descrizione. La logica e le altre scienze del linguaggio vi si prodigano per l'appunto. Il pensiero può però considerare un aspetto più intrinseco al linguaggio,

Conclusione generale

la sua performatività. Il grado più elevato della riflessione avvolge e rivela un'attualità che è interna al linguaggio. Il linguaggio come tale fa essere, è avvenimento anche prima di essere tematico, oggettivo, descrittivo. Già, del resto, la logica e il sapere scientifico fanno essere. Le procedure delle scienze o i limiti di ciò che esse possono conoscere non sono nulla. Conviene perciò determinarle secondo i casi, in conformità a ciascun tipo di scienza, i cui modi di fare specifici hanno una incidenza reale ed evidente sul buon andamento delle conoscenze oggettive. Il successo di una scienza è a misura dei suoi limiti. Nessuna scienza oggettiva può pretendere che il suo ambito sia il solo praticabile. Anche l'impossibile non è nulla. Quando io penso al sintagma «cerchio quadrato», so molto bene di pensare una impossibilità oggettiva e razionale – ma sono realmente in presenza di questa impossibilità, che non è nulla, un vuoto assoluto. Il linguaggio è capace di esecuzioni impossibili per i sensi e per la ragione, ma che non sono nulla. È necessario che io ponga il significato positivo della contraddizione per mostrarne l'impossibilità razionale. Il linguaggio rivela così di essere un avvenimento, ma lo è perché risulta anzitutto o nella sua essenza un esercizio, un *actus*, una ἐνέργεια. Le nostre scienze tematiche, che sono anche saperi in atto, si elevano successivamente, a partire da questo atto.

Dobbiamo tuttavia distinguere diversi livelli di effettuazione del linguaggio. Le tesi sull'analogia si iscrivono in questo contesto di una riflessione sulle azioni effettuate dal linguaggio stesso. Si potrebbe osservare che è precisamente lì il luogo della scienza moderna. Questa non si accontenta di fatti immediatamente dati, che essa scompone quindi in strutture intelligibili o in fatti più elementari per ricomporli successivamente in nuovi fatti; sa anche giustificare i suoi processi di scomposizione, poi di ricostruzione. Il linguaggio scientifico moderno non si compiace della contemplazione delle cose del mondo; si impone ad esse costringendole a rivelare i loro segreti, e ciò nei limiti delle condizioni che detterà esso stesso. Tuttavia, la scienza non si interessa della intenzione spirituale che anima il suo metodo e le sue procedure; non è riflessiva. Occorrerebbe perciò a essa fare propria l'essenza analogica del linguaggio, ma questa disturberebbe troppo le condizioni di univocità del suo discorso. La scienza opera, ma non si interroga sulle condizioni della sua azione in quanto azione. L'analogia dipende, invece, da una pratica riflessiva. Essa è talvolta esposta dai manuali come se fosse una tecnica disponibile per conoscere qualche realtà superiore in modo determinato. La sua articolazione evidenziata nei testi dello Pseudo-Dionigi è però più che strumentale. La negazione della *via negationis* può essere probabilmente utilizzata in maniera dialettica – ma anche allora la dialettica non può essere ridotta soltanto a una logica formale. L'analogia dello Pseudo-Dionigi è costituita da un susseguirsi di tensioni; essa crea ed effettua dei passaggi. La negazione che costituisce il suo secondo tempo non avrebbe alcuna legittimità se fosse basata soltanto in ciò che nega, senza attenzione a ciò che ne sostiene l'effettività. Per renderne conto, dobbiamo accogliere l'eminenza che si dona *a priori* al pensiero. L'eminenza non sarà mai, di fatto, intesa rettamente dalla ragione che si accontenta di manipolare il linguaggio; occorre perciò che il pensiero ne duplichi in sé la generosità, si faccia e si riconosca generoso e intrepido[5].

L'analogia appartiene però anch'essa alle modalità del discorso che, effettivamente articolate, delineano tappe distinte e successive per la costruzione di un sapere; è in ciò, come qualunque discorso razionale, assunta dalla ragione come una tecnica del sapere o una logica formale. Può essere descrittiva, al servizio di una determinazione predicativa, per esempio quando la si utilizza per delimitare alcune caratteristiche che convengono razionalmente alla trascendenza. Le sue descrizioni sono tuttavia interne a un movimento di ascesa; essa non prende in considerazione stati di fatto; conduce altrove; fa che ci si distacchi da un certo punto di partenza, che ci si allontani. Ciò verso cui essa conduce non ha positività immediata, ma lo si accosta quando il discorso è in rapporto alla mediazione della negazione delle empirie precedentemente sperimentate. Riprendendo la parola di Derrida, si dirà che l'analogia «différancie», che essa conduce altrove, che differisce come si differisce un appuntamento che si rimanda a più tardi. Questo rimando, questo 'differire' esprime il movimento spirituale dell'analogia.

La nostra opera si inserisce in questo sforzo di analogia. Abbiamo

---

[5] Sull'analogia nello Pseudo-Dionigi, vedi J.-L. MARION, *L'Idolo e la distanza*, p. 145-199.

insistito sulla necessità che si impone al sapere filosofico di progredire verso ciò che gli rivela la sua incompletezza, alla maniera del metodo dei residui di Maurice Blondel. Non abbiamo tentato tuttavia di lasciar apparire qui qualche *maius* ulteriore, che, d'altronde, non avviene se non all'interno di un movimento mai concluso dello spirito umano. Il *maius* non appare probabilmente qui, ma traspare nel movimento dello spirito che si preoccupa di essere fedele al suo più grande rigore.

La nostra riflessione è così approdata alla compassione e al perdono, che riconosciamo all'apice dell'esigenza metafisica. Da qui, il titolo della nostra opera *Violenza e compassione*. La compassione e il perdono esercitano l'intenzione analogica nella maniera più radicale. Sono certamente atteggiamenti affettivi. Vi riconosciamo tuttavia più che dei sentimenti, il cui peso ontologico è abbandonato alle fluttuazioni delle impressioni. Sono affezioni che possono essere intese come espressioni appropriate del *desiderium* che anima ciascun sapere e ciascuna decisione, ciascuno dei nostri atti. Esse costituiscono la disposizione più universalizzante, la più fondamentale e la più originaria della vita dello spirito. Manifestano la percezione di una distanza tra i fenomeni vissuti nell'immediatezza della loro presenza e una profondità diversa che dà da vivere a quelli che sono feriti e che hanno ferito. Esse rendono possibile una vita che progredisce verso un meglio, in un tempo che non appartiene ad alcuno di quelli che cercano di riconciliarsi e di ricostruirsi l'un l'altro. Integrano così tutte le dimensioni della realtà senza consegnarla alla casualità delle nostre vicende. Esse costituiscono un avvenimento che non proviene da alcun presente, che non si arresta ad alcun presente, ma che sostiene ogni presenza.

Concludiamo così il nostro saggio sulla violenza e sulla metafisica. Tutto, nella nostra vita, può essere riconosciuto sottoposto alla violenza, il cui concetto riveste spesso qualunque potenza o forza. Hannah Arendt ne ha quindi elaborato un concetto positivo, riconducendolo alla strumentalità[6]. La violenza è tuttavia troppo onerosa perché possiamo accontentarci di queste spiegazioni rassicuranti. La violenza è più che uno strumento che potremmo risolvere in politica. Essa

---

[6] È anche il caso di W. BENJAMIN, «Per la critica della violenza».

manifesta una condizione comune all'umanità, riconosciuta insormontabile ed effettivamente insormontata. Presenta in tal modo aspetti del trascendentale. L'abbiamo definita come una forza che si scatena in maniera precipitosa e invadendo un territorio che non è il suo, come una forza pura.

La violenza, anche se porta all'evidenza il male radicale che dimora in ogni uomo, non è tuttavia capace di pervertire l'umanità intera. Il linguaggio effettivamente usato in ogni conversazione, conforme nonostante le distrazioni degli interlocutori alla verità della sua esecuzione, conduce, infatti, da se stesso più in alto di sé, in primissimo luogo instaurando una comunità di interlocutori; parlandosi con attenzione, questi riconoscono necessariamente le loro differenze nello stesso tempo che fruiscono della comunione che è dato loro di vivere. Gli interlocutori non possono tuttavia fondare da se stessi la loro comunione. Occorre che vi siano chiamati, che riconoscano questo richiamo e vi acconsentano, che lascino così la realtà sorgere tra di essi al di là di una presenza psicologica e fragile gli uni agli altri. L'esercizio del linguaggio rivela allora l'essenza analogica di 'ciò che è'. Rifiutare l'analogia impegnata nella pratica linguistica, volerne ignorare l'eccellenza e l'energia fondatrice commisurando la ragione alle modalità dei discorsi tanto impersonali che oggettivi, tale è il principio della violenza. Questa consiste nell'imporsi fuori luogo e nel momento meno opportuno, nel negare ogni rispetto per le persone e il proprio agire. Essa è impazienza, male radicale. L'analogia del linguaggio, con il seguito delle nostre forme simboliche e artistiche, costituisce, invece, una scuola di attenzione e di pazienza; il suo affetto rende testimonianza all'inaccessibile che avviene, e più radicalmente alla pazienza dell'inaccessibile che si lascia intendere al momento dell'approccio di quelli che sono incapaci di considerarne i limiti, che lo conoscono e l'accettano. L'uomo è violento e fa male al suo simile quando la sua intelligenza si indurisce e rifiuta di differire i suoi appoggi, non intendendo più alcuna trascendenza perché il suo cuore si rinchiude nelle sue proprie passioni e non ama più la singolarità di chi si rivolge a lui.

Ancora una parola. La filosofia contemporanea, sostenuta dalla fenomenologia, pone sovente la questione del tempo. Ora, la violenza

Conclusione generale

non è concepibile senza il tempo, poiché essa è precipitazione dell'atto, senza rispetto per il tempo dell'altro, senza pazienza. Dovremmo proseguire la nostra riflessione in direzione della temporalità, non già nella sua struttura generale, ma nella sua realtà concreta, quella di cui intravediamo con inquietudine il mistero quando ci domandiamo perché la morte di un bambino mal curato è dovunque (o dovrebbe essere dovunque) uno scandalo, una violenza subita per mancanza di impegno o per impossibilità di una società, ossia degli uni e degli altri, una violenza che non rispetta il tempo del bambino, mentre morire in età avanzata è del tutto normale e, probabilmente, il coronamento di una vita molto piena.

BIBLIOGRAFIA

Th. Adorno, *Dialettica negativa*, trad. di C.A. Donolo, Einaudi, Torino 2004.
Amartya Sen, *Globalizzazione e libertà*, trad. di G. Bono, Mondadori, Milano 2003.
s. Agostino, *La Città di Dio*, trad. di D. Gentili, 3 voll., Città Nuova, Roma 1978-1991.
_____, *Il liberto arbitrio*, in Id., *Dialoghi*, vol. II, trad. di D. Gentili, Città Nuova, Roma 1976.
s. Anselmo, *Monologio e Proslogio*, trad. di I. Sciuto, Bompiani, Milano 2002.
H. Arendt, *La banalità del male. Eichmann a Gerusalemme*, trad. di P. Bernardini, Feltrinelli, Milano 2001.
_____, «Che cos'è l'autorità?» in Id., *Tra passato e futuro*, trad. di M. Bianchi e T. Gargiulo, Vallecchi editore, Firenze 1970, p. 101-175.
_____, *Sulla violenza*, trad. di S. D'Amico, Ugo Guanda Editore, Parma 1996.
_____, *Vita attiva. La condizione umana*, trad. di S. Finzi, Bompiani, Milano 2001^9.
Aristotele, *Categorie*, trad. di M. Zanotta, Rizzoli, Milano 2002^4.
_____, *Etica Nicomachea*, trad. di Cl. Mazzarelli, Bompiani, Milano 2000.
_____, *Metafisica*, trad. di G. Reale, Rusconi, Milano 1993.
_____, *Retorica*, trad. di A. Plebe, in Id., *Opere*, vol. X, Laterza, Roma – Bari 1992.
M. Barme, «Virologie» dans *Encyclopaedia Universalis. Corpus 23*, Encyclopaedia Universalis, Paris, 1995, 681-683.
J. Baruzi, *Leibniz et l'organisation religieuse d'après des documents inédits*, Félix Alcan, Paris 1907.
W. Benjamin, «Per la critica della violenza» in Id., *Angelus Novus. Saggi e frammenti*, trad. di R. Somi, Einaudi, Torino 1981, p. 5-30.
H. Bergson, *Le due fonti della morale e della religione*, trad. di M. Vinciguerra, Ed. Se, Milano 2006.

J. BERNHARDT [éds.], *Thomas Hobbes. Philosophie première. Théorie de la science et politique*, Presses Universitaires de France, Paris 1990.

M. BLONDEL, *L'azione (1893)*, trad. di S. Sorrentino, Edizioni Paoline, Cinisello Balsamo (Mi) 1993.

_____, *Itinerario filosofico*, trad. di D. Murgia, Luciano editore, Napoli 2005.

_____, «Le Point de départ de la recherche philosophique» dans ID., *Œuvres complètes*, t. 2, *1888-1913. La philosophie de l'action et la crise moderniste*, Presses Universitaires de France, Paris 1997, 529-569.

P. BOURDIEU, *Meditazioni pascaliane*, trad. di A. Serra, Feltrinelli, Milano 1998.

_____, *L'Ontologie politique de Martin Heidegger*, Minuit, Paris 1988.

M. BUBER, *Io e tu*, in ID., *Il principio dialogico e altri saggi*, trad. di A. Poma, San Paolo, Cinisello Balsamo (Mi) 2004, 57-157.

J.-Y. CALVEZ, *Il pensiero di Karl Marx*, trad. di C. De Stefani e M. Rettori, Borla, Roma 1966.

M. CANTO-SPERBER (éd.), *Dictionnaire d'éthique et de la philosophie morale*, Presses Universitaires de France, Paris 1996.

R. CARNAP, *Meaning and Necessity. A Study in Semantics and Modal Logic*, University of Chicago Press, Chicago 1958.

R. CARTESIO, *Discorso sul metodo*, trad. di A. Carlini, Laterza, Roma – Bari 2011[14].

_____, *Le passioni dell'anima*, in ID., *Opere filosofiche*, a cura di B. Widmar, UTET, Torino 1981, p. 705-804.

E. CASSIRER, *Rousseau, Goethe. Deux essais*, Belin, Paris 1991.

CICERO, *Le discussioni di Tuscolo*, trad. di G. Burzacchini e L. Lanzi, Zanichelli, Bologna 1980.

C. CLÉMENT, «Leibniz» dans *Encyclopaedia Universalis*, t. 10, Encyclopaedia Universalis, Paris 1983, 1085-1092.

J.-P. CLERO, «Sympathie» dans M. CANTO-SPERBER (éd.), *Dictionnaire d'éthique et de philosophie morale*, Presses Universitaires de France, Paris 1991, 1489-1494.

C. DE BAUW, *L'Envers du sujet. Lire autrement Emmanuel Lévinas*, Ousia, Bruxelles 1997.

G. DELEUZE, *Nietzsche et la philosophie*, Presses Universitaires de France, Paris 1962.

J. DERRIDA, «La differenza», in ID., *Margini della filosofia*, trad. di M. Iofrida, Einaudi, Torino 1997.

―――――, *Donare il tempo. La moneta falsa*, trad. di G. Berto, Cortina, Milano 1996.

―――――, «Violenza e metafisica. Saggio sul pensiero di Emmanuel Levinas», in ID., *La scrittura e la differenza*, trad. di G. Pozzi, Einaudi, Torino 2002.

X. DIJON, *Droit naturel*, t. 1, *La question du droit*, Presses Universitaires de France, Paris 1998.

J.P. DUPUY, *Le Sacrifice et l'envie. Le libéralisme aux prises avec la justice sociale*, Seuil, Paris 1992.

G. FESSARD, *Autorité et bien commun*, Aubier, Paris 1944.

―――――, *De l'actualité historique*, t. 1. Paris, Desclée de Brouwer (*Recherches de philosophie*), 1960.

A. FOREST, *Du Consentement à l'être*, Aubier, Paris 1936.

E. FROMM, *Anatomia della distruttività umana*, trad. di S. Stefani, Mondadori, Milano 2010.

H.G. GADAMER, *Verità e metodo*, a cura di G. Vattimo, Bompiani, Milano 2001.

J. GALTUNG, *Pax pacifica. Terrorism, the Pacific Hemisphere, Globalisation, and Peace Studies*, Paradigm Publishers, Boulder (Col.) 2005.

―――――, *Peace. Research, Education, Action*, Ejlers, Copenhagen 1975.

P. GILBERT, «Acte-action»" dans AA.VV, *Notions*, Encyclopaedia universalis, Paris 2004, 10-12.

―――――, *Corso di metafisica. La pazienza d'essere*, trad. di M.T. La Vecchia, Piemme, Casale Monferrato (Al) 1997.

―――――, «Éric Weil. La sagesse dans la présence» in Ph. CAPELLE (éd.), *Expérience philosophique et expérience mystique*, Cerf, Paris 2005, 237-251.

―――――, «Esercizi, scrittura e sistema» in ID., *Sapere e sperare. Percorso di metafisica*, Vita e Pensiero, Milano 2003, 43-74.

―――――, «Le Mal. Problème ou mystère» in *Revista Portuguesa de filosofia* 57 (2001) 435-458.

―――――, «Le Pardon dans la culture contemporaine» in *Studia Moralia* 38 (2000) 405-435.

―――――, «La terza scolastica in Francia», trad. di P. Masci, in G. MURA e G. PENZO (dir), *La filosofia cristiana nei secoli XIX e XX*, t. II. *Ritorno all'eredità scolastica*, Città Nuova, Roma 1994, 479-514

P. GILBERT, «Un Tournant métaphysique dans la phénoménologie française? M. Henry, J.-L. Marion et P. Ricœur» in *Nouvelle revue théologique* 124 (2002) 597-617.

P. GILBERT – S. PETROSINO, *Il dono. Un'interpretazione filosofica*, Il Melangolo, Genova 2001.

É. GILSON, *L'essere e l'essenza*, trad. di L. Frattini e M. Roncoroni, Massimo, Milano 1988.

GIOVANNI XXIII, *Pacem in terris*, Studium, Roma 1965.

GIOVANNI PAOLO II, *Catechismo della Chiesa Cattolica*, Libreria editrice Vaticana, Città del Vaticano 1992.

GIOVANNI PAOLO II, *Enciclica «Sollecitudo rei socialis»*, Libreria editrice Vaticana, Città del Vaticano 1987.

R. GIRARD, *La violenza e il sacro*, trad. di O. Fatica e E. Szerkl, Adelphi, Milano 2011⁹.

S. GOYARD-FABRE, «Loi civile et obéissance dans l'État-Léviathan» in Y.-Ch. ZARKA et J. BERNHARDT [éds.], *Thomas Hobbes. Philosophie première. Théorie de la science et politique*, Presses Universitaires de France, Paris 1990, 289-304.

J. GREISCH, *La Parole heureuse. Martin Heidegger entre les choses et les mots*, Beauchesne, Paris 1987.

J J. HABERMAS, *Teoria dell'agire comunicativo*, vol. 1, *Razionalità nell'azione e razionalizzazione sociale*, trad. di R. Rinaudo, Il Mulino, Bologna 1986.

G.W.F. HEGEL, *Fenomenologia dello spirito*, trad. di E. De Negri, La Nuova Italia, Firenze 1973.

_____, *Lezioni sulla filosofia della storia*, a cura di R. Bordoli, Laterza, Roma – Bari 2010⁴.

_____, *Lineamenti di filosofia del diritto*, trad. di B. Henry, Laterza, Roma – Bari 2004.

M. HEIDEGGER, *Che cos'è la filosofia?*, trad. di C. Angelino, Il Melangolo, Genova 2008.

_____, «Dell'essenza della verità» in ID., *Segnavia*, Adelphi, trad. di Fr. Volpi, Milano 2002⁴.

_____, *Essere e tempo*, trad. di P. Chiodi, Longanesi, Milano 1976.

_____, *Introduzione alla metafisica*, trad. di G. Vattimo, Mursia, Milano 1968.

_____, *Lettera sull'«umanismo»*, trad. di Fr. Volpi, Adelphi, Milano 2011.

M. HEIDEGGER, «La locuzione di Anassimandro», in *Holzwege. Sentieri erranti nella selva*, a cura di V. Cicero, Bompiani, Milano 2006².

_____, «Il principio d'identità», trad. di U. Ugazio, in *Aut-Aut* 187-188 (1982) 4-16.

_____, *Il principio di ragione*, trad. di G. Gurisatti e Fr. Volpi, Adelphi, Milano 1991.

_____, «La questione dell'essere» in ID., *Segnavia*, trad. di Fr. Volpi, Adelphi, Milano 2002⁴.

P. HENRICI, «Metafisica o metantropologia» in B. D'AMORE – A. ALES BELLO [eds], *Metafisica e scienze dell'uomo*, t. 1, Roma, Borla, 1982, 595-606.

M. HENRY, *L'essence de la manifestation*, Presses Universitaires de France, Paris 2003³.

E. HERR, «La Mondialisation: pour une évaluation éthique» in *Nouvelle revue théologique* 122 (2000) 51-67.

_____, *La Violence. Nécessité ou liberté?*, Culture et Vérité, Namur 1990.

Th. HOBBES, *De Cive. Elementi filosofici sul cittadino*, trad. di N. Bobbio, TEA, Milano 1994.

Th. HOBBES, *Leviatano*, trad. di M. Micheli, Rizzoli, Milano 2011.

IGNAZIO DI LOYOLA, *Esercizi spirituali*, Edizioni Paoline, Cinisello Balsamo (Mi) 1988.

H. JACOBS, «La Question de l'Un dans la pensée grecque» in Fr. COPPENS (éd.), *Variations sur Dieu. Langages, silences, pratiques*, Facultés Universitaires Saint-Louis, Bruxelles 2005, 147-161.

I. KANT, «Annuncio dell'imminente conclusione d'un trattato per la pace perpetua in filosofia», in ID., *Scritti sul criticismo*, a cura di G. De Flaviis, Laterza, Roma – Bari 1991.

_____, *Critica della ragion pura*, trad. di C. Esposito, Bompiani, Milano 2004.

_____, *Fondazione della metafisica dei costumi*, a cura di V. Mathieu, Bompiani, Milano 2003.

_____, «Idea di una storia universale dal punto di vista cosmopolitico» in ID., *Scritti politici*, trad. di G. Solari e G. Vidari, UTET, Torino 1965².

_____, «Il male radicale», in ID., *La religione nei limite della ragione*, trad. di V. Cicero, Rusconi, Milano 1996.

I. KANT, «Per la pace perpetua. Progetto filosofico» in ID., *Scritti politici*, trad. di G. Solari e G. Vidari, UTET, Torino 1965[2].

_____, «Risposta alla domanda: cos'è illuminismo?», in ID., *Scritti di storia, politica e diritto*, a cura di F. Gonnelli, Laterza, Roma – Bari 2011[9].

G. KIRSCHER, *Figures de la violence et de la modernité. Essais sur la philosophie d'Éric Weil*, Presses Universitaires de Lille, Lille 1992.

J. LACROIX, *Histoire et mystère*, Casterman, Paris 1962.

J. LADRIÈRE, *Les Enjeux de la rationalité. Le défi de la science et de la technique aux cultures*, Aubier, Paris 1977.

A. LALANDE (éd.), *Vocabulaire technique et critique de la philosophie*, Presses Universitaires de France, Paris 1996[18].

S. LATOUCHE, *L'Occidentalizzazione del mondo. Saggio sul significato, la portata e i limiti dell'uniformazione planetaria*, trad. di A. Salsano, Bollati Boringhieri, Torino 1992.

L. LAVELLE, *L'Âme humaine*, Aubier, Paris 1951.

G.W. LEIBNIZ, *Textes inédits d'après les manuscrits de la Bibliothèque provinciale de Hanovre*, publiés par G. Grua, 2 voll., Presses Universitaires de France, Paris 1948.

G.W. LEIBNIZ, *Saggi di teodicea sulla bontà di Dio, sulla libertà dell'uomo, sull'origine del male*, a cura di V. Mathieu, Edizioni San Paolo, Cinisello Balsamo (Mi) 1994.

E. LEVINAS, *Altrimenti che essere o al di là dell'essenza*, trad. di S. Petrosino e M.T. Aiello, Jaca Book, Milano 1983.

_____, *Dell'evasione*, trad. di J. Rolland, Cronopio, Napoli 2008.

_____, «Filosofia, giustizia e amore» in ID., *Tra noi. Saggio sul pensiero all'altro*, a cura di E. Baccarini, Jaca Book, Milano 1998.

_____, «La sofferenza inutile», ID., *Tra noi. Saggio sul pensiero all'altro*, trad. di E. Baccarini, Jaca Book, Milano 1998.

_____, *Totalità e infinito. Saggio sull'esteriorità*, trad. di A. Dall'Asta, Jaca Book, Milano 1980.

B. LONERGAN, *Insight, Uno studio del comprendere umano*, a cura di S. Muratore e N. Spaccapelo, Città Nuova, Roma 2007.

K. LORENZ, *L'aggressività*, trad. di E. Bolla, Il Saggiatore, Milano 2008.

J.B. LOTZ, *Martin Heidegger und Thomas von Aquin: Mensch-Zeit-Sein*, Neske, Pfullingen 1975.

Bibliografia

J.-Fr. LYOTARD, *La condizione post-moderna. Rapporto sul sapere*, trad. di C. Formenti, Feltrinelli, Milano 1998.

I. MALAGUTI, *Per una 'ontologia drammatica'. La normativa nel pensiero di Maurice Blondel*, Il Poligrafo, Padova 2004.

J.-L. MARION, «Esquisse d'un concept phénoménologique du don» in *Archivio di filosofia* 62 (1994) 75-94.

———, *L'idolo e la distanza*, trad. di A. Dall'Asta, Jaca Book, Milano 1979.

———, "Introduction" a E. HOUSSET, *L'intelligence de la pitié. Phénoménologie de la communauté*, Cerf, Paris 2003, I-VI.

H. MARCUSE, *L'uomo a una dimensione. L'ideologia della società industriale avanzata*, Einaudi, Torino 1968.

Fr. MARTY, *L'Homme, habitant du monde, à l'horizon de la pensée critique de Kant*, Champion, Paris 2004.

———, «Paix et horizon critique chez Kant. Sur la souche des antinomies», in W. TEGA – G. FERRANDI – M. MALAGUTI – G. VOLPE, *La philosophie et la paix. Actes du XXVIII Congrès international de l'Association des Sociétés de Philosophie de Langue Française*, Vrin, Paris 2002, 299-307.

M. MERLEAU-PONTY, *Fenomenologia della percezione*, trad. di A. Bonomi, Bompiani, Milano 2005.

Fr. MIES – P. SAUVAGE, «"Lévinas et le sionisme», in N. FROGNEUX – F. MIES (edd), *Emmanuel Lévinas et l'histoire*, Cerf, Paris 1998, 339-348.

NICOLÒ CUSANO, *La concordanza universale*, in ID., *Opere religiose*, a cura di P. Gaia, UTET, Torino 1971.

M. NICOLETTI, *La Politica e il male*, Morcelliana, Brescia 2000.

Bl. PASCAL, *Antologia filosofica*, trad. di Al. Moscato, La scuola, Brescia 1967.

M. PERINE, *Philosophie et violence. Sens et intention de la philosophie d'Éric Weil*, Beauchesne, Paris 1991.

S. PETROSINO, *Lo Stupore*, Interlinea Edizioni, Novara 1997.

PLATONE, *Gorgia*, trad. di F. Adorno, in ID., *Opere complete*, vol. V, Laterza, Bari 1971.

———, *La Repubblica*, trad. di Fr. Sartori, in ID., *Opere complete*, vol. VI, Laterza, Bari 1971.

———, *Sofista*, trad. di A. Zadro, in ID., *Opere complete*, vol. II, Laterza, Roma – Bari 1982.

PLOTINO, *Enneadi*, trad. di F. Faggin, Rusconi, Milano 1002[3].
K. POPPER, *Logica della scoperta scientifica*, trad. di M. Trinchero, Einaudi, Torino 1980.
PORPHYRE, *Isagôgè*, Vrin, Paris 1998.
J. RAWLS, *Una teoria della giustizia*, trad. di U. Santini, Feltrinelli, Milano 2008.
G. REALE, *Il Concetto di «filosofia prima» e l'unità della metafisica di Aristotele*, Vita e Pensiero, Milano 1994.
P. RICHÉ, *L'Europe barbare de 476 à 774*, Sedes, Paris [2]1992.
P. RICHÉ, *Le scuole e l'insegnamento nell'Occidente cristiano alla fine del V alla metà del XI secolo*, a cura di N. Messina, Jouvence, Roma 1985.
P. RICŒUR, *Altrimenti. Lettura di «Altrimenti che essere al di là dell'essenza di Emmanuel Levinas»*, a cura di I. Bertoletti, Morceliana, Brescia 2007.
_____, «È possibile una teoria semplicemente procedurale della giustizia» in ID., *Il giusto*, a cura di D. Iannotta, Società Editrice Internazionale, Torino 1998.
_____, «État et violence», in ID., *Histoire et vérité*, Éditions du Seuil, Paris 1964[2].
_____, *Il male, Una sfida alla filosofia e alla teologia*, trad. di I. Bertoletti, Morcelliana, Brescia 1993.
_____, *La memoria, la storia e l'oblio*, trad. di D. Iannotta, Raffaello Cortina, Milano 2003.
_____, *Riflessione fatta. Autobiografia intellettuale*, trad. di D. Iannotta, Milano, Jaca Book, 1998.
_____, *Sé come un altro*, trad. di D. Iannotta, Jaca Book, Milano 1993.
_____, *Storia e verità*, trad. di C. Marco e A. Rosselli, Marco editore, Lungro di Cosenza 1991.
_____, *Sulla traduzione. Una sfida etica*, trad. di I. Bertoletti e M. Gasbarrone, Morcelliana, Brescia 2001.
_____, «Violence et langage», in ID., *Lectures I. Autour du politique*, Seuil, Paris 1991, 131-140.
G. RODIS-LEWIS, *Descartes et le rationalisme*, Presses Universitaires de France, Paris 1966.
J.-J. ROUSSEAU, *Il contratto sociale*, trad. di J. Bertolazzi, Feltrinelli, Milano 2010[5].
_____, *Origine della disuguaglianza*, a cura di G. Preti, Feltrinelli, Milano 2011[13].

P. ROUSSELOT, *L'intellettualismo di s. Tommaso*, trad. di M. Pastrello, Vita e pensiero, Milano 2000.

E. SANS, *Schopenhauer*, Presses Universitaires de France, Paris 1993.

M. SCHELER, *Essenza e forme dalla simpatia*, a cura di L. Boella, Franco Angeli, Milano 2010.

A. SCHOPENHAUER, *Il mondo come volontà e rappresentazione*, a cura di S. Giametta, Bompiani, Milano 2007.

G. SOREL, *Scritti politici. Riflessioni sulla violenza. Le illusioni del progresso. La decomposizione dl marxismo*, a cura di R. Vivarelli, UTET, Torino 2006.

B. SPINOZA, *Etica dimostrata con metodo geometrico*, trad. di E. Giancotti, Editori Riuniti, 2002[4].

Fr. SUÁREZ, *Disputazioni metafisiche*, trad. di C. Esposito, Bompiani, Milano, 1996.

J. TAMINIAUX, *Art et événement. Spéculation et jugement des Grecs à Heidegger*, Belin, Paris 2005.

V. TERČIČ, *La Dimensione dell''es gibt' nell'ontologia di Martin Heidegger*, Università Gregoriana, Roma 2006.

s. TOMMASO D'AQUINO, *La Somma teologica*, Edizioni Studio Domenicano, Bologna 1996.

_____, *Super Boetium De Trinitate*, in ID., *Commenti a Boezio*, trad. di P. Porro, Bompiani, Milano 2007.

E. TOURPE, *Donation et consentement. Une introduction méthodologique à la métaphysique*, Lessius, Bruxelles 2000.

G. VATTIMO, *Al di là del soggetto, Nietzsche, Heidegger e l'ermeneutica*, Feltrinelli, Milano [2]1984.

C. VIGNA – S. ZANARDO (éds), *La Regola d'oro come etica universale*, Vita e Pensiero, Milano 2005.

H.U. VON BALTHASAR, «La meraviglia dell'essere e la quadruplice differenza» in ID., *Nello spazio della metafisica. L'epoca moderna*, trad. di G. Sommavilla, Jaca Book, Milano 1991[2].

H.U. VON BALTHASAR, *Verità del mondo*, t. 1 della *Teologica*, trad. di G. Sommavilla, Jaca Book, Milano 1987.

M. WEBER, *L'etica protestante e lo spirito del capitalismo*, trad. di A.M. Marietti, Rizzoli, Milano, 1991.

É. WEIL, *Hegel et l'État*, Vrin, Paris 1950.

A. WENIN, *Pas seulement de pain. Violence et alliance dans la Bible. Essai*, Cerf, Paris 1998.

Y.-Ch. ZARKA, *L'Autre voie de la subjectivité*, Beauchesne, Paris 2000.

_____, *La Décision métaphysique de Hobbes. Conditions de la politique*, Vrin, Paris 1999².

_____, *Hobbes et la pensée politique moderne*, Presses Universitaires de France, Paris 1995.

INDICE

Introduzione generale 5

PRIMA PARTE
LA VIOLENZA, UN TRASCENDENTALE? 17
Introduzione 19

CAPITOLO I: METAFISICA E LIBERTÀ 21
    L'essenza della metafisica 21
    L'origine della filosofia 27
    La radice della filosofia 30
    Il fondamento della filosofia 34

CAPITOLO II: FORME DELLA VIOLENZA 41
    Konrad Lorenz 41
    Erich Fromm 46
    Johan Galtung 50
    René Girard 54

CAPITOLO III: DEFINIZIONE DELLA VIOLENZA 63
    La libertà 64
    La violenza 70
    La tecnica 76

Conclusione 80

Seconda Parte
IL SAPERE UNIFICANTE E PLURIMO

Introduzione 85

CAPITOLO IV: RAZIONALISMO E VIOLENZA 87
   L'avvento del razionalismo 88
   Kant 95
   Hegel 99

CAPITOLO V: LA RAGIONE GLOBALIZZANTE 107
   Globalizzazione e universalizzazione 107
   L'Occidentalità dimenticata 113
   L'immediato e la violenza 121

CAPITOLO VI: LA PRATICA DELLA RAGIONE 125
   La ragione e le sue procedure 126
   La credulità scientifica 134
   La ragione disintegrata 139

Conclusione 143

Terza Parte
I DIBATTITI DELL'AZIONE

Introduzione 149

CAPITOLO VII: LA CITTÀ E I MALVAGI 153
   La fondazione delle città 154
   Hobbes 159
   Rousseau 164

CAPITOLO VIII: IL CONTRATTO, IL DIRITTO, LA GIUSTIZIA .. 171
   Il contratto 172
   Il diritto 177
   La giustizia 183

CAPITOLO IX: L'IMPROPORZIONALITÀ DELLA GIUSTIZIA 191
   Il calcolo del giusto 192
   La Regola d'oro e il «maius» 199
   Alterità e asimmetria 203

Conclusione 211

QUARTA PARTE
IL TEMPO DELL'AFFEZIONE ....
Introduzione 217

CAPITOLO X: RICCHEZZA E POVERTÀ DELL'ESSERE 223
   Una filosofia integrale 225
   L'affettività spirituale 230
   La «kenosi» dell'essere 236

CAPITOLO XI: DIFFERENZA E VIOLENZA 243
   La differenza ontologica 244
   Il potere dell'essere 252
   Altrimenti che essere 257

CAPITOLO XII: LA MEDIAZIONE E IL PERDONO 263
   Il terzo 264
   La simpatia e la compassione 271
   Il perdono 279

Conclusione 286

Conclusione generale 289

Bibliografia 299

Indice 309

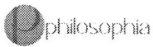

 1 SANS Georg
Al crocevia della filosofia contemporanea

2010 • pp. 328
ISBN 978-88-7839-160-4

Il presente volume racconta la storia della filosofia da Hegel fino ai giorni nostri, seguendo quattro correnti di pensiero che caratterizzano il panorama filosofico contemporaneo: il pensiero puro, della sola ragione: il pensiero scientifico, dei vari positivismi: il pensiero esistenziale, inaugurato da Nietzsche e da Kierkegaard; e il pensiero linguistico, sia della filosofia analitica anglosassone sia dell'ermeneutica filosofica continentale. Infatti, chiunque riflette sulla pretesa hegeliana di un sistema filosofico onnicomprensivo, e ne esamina le possibilità alternative si trova già al crocevia di questi quattro tipi di pensiero.

Georg Sans, sacerdote gesuita tedesco, insegna storia della filosofia contemporanea presso la Pontificia Università Gregoriana a Roma: si interessa in particolare del pensiero di Kant e di Hegel.

www.gbpress.net

2 **GILBERT Paul**

Le ragioni della sapienza

2010 • pp. 160
ISBN 978-88-7839-165-9

Esistono introduzioni alla geometria, alla storia, a tutte le scienze. Vi si espongono i concetti massimi, le procedure essenziali. Una volta però entrati nel vivo del lavoro scientifico, queste introduzioni vengono superate. Non così in filosofia. Perché non finiamo mai di introdurci in essa. Il pensiero filosofico progredisce infatti per approfondimenti successivi, più che per ampliamenti. *Le ragioni della sapienza* introduce alla filosofia ricordando, a coloro che hanno una certa familiarità con le analisi filosofiche, l'orientamento fondamentale della loro disciplina, l'orizzonte della loro ricerca. La filosofia ama la sapienza, mantenendosi fedele alle esigenze della ragione. È stata e sarà sempre una simile ricerca: quando riflette sui dettagli della vita umana o sull'ente in generale; quando si ferma sull'essenza di un dipinto, di una poesia, sull'amore e l'odio, o su ciò che si può conoscere ragionevolmente con certezza.Ma che cos'è la ragione? La sapienza? Non sono cose, bensì percorsi, avventure della mente. Disillusioni e scoperte. Attraversano momenti di buio e di luce. Sono vita. Animano la ricerca intellettuale con inquietudine ed entusiasmo. Passano in ultimo dall'illusione dell'ego preoccupato di sé all'attesa di un mistero umano che si avvicina.

Paul Gilbert, gesuita belga francofono, insegna metafisica all'Università Gregoriana (Roma) ed è stato professore invitato a Parigi, in America Latina, a Kinshasa. Ha pubblicato di recente, in italiano, *Sapere e sperare* (Milano 2003) e diretto volumi collettivi, tra gli altri *La passione. Indagini filosofiche tra ontologia e violenza* (Assisi 2007). La sua ultima fatica, in francese, *Violence et compassion. Essai sur l'authenticité d'être* (Paris 2009).

www.gbpress.net

3   GORCZYCA Jakub
Essere per l'altro.
Fondamenti di etica filosofica
2011 • pp. 272
ISBN 978-88-7839-194-9

L'esperienza della responsabilità che nasce nell'incontro con l'altro è assunta nel presente volume come punto di partenza della riflessione sulle condizioni di possibilità di una vita autenticamente umana. La descrizione dei fenomeni costitutivi di questa esperienza e l'esplicitazione dei loro significati etici e antropologici conducono, attraverso il dibattito con i pensatori del passato e del giorno presente, alla fondazione meta-antropologica dei principi, dei valori e delle norme morali. Nella prospettiva aperta dalla concezione della persona come essere relazionale e "dono autonomo", vengono individuati quei modi di vivere "con" e "per" gli altri che alla luce della "sapienza dell'amore" appaiono alla ragione pratica come moralmente necessari e universalmente validi.

Jakub Gorczyca, gesuita polacco, è professore di Etica generale nella Facoltà di Fiklosofia della POntificia Università Gregoriana. I suoi interessi filosofici vertono in modo particolare sulla problematica etica, antropologica e religiosa della fenomenologia e del pensiero dialogico.

4   FINAMORE Rosanna (ed.)
Realismo e metodo

2014 • pp. 296
ISBN 978-88-7839-297-7

Quali opzioni filosofiche contrassegnano il realismo? La questione della conoscenza del reale appartiene al pensiero filosofico di ogni tempo: nei dibattiti filosofici contemporanei essa si accende di varie tonalità, per il moltiplicarsi di forme di realismo e antirealismo. Il problema di fondo è se, conoscendo il reale, siamo consapevoli di ciò che comporti affermarsi conoscenti in termini personali e culturali. Quali concezioni della cultura possono accompagnare il sapere? Come affrontare i problemi attinenti al dialogo tra discipline? Il sapere, contrassegnato da rivoluzioni scientifiche e da trasformazioni storico-culturali, può ancora ricomporsi attorno a un metodo? Quali attenzioni richiede il pluralismo delle culture? Domande e risposte di carattere epistemologico e metodologico s'intrecciano nel presente volume: esse sono state elaborate scavando soprattutto in alcuni contesti culturali contemporanei e attingendo alle proposte provenienti dal pensiero di B. Lonergan. Le esplorazioni presenti in ciascun capitolo appartengono a una ricerca interdisciplinare, criticamente affrontata da docenti universitari che hanno selezionato peculiari nuclei problematici, rappresentativi di alcune sfide attuali sui versanti del sapere. Contributi di: Carlo Cirotto, Valter Danna, Rosanna Finamore, Pasquale Giustiniani, Paolo Gherri, Giuseppe Guglielmi, Pierpaolo Triani.

Rosanna Finamore è professore ordinario di Filosofia della conoscenza della Facoltà di Filosofia della Pontificia Università Gregoriana, Roma. Tra i suoi saggi più recenti «The Centrality of Consciousness» (2009), «Ricercare le prospettive viventi» (2010), «Problematicità del vero e fecondità della mediazione filosofica» (2011), « Insight o dell'intellezione: un atto-evento da scoprire» (2012), «Cambiamenti e simultaneità nell'esperienza del tempo » (2013).

www.gbpress.net

Finito di stampare nel mese di Maggio 2015
presso presso Mediagraf Spa - Noventa Padovana (PD)